江西农业文化遗产
保护与发展

黄国勤　徐慧芳　主编

中国农业出版社

北　京

　　2022年7月18日，习近平总书记在向全球重要农业文化遗产大会致贺信时强调："人类在历史长河中创造了璀璨的农耕文明，保护农业文化遗产是人类共同的责任。中国积极响应联合国粮农组织全球重要农业文化遗产倡议，坚持在发掘中保护、在利用中传承，不断推进农业文化遗产保护实践"。2025年1月23日，中共中央、国务院印发的《乡村全面振兴规划（2024—2027年）》指出："弘扬中华优秀传统文化，加强传统村落保护传承，强化文物和非物质文化遗产保护利用"。2025年2月24日发布的中央一号文件《中共中央、国务院关于进一步深化农村改革　扎实推进乡村全面振兴的意见》强调："加强乡村文化遗产保护传承和活化利用，深入实施乡村文物保护工程"。习近平总书记的贺信精神和党中央的文件精神为农业文化遗产保护与发展指明了前进方向。

　　2002年，联合国粮农组织发起全球重要农业文化遗产保护倡议，旨在建立全球重要农业文化遗产及其有关的景观、生物多样性、知识和文化保护体系，并使其在世界范围内得

到认可与保护，使之成为可持续管理的基础。截至2025年5月，联合国粮农组织共认定95项全球重要农业文化遗产，分布在28个国家和地区，其中，中国占25项。

2012年，中华人民共和国农业部（现农业农村部）启动中国重要农业文化遗产发掘与保护工作，旨在加强对我国重要农业文化遗产价值的认识，促进遗产地生态保护、文化传承和经济发展。截至2024年底，农业农村部分七批发布了188项中国重要农业文化遗产，分布在我国31个省、自治区和直辖市。

江西是我国南方重要的农业省份之一。农业文化遗产种类多样、资源丰富、价值珍贵。至今，江西拥有2项全球重要农业文化遗产、8项中国重要农业文化遗产。为了充分认识、挖掘和展示江西农业文化遗产的价值，探索江西农业文化遗产保护、传承、利用和发展路径，江西农业大学生态科学研究中心组织团队的科技人员撰写了这本《江西农业文化遗产保护与发展》。

该书共分为十章。第一章由黄国勤、王礼献执笔，简要介绍了农业文化遗产的概念、特征、价值及保护农业文化遗产的重要意义等；第二章由黄国勤、钱晨晨执笔，对江西农业文化遗产的现状与特点、保护与成效、问题与挑战，以及对策和措施等进行简要分析；第三章至第十章分别由王淑彬、张雪滢、杨滨娟、杨文亭、缪建群、梁效贵、周微微、黄国勤、徐慧芳、滕杰、周泉执笔，分别对江西省8个已入选全球重要农业文化遗产和中国重要农业文化遗产项目（即江西万年稻作文化系统、江西崇义客家梯田系统、江西湖口大豆栽培系统、江西广昌莲作文化系统、江西横峰葛栽培系统、江西南丰蜜橘栽培系统、江西浮梁茶文化系统和江西泰和乌鸡林下养殖系统）的重要价值、显著特征、面临的问题、保护策略及利用途径等进行深入研究和深度剖析，旨在回答什么是江西农业文化遗产、为什么要保护和发展江西农业文化遗产，以及如何保护和发展江西农业文化遗产等事关江西农业文化遗产保护与高质量发展的理论和实践问题。

总体来看，该书有以下三个特点：一是创新性。全书围绕江西农业文化遗产开展深度挖掘（价值）、深刻分析（问题）、深入探索（保护和利用途径），与以往农业文化遗产著作相比，具有显著的创新性。二是区域性。全书突出"江西"这一区域特色，并站在全球、全国的高度和角度进行对比与分析，具有很强的区域性。三是实践性和可操作性。书中各章节有关农业文化遗产保护与发展所取得的成效，是对实践的总结；分析存在的问题、提出保护与发展措施等也都可以直接应用于生产实践。

该书由江西农业大学生态科学研究中心黄国勤教授、徐慧芳副教授担任主编，并联合王淑彬副教授、缪建群副教授、杨文亭副研究员、杨滨娟副研究员、周泉副研究员、梁效贵副教授，以及博士研究生王礼献、钱晨晨等共同完成书稿撰写。

需要指出的是，该书的撰写和出版，得到了江西农业大学领导和相关部门的大力支持，得到了江西农业大学作物学一级学科建设经费的大力支持，得到了江西农业大学农学院领导、老师和同志们的大力支持。在此一并致谢！

今年恰逢江西农业大学建校120周年！作者将本书作为"薄礼"献给学校，祝愿江西农业大学越办越好！实力越来越强！影响越来越大！

因写作时间短，加上作者水平有限，书中难免存在错误和疏漏，敬请读者给予批评和指正！

黄国勤、徐慧芳

2025年5月

目录

CONTENTS

第一章　农业文化遗产概述①

———————
①　本章执笔人：黄国勤、王礼献（江西农业大学生态科学研究中心）。

农业文化遗产是在中华民族漫长的历史演进过程中，由人类与自然环境相互作用而孕育出的一种独特的农业体系。这一体系不仅为人们提供了赖以生存的物质基础，还通过世代传承集聚了中华民族的生存智慧与文化创造力。作为承载、传播和创新发展传统农耕文化的重要载体，农业文化遗产涵盖了种植业、畜牧业、林业、渔业等多个领域，是中华优秀传统文化的重要组成部分。习近平总书记强调，"人类在历史长河中创造了璀璨的农耕文明，保护农业文化遗产是人类共同的责任"。2025年中央一号文件明确提出，"加强乡村文化遗产保护传承和活化利用，深入实施乡村文物保护工程"。随着经济社会的全面发展以及文化自信的不断提升，农业文化遗产的价值日益受到关注。这些农业文化遗产种类丰富多样，历史渊源深厚，地域特色鲜明，集中体现了中华民族在适应自然、改造自然过程中的卓越智慧与创新能力。在当代社会发展中，农业文化遗产不仅有助于提升农业经济效益、增加农民收入、激发乡村活力，还在生态保护与文化传承方面发挥着不可替代的作用。因此，深入研究与有效保护农业文化遗产，对推动乡村振兴战略的实施、促进人与自然和谐共生以及维护全球生物多样性均具有重要意义。

第一节　农业文化遗产的概念、类型、特征与价值

一、农业文化遗产的概念

"农业遗产"一词最早可追溯至Richard Prentice对遗产类型的分类，其涵盖范围包括农场、牧场、果园、渔场、农业博物馆以及水库等与农业相关的实体或设施。在中国，早在20世纪40—50年代便已设立专门的农业遗产研究机构，致力于农业历史的综合研究，包括传统农业发展的动力与限制因素分析、现代农业史的研究以及农业历史文献的整理工作等[1]。然而，"农业文化遗产"这一概念的正式提出则是2002年联合国粮农组织（FAO）联合多个国际组织及成员共同发起的"全球重要农业文化遗产"（Globally Important Agricultural Heritage Systems，GIAHS）试点项目。根据FAO的定义，农业文化遗产是指在长期的历史演进过程中，农村与其所处自然环境通过协同进化和动态适应而形成的独特土地利用系统与农业景观。这些系统不仅具有丰富的生物多样性，还能够满足当地社会经济与文化发展的需求，同时对区域农业的可持续发展起到积极促进作用。

尽管如此，"农业文化遗产"的具体内涵及其界定仍存在一定的模糊性。广义上看，"遗产"一词最初仅指先人留下的财富，随着时代的发展逐渐扩展为包含物

质与非物质形式在内的历史传承总和。如今，这一概念进一步深化，特指经过长期积淀并代代相传的生活传统、特征及品质，涵盖了物质与非物质形态的综合体系[2]。然而，在学术界关于农业文化遗产的定义尚存分歧。例如，FAO 在其中文网站上，早期曾使用"农业遗产系统"这一术语，而在后续发布的宣传资料中则调整为"全球重要农业文化遗产"。这一变化是基于英文原词"Globally Important Agricultural Heritage Systems（GIAHS）"的直译结果，但为了使其更符合世界遗产分类中自然遗产与文化遗产的表述逻辑，并突出项目名称中原有"Indigenous"（固有的、本地的）一词的意义，最终选择了当前的译名[3]。尽管如此，这一命名方式并未获得学界的完全认同，有学者从语言学角度出发，主张简化为"全球重要农业遗产"以增强表达的简洁性[4]；另有观点支持使用"农业遗产系统"或"农业系统遗产"等替代表述，以更准确地反映其本质特征。

目前，许多研究者倾向于将"农业文化遗产"视为"农业遗产"的一个特定组成部分，且更加侧重于那些对生物多样性的保护，具有重要意义的传统农业系统或景观的保护[5]。这类遗产通常表现为历史悠久、结构合理的传统农业景观与生产体系，而不仅仅局限于传统的农业文化和技术知识。农业文化遗产的核心在于其仍在实际农耕中使用，并对现代社会产生直接价值，既体现了深厚的历史意义，又对当代农业实践具有指导作用。

综上所述，"农业文化遗产"是一个内涵广泛、内容丰富的概念，从宏观视角可以将其划分为大农业文化遗产概念与小农业文化遗产概念两大类。前者泛指人类历史上创造并传承至今的农业生产经验与农业生活经验，而后者则专指农业生产经验本身。这种多层次的划分有助于更全面地理解农业文化遗产的本质及其在现代社会中的多重价值。

二、农业文化遗产的类型

农业文化遗产是人类智慧与自然环境长期互动的结果，可以细分为三大类，共 9 种不同类型，每一种都有其独特的历史和文化价值（表 1-1）。

（一）农业物质类遗产

1. 农业遗址类遗产。此类遗产指的是那些见证了早期农业活动的地点，例如新石器时代的农业遗址。这些遗址不仅展现了人类最早的农业实践方式，还揭示了早期社会结构与技术发展的脉络。以半坡遗址为例，该遗址位于中国陕西省西安市，是黄河流域新石器时代仰韶文化的重要代表之一。通过对半坡遗址的研究，

可以了解当时的人们如何利用简陋的工具开展农业生产，从而为后世提供宝贵的农业起源与发展的相关信息。

表1-1　农业文化遗产类型

类型	具体类别	主要内容
农业物质类遗产	农业遗址类遗产	见证了早期农业活动的地方，例如新石器时代的农业遗址
	农业工程类遗产	包括都江堰和坎儿井等水利工程
	农业工具类遗产	古代发掘出的各种农具，如石铲、木棍、犁、锄头、镰刀等
	农业物种类遗产	包括各种农作物品种（如水稻、小麦等）、畜禽品种、水产品种以及野生动植物品种
	农业景观类遗产	包括梯田和具有文化特色的村庄等，例如著名的云南元阳梯田和广西龙胜梯田
农业非物质类遗产	农业技术类遗产	包括传统的农业技术，如农作物的间作、混作、套作技术等，以及稻田养鱼、养鸭技术，病虫草害的防治技术等
	农业民俗类遗产	包括丰富的农业习俗，如庆祝丰收的仪式、求雨仪式、避灾习俗
混合类（综合类）遗产	农业文献类遗产	包括古代农书，如《天工开物》《齐民要术》《农政全书》等
	农业品牌类遗产	具有地方特色和历史传统的农产品品牌，如金华火腿、宣威火腿、西湖龙井茶等

2. 农业工程类遗产。这一类别涵盖了诸如都江堰和坎儿井等水利工程。都江堰位于四川省成都市都江堰市，其作为一项古老的灌溉系统，至今仍发挥着重要作用，为成都平原提供稳定的水源支持。而坎儿井则是新疆地区特有的地下引水工程，通过这种创新方式，人们能够在干旱环境中有效获取地下水用于农业灌溉，确保农业生产得以持续进行。

3. 农业工具类遗产。这类遗产主要是指从古代发掘出的各种农具，包括石铲、木棍、犁、锄头、镰刀等。这些工具不仅是不同时期农业技术水平的体现，也反映了古人因地制宜设计工具的智慧。例如，古代的石制农具虽然构造简单，但功能实用，能够显著提高耕作效率，适应当时的生产需求。

4. 农业物种类遗产。此类遗产涉及多种农作物品种（如水稻、小麦等）、畜禽品种、水产品种以及野生动植物品种。这些物种不仅是农业生物多样性的重要组成部分，也是传统农业实践的结晶。中国的古老水稻品种，如"红米"和"紫米"，不仅具有较高的营养价值，还表现出了对环境极强的适应性和抗逆性，成为传统农业智慧的象征。

5. 农业景观类遗产。这类遗产包括梯田和具有文化特色的村庄等，例如云南元阳梯田和广西龙胜梯田。这些景观不仅以其壮丽的自然美吸引世人，更展示了人类在有限土地资源的条件下创造高效农业系统的卓越能力。元阳梯田不仅是哈尼族人民的生活空间，更是其精神家园，每年举行的"开秧门"节日则体现了当地居民对耕作文化的高度重视与传承。

（二）农业非物质类遗产

1. 农业技术类遗产。此类遗产涵盖了传统农业技术，例如农作物的间作、混作、套作技术等，以及稻田养鱼、养鸭技术，病虫草害防治技术等。这些技术是农民长期实践经验的结晶，不仅能够有效提高土地利用率，还对维持生态平衡具有重要意义。以稻田养鱼技术为例，这一模式通过在稻田中养殖鱼类，不仅可以减少农药的使用，减轻环境污染，还能增加渔业产出，实现种植业与养殖业的协同发展，体现了人与自然和谐共生的智慧。

2. 农业民俗类遗产。这类遗产包含了丰富的农业习俗，如庆祝丰收的仪式、求雨仪式、避灾习俗等。这些习俗不仅是文化娱乐的重要组成部分，更是传递农业知识、增强社会凝聚力的有效方式。例如，壮族的"三月三"歌圩活动融合了大量与农业相关的歌曲和舞蹈，展现了壮族人民对自然界的敬畏之情，同时也表达了他们对丰收的美好祈愿，是民族文化和农业实践交融的典型例证。

（三）混合类（综合类）遗产

1. 农业文献类遗产。此类遗产包括了中国古代农书，如《天工开物》《齐民要术》《农政全书》等。这些文献不仅是古代农业技术和知识的宝库，还蕴含了深厚的文化价值和社会价值。以《齐民要术》为例，这部著作系统总结了北魏时期及之前的农业生产经验，内容涵盖种植、养殖、加工等多个领域，为后世农业发展提供了重要的理论指导和技术参考。

2. 农业品牌类遗产。这类遗产是指那些具有地方特色和悠久历史的传统农产品品牌，如金华火腿、宣威火腿、西湖龙井茶等。这些品牌不仅代表了特定地区的物质产品，更承载着深厚的文化内涵和历史记忆，是非物质文化遗产的重要组成部分。以西湖龙井茶为例，其独特的风味和精湛的制作工艺使其成为中国茶文化的象征之一，每年的采茶季都会吸引大量游客来体验传统制茶技艺，这同时也促进了当地文化旅游产业的发展，彰显了农业品牌遗产在经济、文化和生态层面的多重价值。

这些遗产共同构成了农业文化遗产的丰富内涵，不仅体现了中华民族在农业

发展过程中的卓越智慧和创造力，还为当代农业可持续发展提供了宝贵的经验和启示，对于保护农业多样性、传承优秀传统文化具有深远意义。

三、农业文化遗产的特征

农业文化遗产的特征不仅体现在它们的历史价值和文化意义上，更在于其所展现出的多种特性和功能，这些特性使之成为现代社会中不可或缺的宝贵资源。

（一）活态性

农业文化遗产与传统意义上的静态遗产不同，其最显著的特征在于"活态性"。这种特性意味着农业文化遗产在历经数百年乃至数千年的历史演变后，仍然能在现代社会中展现出强大的生命力，并持续发挥重要作用[6]。这些动态传承的农业系统不仅为当地居民提供了基本的生计保障，也是推动乡村可持续发展的重要基石。例如，云南哈尼梯田作为一项典型的农业文化遗产，不仅为当地居民提供粮食支持，还通过其独特的灌溉系统维持了区域内的生态平衡。世代相传的传统耕作方式确保了这一复杂系统的长期稳定运行，并使其成为一种动态且可持续的农业生产模式。再如内蒙古敖汉旱作农业系统，该地区拥有8 000年的谷子种植历史，被誉为"世界小米之乡"。时至今日，敖汉旗已发展成为全国县级最大的优质谷子生产基地，敖汉小米更成为地方知名品牌，有效助力当地的减贫事业。2020年，敖汉旱作农业文化遗产保护的减贫模式被纳入"全球减贫最佳案例"。这些农业文化遗产地通过传统农耕实践，不仅保障了食物安全和居民的基本生活需求，还提供了诸如水土保持、水源涵养等重要的生态系统服务功能。

（二）适应性

农业文化遗产的适应性体现在其能够根据自然条件的变化、社会经济的发展以及技术进步，灵活调整自身结构与功能。这种调整并非随意改变，而是在维持系统稳定性的同时，依据环境变化和人类需求变化，因地制宜、因时制宜地优化资源配置与运作模式[7]。例如，中国西南地区的梯田系统在经历多次自然灾害后，当地农民通过改良梯田结构，显著增强了其抵御洪水和土壤侵蚀的能力。这一过程充分展示了人与自然和谐共生的智慧，并为应对未来可能面临的挑战提供了重要经验。此外，农民基于长期实践积累的农业知识体系和适应性技术，使他们在面对极端天气等突发状况时，能够迅速作出反应，从而保障农业生产持续稳定，维护社区食品安全。

（三）复合性

农业文化遗产的复合性体现在其多层次的内容构成，涵盖传统农业技术与知识、农业景观以及独特的农业生物资源。这些多维度特征不仅丰富了遗产内涵，还显著提升了其生态功能和服务能力。传统农业技术与知识是农业文化遗产的核心，经过世代传承和实践验证，展现了人类适应自然环境的能力。例如，福建武夷山茶文化系统通过保留传统茶叶种植技术并结合科学管理，实现了生态保护与区域旅游发展的统一，带来经济、生态和社会效益的多重提升。传统农业景观作为重要载体，如武夷山梯田式茶园，不仅具有美学价值，还体现了人与自然和谐共生的理念，为社区可持续发展奠定了基础。此外，农业文化遗产拥有丰富的生物资源，如浙江青田稻鱼共生系统中的传统水稻品种和瓯江彩鲤，构成了系统生物多样性的重要基础，保障了生态系统的稳定性，满足了农业生产的需求。同时，农业文化遗产承载着独特的文化价值和社会组织结构，如浙江青田地区家族式合作社或社区互助团体，强化了社会联系与知识传承。作为中国首个全球重要农业文化遗产项目，青田稻鱼共生系统以其悠久的历史、多样的生物资源、合理的景观结构及深厚的文化习俗，成为农业文化遗产复合性特征的典范，为全球农业可持续发展提供了宝贵经验。

（四）战略性

农业文化遗产的战略性在于其在全球化与气候变化的背景下，具有保护生物多样性、维护生态安全与粮食安全以及推动社会经济可持续发展的关键作用。作为传统农业智慧的结晶，这些遗产通过保存遗传资源、物种多样性和生态系统功能，为保护全球生物多样性提供了重要支撑，同时增强了生态系统的稳定性和韧性。其多样化种植模式与本地适应性品种的选择，提升了农业生产对极端气候的适应能力，有效降低了自然灾害和市场波动的风险，保障粮食安全并缓解农村贫困问题。此外，农业文化遗产通过传承与创新传统技术，优化资源配置，减少环境污染，促进了农业可持续发展与农村生态文明建设。其独特的自然景观与文化价值还推动了乡村旅游与生态旅游的发展，助力农村经济多元化。更重要的是，科学合理的资源管理体系（如梯田灌溉与农林复合经营）确保了土地、水体和森林资源的长期生产能力，为后代留下了宝贵遗产。总之，农业文化遗产的战略价值在于统筹经济、社会、文化和生态目标，为构建公平、健康与可持续的全球农业体系提供了重要路径。

（五）多功能性

农业文化遗产的多功能性超越了单纯的食物生产与原材料供应，涵盖促进就业、增收、环境保护、观光休闲、文化传承及科学研究等多个方面[8]。例如，浙江青田稻鱼共生系统不仅保障了粮食安全，还通过稻田养鱼提高了农民收入，吸引了大量游客，推动了乡村旅游发展。同时，该系统为科学家研究传统农业技术与生态学的结合提供了理想场所，深化了对农业文化遗产的认知。此外，这类遗产兼具物质与非物质属性，承载着丰富的历史文化信息，体现了独特的农业文化价值。

（六）濒危性

农业文化遗产的濒危性源于政策调整、技术进步和社会经济发展所带来的阶段性变革。这些因素可能引发传统生产系统的不可逆改变，导致农业生物多样性减少、传统农业技术知识流失以及生态环境退化等问题。例如，现代化农业技术的普及使部分传统耕作方法面临失传风险，尤其在年轻一代中传承断层现象愈发明显。因此，保护农业文化遗产不仅关乎生产方式的延续，更是对生活方式与文化传承的守护。这需要在发展现代农业的同时，重视传统农业知识与技术的保存和传承，以实现其有效保护与合理利用。

总之，农业文化遗产作为基于可持续发展理念的综合性农业生产系统，其核心价值远超单一生产项目或环节。

四、农业文化遗产的价值

习近平总书记强调，"农耕文化是我国农业的宝贵财富，是中华文化的重要组成部分，不仅不能丢，而且要不断发扬光大""乡村文明是中华民族文明史的主体，村庄是这种文明的载体，耕读文明是我们的软实力"。作为世界上唯一绵延至今的文明古国，中国也是农业起源最早的国家之一。中华民族在漫长的历史进程中孕育了万年的农耕文化，这是中华优秀传统文化的重要基石。先辈们通过辛勤劳动与持续创新，积累了丰富的物质财富与精神财富，而农业文化遗产则是其中熠熠生辉的瑰宝，体现了人与自然和谐共生的智慧，以及农业文明的深厚积淀与多元价值。

（一）提质增绿价值

农业文化遗产所蕴含的绿色发展理念是推动农业可持续发展的重要途径。以云南红河哈尼梯田系统为例，该遗产不仅为当地居民提供了稳定的粮食供给，还通过复杂水利灌溉网络维持生态系统平衡。其采用的古老耕作技术，如轮作、间作和套种，显著提升了土地利用效率，降低了对化肥与农药的依赖，有效遏制了水土流失，实现了作物产量与质量的提升以及生态环境保护的双重目标。此外，农业文化遗产中融入的中医农业理念，如利用植物提取物替代化学农药，进一步降低了对生物多样性的破坏，促进农业生产的绿色转型与生态价值提升。

（二）环境优化价值

农业文化遗产地具备显著的环境优化价值，其传统农业实践在生态保护与环境改善中发挥着重要作用。例如，河北涉县旱作石堰梯田系统通过收集和保存传统种子资源，有效保护了生物多样性，同时利用有机肥料改良土壤结构、提升土壤肥力，减少了化学肥料对土壤的损害，为后代留存了健康的生态环境。此外，农业文化遗产地通常拥有独特的自然景观，这些景观不仅为居民提供了休闲娱乐空间，还成为吸引游客的重要资源，有力推动了乡村旅游发展，实现了生态、经济与社会价值的多重统一。

（三）特色增效价值

农业文化遗产地通常拥有丰富的特色农产品资源。例如，在贵州从江侗乡稻鱼鸭复合系统中，稻田养鱼不仅提高了农田的经济效益，还通过发展稻鱼鸭共生系统，增加了农产品的种类，提升了农产品品质。这种特色农业模式不仅能够满足市场的多样化需求，还能够提升农产品的附加值，为农民带来更多的收入。此外，通过开发特色农产品的品牌效应，可以进一步增强产品的市场竞争力，实现农业生产的增效目标。

（四）资源循环价值

农业文化遗产地的循环经济模式是实现资源高效利用的重要途径。以中国南方的浙江湖州桑基鱼塘系统为例，该系统通过种植的桑树养蚕、再利用蚕粪喂鱼以及将鱼塘淤泥作为桑树肥料，构建了一个闭合的生态循环链条。这种资源循环利用方式有效减少了废弃物排放，显著提升了资源利用效率。在现代环境保护意识不断增强的背景下，这一可持续农业发展模式备受关注。农业文化遗产中的循环技术为现代农业提供了重要启示，推动了农业向绿色、低碳方向转型，农业文化遗产具有重要的实践价值与借鉴意义。

（五）文化传承价值

农业文化遗产不仅是物质财富，更是承载丰富文化信息的重要载体。例如，云南普洱古茶园与茶文化系统不仅体现了人与茶的深厚联系，还展示了茶文化与中国哲学、艺术的深度融合。保护和传承此类遗产，有助于深化人们对文化根源的认知，促进跨文化交流与理解。此外，农业文化遗产地还蕴含丰富的非物质文化遗产，如传统技艺与民俗活动，这些无形财富亟须发掘、保护与传承。

总体而言，农业文化遗产的价值涵盖生态平衡、食品安全、文化多样性及社会经济发展等多个维度。其保护与合理利用对农业可持续发展、生物多样性保护及民族文化传承具有重要意义。在全球化与现代化加速推进的背景下，应更加重视农业文化遗产的保护，推动其在新时代中焕发新的活力与价值。

第二节　农业文化遗产研究现状

一、国外农业文化遗产研究

自FAO于2002年世界可持续发展高峰论坛中提出"全球重要农业文化遗产（GIAHS）"概念和动态保护的理念以来，国外很多学者对该领域进行了研究。

从全球视角来看，不同国家和地区在GIAHS项目的申报与实施中展现出各自的特点与挑战。Evonne等学者[9]对中国、日本和韩国的GIAHS项目进行了回顾，指出中日韩三国在农业文化遗产保护与管理方面存在显著差异，并强调国际合作与经验分享对推动遗产保护的重要性。Garcia等[10]进一步突出了农业文化遗产的全球意义，呼吁欧洲应更加积极地参与农业文化遗产的保护与推广工作。Mauro等[11]的研究表明，农业文化遗产系统不仅提供生态系统服务，还对生物多样性保护具有重要作用，他们建议在GIAHS框架之外创新社区管理模式以加强对农业文化遗产的保护。Raphael等[12]通过对比巴西与意大利的情况，揭示了发达国家与发展中国家在政策实施上的差异，并强调保护农业文化遗产对于提升生物文化多样性的重要价值。

从区域或本地层面分析，Scheurer等[13]探讨了瑞士阿尔卑斯山区传统农业的优势，提倡提高当地居民对农业文化遗产保护的认知，并鼓励跨国合作将高山景观农业遗产纳入GIAHS体系。Ducusin等[14]构建了气候变化对菲律宾伊富高水稻梯田脆弱性的评估框架，显示这类遗产正面临着严峻的环境挑战，亟须采取应对气候不确定性的措施。Nagaa 等[15]回顾了日本 GIAHS 项目十年的发展历程，指出即使在发达国家，农业文化遗产保护仍需持续关注与努力。Martins 等[16]则通过数字生态系统模型研究葡萄牙巴罗佐农牧系统的可持续发展路径。

此外，一些研究者提出"农业文化遗产旅游"的概念，旨在探索遗产保护、生态保护、公众参与及经济发展的平衡点。Ryo 等[17]通过对日本 GIAHS 项目官员的访谈，揭示了遗产保护与实际管理之间的矛盾，并强调了政府在旅游开发过程中的沟通与成果共享作用。Gao 等[18]指出，在山区梯田遗产地，自然灾害对居民生活构成威胁，因此旅游开发前需优先解决这些问题。Yukio 等[19]认为农业文化遗产旅游有助于改善当地居民的生活条件，并建议加强品牌建设和产品开发。Santiago 等[20]强调，在智利土著社区中，农业文化遗产不仅是经济来源，更是文化认同的核心，因此旅游开发应尊重社区利益并维护其文化记忆。

二、国内农业文化遗产研究

我国对农业文化遗产的关注可追溯至清代末期，早期研究主要聚焦于古农书的搜集与整理，这些文献资料为后续农业文化遗产的研究奠定了重要基础[21]。近年来，随着国家对农业文化遗产保护与开发的重视程度不断提升，相关研究和实践工作取得了显著进展。在示范点建设方面，我国已实现遗产传承、旅游开发与生态环境保护等多领域的协调发展。这些示范点不仅在遗产价值的保护与宣传上取得了成效，还在政策规划与具体项目实施中实现了全面提升，有效推动了遗产地休闲旅游产业的发展，并产生了良好的经济效益。

从政策层面来看，我国已陆续出台多项法规和指导文件，包括《中国全球重要农业文化遗产管理办法》《中国重要农业文化遗产管理办法》《中国重要农业文化遗产申报书编写导则》《农业文化遗产保护与发展规划编写导则》，同时，成立了农业文化遗产专家委员会[22]。这一系列举措标志着我国农业文化遗产研究与管理进入了系统化、规范化的新阶段，为农业文化遗产的保护与发展提供了坚实的政策保障和技术支持。

在科学研究领域，国内众多研究机构和高等院校围绕农业文化遗产开展了广泛而深入的研究，发表了大量学术论文、研究报告及硕士、博士论文。例如《中国农学遗产选集》《农业遗产研究集刊》《农史研究集刊》等出版物对农业文化遗产进行了系统的梳理与论述[23-24]。这些研究成果覆盖了农业文化遗产的历史演变、保护与开发规划、管理机制建设以及可持续发展战略等多个维度[25]，为我国农业文化遗产的科学管理和长远发展提供了重要的理论支撑和技术指导。

（一）农业文化遗产保护研究

"中国农业文化遗产保护项目"自2004年启动以来，选取了贵州从江县和威宁彝族回族苗族自治县的两个村庄作为研究对象，开启了我国在这一领域的探索与实践。闵庆文等[26]提出了农业文化遗产动态保护的理念，强调保护工作应适应社会发展的需求；王献溥等[27-28]则聚焦传统稻鱼共生农业系统，主张将传统农业智慧与现代科技相结合，以实现可持续发展；李永乐[29]提出通过建立生态博物馆的方式为农业遗产保护开辟新路径；李刚[30]呼吁制定《农业文化遗产保护条例》，以法律手段保障农业文化遗产的长期存续。

尽管我国农业文化遗产保护研究起步较晚，但随着专家学者、政府及社会各界的积极参与，相关工作取得了显著进展。法律法规的不断完善为遗产发掘与保护提供了有力支撑。李文华[31]从科学研究与管理实践两个方面提出了具体的保护与发展建议；闵庆文[32]进一步强调保护工作需兼顾系统性与可持续性，同时关注农民生活质量的提升；顾军等[33]指出我国在农业文化遗产保护的数字化领域尚存在不足；胡最等[34]探讨了数字化保护的意义、内涵及其关键技术；刘志宏[35]运用层次分析法评估了中国传统村落的世界文化遗产价值；杨雯等[36]针对陕西省农业文化遗产保护管理体系提出了具体对策建议。

此外，陶伟等[37]和杨丽霞等[38]对现阶段农业文化遗产保护与开发的研究进展进行了总结；苑莉[39]建议从农耕技术、民俗文化、生活方式及生产实践四个方面开展全面保护；梁太鹏[40]提倡借鉴贵州生态博物馆的成功经验实施动态保护措施；李明等[41]深入探讨了农业文化遗产保护的体系与方法；闵庆文[42]基于元阳哈尼梯田资源特征，提出了有机农业发展、旅游开发及生态补偿机制等保护路径；陈耀华等[43]则主张政府设立专门管理监督部门，以引导农业文化遗产的持续健康发展。最后，闵庆文等[21]系统整理并分析了农业文化遗产研究的多个维度，包括遗存、价值、景观、环境、保护、开发、法规与管理等方面，为未来保护工作的深入开展提供了重要的理论指导与实践参考。

（二）农业文化遗产旅游开发研究

中国农业文化遗产多分布于经济相对落后的农村地区，因此许多学者将目光聚焦于通过旅游开发促进遗产保护与区域经济发展。尽管国内对农业文化遗产地旅游开发的系统性研究尚显不足，但已有不少专家学者认识到农业文化遗产作为重要旅游资源的巨大潜力，并对其开发方式进行了初步探讨。张琼霓等[44]通过对各类农业文化遗产旅游资源特征的具体分析，提出了在保护遗产前提下的旅游开发路径，并强调了开发过程中需注意的关键事项。然而，针对旅游开发对遗产地影响的研究仍较为匮乏。方淳[45]对此进行了系统论述，指出旅游活动可能对遗产地产生的正面影响与负面影响。孙业红等[46]进一步提出，在农业文化遗产旅游资源的开发与管理中，应充分考虑其特色鲜明、分布广泛、脆弱性强、参与度高及复合性强等特点，以确保开发工作的科学性和合理性。此外，国内已有的旅游开发模式可为农业文化遗产旅游提供参考。例如，孙根年[47]提出了保护区生态旅游模式，为农业文化遗产的可持续利用提供了思路。常旭等[48]则从资源开发、保护管理、生态环境保护及旅游服务设施等方面，系统评价了农业文化遗产旅游的可持续发展要素，并分析了其中的机遇与挑战。李丰生[49]和邓明艳[50]主张通过多层次、全方位的方式开展农业文化遗产旅游保护工作，包括遗址景区建设、社区民俗展示、农业体验活动以及文化展会组织等。

闵庆文等[51]认为，旅游开发是保护全球重要农业文化遗产的有效手段之一，特别是通过动态保护的方式，能够实现遗产保护与经济发展的双赢。李永乐[52]则强调，在遗产地进行旅游资源开发时，必须坚持"保护优先"的原则，同时注重环境保护、社区参与以及农民收入提升。崔峰[53]基于当前农业文化遗产的实际状况，提出了三种保护性旅游开发模式，即生态旅游模式、社区参与模式和生态博物馆模式，为实践提供了具体指导。唐晓云[54]以广西龙脊平安寨梯田的旅游开发为例，探讨了当地居民对旅游引发的社会文化变迁的感受及其对旅游业发展的影响。李振民等[55]则对梯田农业文化遗产的旅游资源潜力进行了评估，为相关旅游开发提供了科学依据。刘进等[56]借助地理信息系统（GIS）技术，研究了我国重要农业文化遗产的空间分布特征，为区域旅游经济的发展提供了数据支持。这些研究成果从理论与实践两个层面，为农业文化遗产旅游开发提供了多维度的解析与指导，为进一步推动遗产保护与可持续发展奠定了基础。

（三）农业文化遗产价值研究

在中国，尽管人们对农业文化遗产的重要性已有所认识，但目前的关注点仍主要集中于其经济效益，而对其文化、生态和社会价值的重视程度相对不足[57]。事实上，农业文化遗产具有多重功能和综合价值。郭焕成等[58]指出，农业文化遗产不仅能够作为旅游资源吸引游客，还具备促进农业生产效率提升和改善环境质量的重要作用。孙业红等[25]从经济学视角出发，探讨了农业文化遗产的功能，并提出了一种将可持续保护、生物多样性维护与地方传统文化传承相结合的新农业发展模式。从旅游学角度，王欣等[59]进一步研究了如何更有效地挖掘和利用农业文化遗产的价值，以实现其在旅游业中的潜力。与此同时，李红吉等[60]通

过对"羊楼洞砖茶文化系统"的分析，揭示了该遗产不仅具备经济价值和生态价值，还在文化交流、文化传播以及政治互动等方面展现出独特的社会与文化意义。这些研究成果共同表明，农业文化遗产蕴含着丰富的多元价值，包括经济、生态、文化及社会等多个层面，体现了其在推动可持续发展中的重要作用。

第三节　中国农业文化遗产保护的意义、进展与成效

一、农业文化遗产保护的意义

农业文化遗产深刻镌刻着中华文化的独特印记，承载着中华文明延续发展的基因密码，体现了中华民族的思想智慧与精神追求。例如，甘肃迭部扎尕那农林牧复合系统中保存的洛萨节、香浪节等传统节庆活动，传承了甘南藏族人民的文化传统与宗教信仰；陕西汉阴凤堰稻作梯田系统在南北文化交融中形成的礼仪规范与文化习俗，潜移默化地塑造了当地居民的行为方式与价值观念；云南腾冲槟榔江水牛养殖系统则孕育了独具特色的饮食文化、药用文化、加工文化和农耕文化习俗。这些乡土伦理与礼俗实践与农业生产和农村生活紧密关联，不仅强化了乡村社会的文化认同与凝聚力，还维系了乡村社会的和谐稳定，成为乡村文化的核心与根基。深入挖掘农业文化遗产中所蕴含的思想观念、人文精神与道德规范，对于践行社会主义核心价值观、弘扬中华优秀传统文化、加强农村思想道德建设、丰富农民精神文化生活、淳化乡风民风以及坚定文化自信，具有重要的现实意义与深远的历史价值。这些宝贵的文化资源为当代社会发展提供了取之不尽、用之不竭的精神财富，是推动乡村振兴与文化繁荣的重要支撑。

中国积极响应FAO全球重要农业文化遗产倡议，坚持在发掘中保护、在利用中传承，不断推进农业文化遗产保护实践。2024年中央一号文件指出，强化农业文化遗产、农村非物质文化遗产挖掘整理和保护利用，实施乡村文物保护工程。保护农业文化遗产，实质上就是保护那些优秀的复合农业生态系统，延续农业文化的自然环境与人文环境，最终实现文化、社会、生态和经济的可持续发展，其价值与意义体现在以下几个方面。

（一）助力乡村振兴战略实施

2019年中央一号文件明确提出，"要切实保护好优秀传统农耕文化遗产，推动优秀农耕文化遗产合理适度利用"。这一要求为农业文化遗产的保护与开发指

明了方向，同时凸显了其在决战脱贫攻坚和实施乡村振兴战略中的重要作用。以浙江青田稻鱼共生系统为例，作为中国于2005年6月首批入选"全球重要农业文化遗产"的项目，青田县通过对其传统农耕生产方式、稻鱼共生系统、"青田鱼灯"等民俗活动以及自然景观的保护与利用，成功推动了休闲农业与观光农业的发展。更重要的是，有机无公害的稻鱼共生产业得到了广泛推广，青田稻鱼米和青田田鱼的品牌价值不断提升，市场认可度持续增强。近年来，该系统的品牌效应每年为当地创造超过2亿元的总产值，显著增加了农民收入，为乡村振兴注入了强劲动力。此外，中南大学中国村落文化研究中心的调研结果显示，我国大量农业文化遗产资源分布于国家脱贫攻坚同乡村振兴有效衔接工作重点县和重点村。这些地区不仅自然生态环境优越，还拥有丰富的民俗文化和独特的人文景观。如果能够充分挖掘和利用这些资源，不仅可以有效保护农业文化遗产，还能带动地方经济发展，促进乡村社会文化的全面振兴。因此，农业文化遗产的保护与开发不仅是传承中华优秀传统文化的重要举措，更是实现乡村振兴战略目标的有效路径。

（二）保护物种和文化的多样性

农业文化遗产并非单一项目，而是一个综合系统，其保护对象涵盖家禽家畜、农耕作物、生产方式、生活习俗以及乡村景观等多元类型。从项目设立的初衷至实际效果来看，保护农业文化遗产对生物多样性、生产多样性和文化多样性均具有重要意义。以湖南新化紫鹊界梯田为例，这一遗产地同时被列入"中国重要农业文化遗产""全球重要农业文化遗产"和"世界灌溉工程遗产"，充分体现了其多重价值。紫鹊界梯田依托独特的自然环境，孕育了丰富的原生物种，如紫香贡米、紫贡黑米、红米以及贡茶等特色农产品。这些物种不仅丰富了当地的生物多样性，还为传统农业系统的可持续发展提供了重要支撑。此外，该地区是苗、瑶、侗、汉等多个民族长期聚居之地，南方稻作文化与苗瑶山地渔猎文化在此交融互补，形成了独特的文化生态。山歌、祭祀、傩戏、耕作、狩猎等传统习俗至今仍保留着古朴神秘的气息，彰显了文化多样性的魅力。在生态系统方面，紫鹊界梯田通过森林植被、土壤、田埂等自然要素构建了高效的储水保水体系，并利用基岩裂隙孔隙水作为独特水源，形成了数十万亩*壮观的灌溉工程景观。这种人与自然和谐共生的智慧结晶，不仅保障了农业生产，也为生态环境的可持续发展提供了范例。自被列入农业文化遗产保护名录以来，当地政府、民众及社会各界对紫鹊

---

* 亩为非法定计量单位，1亩≈667平方米。——编者注

界梯田的特质资源给予了更多的关注与支持，进一步增强了其生命力和可持续性。这表明，农业文化遗产保护不仅是对自然资源的维护，更是对生物多样性、文化多样性和传统生产方式的全面传承与发展。

（三）促进人与自然和谐共处

在漫长的农耕历史中，中华民族通过种养结合、循环利用、水旱轮作以及有机肥施用等传统农业技术，实现了土地的可持续生产能力，孕育了独具特色的中华农耕文化。许多农田历经千年使用，其生产力依然旺盛，关键在于广泛采用草木灰与人畜排泄物混合而成的有机肥料，有效避免了土壤污染和板结问题。例如，贵州从江地区的农民通过"种植一季稻、放养一批鱼、饲养一批鸭"的生产方式，构建了"稻鱼鸭种养殖复合系统"。在这种模式下，稻田为鱼和鸭提供丰富的天然饵料，而鱼和鸭则通过捕食害虫和杂草，减少了农药的使用；同时，鱼和鸭的粪便可作为有机肥料回归稻田，促进水稻生长，降低了化肥的使用量。这种人与自然协同进化、动态适应的生态农业模式，不仅体现了传统农业智慧，也为现代农业生产提供了重要的参考价值，对于推动农业可持续发展具有深远意义。

（四）激发乡土文化活力

农业文化遗产是连接传统文化与现代文明的重要纽带，体现了民族精神、地域环境与历史文化的延续，构建了物质与精神、自然与人文的多维关系。作为活态遗产，它不仅是乡土文化核心价值的载体，也是当代社会的重要组成部分。推动农业文化遗产的可持续发展，需确保遗产地原住民的居住与活动，并在不破坏生态系统的基础上使其共享文化红利，提升生活水平。通过保护和传承传统知识、技艺与习俗，农业文化遗产能够增强文化认同感与社区凝聚力。例如，云南红河哈尼梯田不仅保留了哈尼族世代相传的耕作方式，还通过乡村旅游吸引了大量游客，实现了经济效益与文化保护的双赢；浙江青田稻鱼共生系统则通过举办"青田鱼灯"等民俗活动，强化了社区参与和社会联系。此外，贵州从江侗乡稻鱼鸭系统通过生态友好型生产模式，减少了化肥和农药的使用，有效保护了土壤与水质，实现了经济与生态的协调发展。为激发乡土文化活力，需采取整体性保护策略，涵盖自然环境、人文景观与传统技艺等多个维度。如湖南新化紫鹊界梯田通过综合保护自然景观、农耕方式与民俗文化，形成了完整的遗产保护体系。同时，可通过教育与培训、社区参与、特色文化产业开发、生态保护与可持续利用以及政策支持与资金投入等措施，进一步激活乡土文化的内在动力，实现农业文化遗产的可持续发展与现代化转型。

（五）增加经济效益与社会效益

保护农业文化遗产不仅有助于生态系统的稳定和生物多样性的保护，还能够促进地方经济发展和社会进步。通过发展农业文化遗产地的旅游业，可以增加当地居民的收入，改善生活条件。例如，云南红河哈尼梯田系统通过发展乡村旅游，吸引了大量国内外游客，带动了当地经济的发展。游客们不仅可以欣赏到壮观的梯田景观，还可以体验当地的农耕文化，购买特色农产品，从而为当地居民创造了额外的经济收益。同时，保护农业文化遗产还能够促进当地文化的传承和创新，增强社区凝聚力，提高居民的文化认同感。通过举办各类民俗活动和节庆，居民们不仅能够展示自己的传统文化，还能吸引更多的游客，进一步推动地方经济的繁荣。这种文化与经济的良性互动，为当地带来了持久的社会效益，提升了居民的生活质量和幸福感。

二、农业文化遗产保护的进展

中国人民顺应自然规律，秉持天时、地利、人和的理念，创造了丰富多样的农业文化遗产。哈尼梯田与兴化垛田体现了"天人合一"的哲学思想，桑基鱼塘和稻田养鱼展现了多级循环利用的生态智慧，京西稻作系统与敖汉旱作农业孕育了珍贵的物种基因，而古枣园、古茶园、古桑园则记录了自然演替的历史变迁。此外，诸如舞龙鱼灯等民俗活动，唤起了人们的乡愁记忆与文化认同。开展农业文化遗产保护工作，对于践行生态文明建设、落实"两山"理念，拓展农业多功能性、推动乡村振兴，传承优秀传统文化以及增强国家软实力具有深远意义。自2005年浙江青田稻鱼共生系统被列为全球重要农业文化遗产（GIAHS）首批保护试点以来，中国通过不断总结实践经验，为全球农业文化遗产保护贡献了独特的中国智慧与方案。

（一）重要农业文化遗产的发掘与认定工作已全面展开

国家对重要农业文化遗产给予了高度关注，相关政策文件多次强调其保护与开发的重要性。例如，2015年发布的《关于加快转变农业发展方式的意见》提出"加强重要农业文化遗产发掘和保护"，《深化农村改革综合性实施方案》指出"加强农村地区的文化遗产保护"，《关于推进农村一二三产业融合发展的指导意见》则强调"合理开发农业文化遗产"[61]。此外，2016—2018年及2020年的中央一号文件中也均涉及农业文化遗产保护的相关内容。

为系统推进遗产发掘工作，全国范围内的农业文化遗产普查已全面展开。通过地方推荐与专家论证，目前已发掘出具有潜在保护价值的农业生产系统408项（表1-2）[62]。自2012年重要农业文化遗产申报工作启动以来，中国积极向FAO推荐申报全球重要农业文化遗产（GIAHS），目前中国拥有25项GIAHS，数量位居世界第一（表1-3）。为强化农业文化遗产的科学管理与保护，我国成立了全球/中国重要农业文化遗产专家委员会，启动了农业文化遗产监测评估工作，并制定了全球重要农业文化遗产预备名单。地方层面亦积极响应，如北京市完成了农业文化遗产资源的全面普查，并出版了《北京市农业文化遗产普查报告》；江苏省则通过《江苏农业文化遗产调查研究》系统地展示了其丰富的农业文化遗产资源。这些举措为农业文化遗产的保护与可持续发展奠定了坚实基础。

表1-2　2016年中国农业文化遗产普查结果的省份分布情况

省份	项目数量/项	省份	项目数量/项	省份	项目数量/项
北京	50	安徽	8	四川	20
天津	3	福建	25	云南	63
河北	4	江西	17	贵州	6
山西	6	山东	46	西藏	3
内蒙古	6	河南	6	陕西	8
辽宁	7	湖北	11	甘肃	6
吉林	1	湖南	5	青海	3
黑龙江	8	广东	9	宁夏	6
江苏	14	广西	14	新疆	4
浙江	46	海南	3		

注：本次普查范围不含香港、澳门、台湾；上海、重庆没有项目，故未被列入。

表1-3　中国25处全球重要农业文化遗产

序号	入选时间	全球重要农业文化遗产名称	主要特点
1	2005	浙江青田稻鱼共生系统	该系统是全球重要农业文化遗产保护试点项目。青田县位于浙江省中南部，瓯江流域的中下游。该县自公元9世纪开始一直保持着传统的农业生产方式——稻田养鱼，并不断发展出独具特色的稻鱼文化

序号	入选时间	全球重要农业文化遗产名称	主要特点
2	2010	江西万年稻作文化系统	该系统位于江西省东北部、鄱阳湖东南岸的万年县，在县城东北大源镇仙人洞内发现了1万年前栽培稻植的硅石标本。万年仙人洞发现的古栽培稻、东乡野生稻和荷桥贡米及万年现代水稻生产一起形成了野生稻—人工栽培野生稻—栽培稻—稻作文化系统这一完整的演化链
3		云南红河哈尼稻作梯田系统	该系统主要分布在中国云南省红河州的元阳、红河、绿春、金平4县境内，总面积达82万亩，开垦历史已有1 300多年。哈尼梯田拥有独特的灌溉系统和奇异而古老的农业生产方式，形成了集江河、梯田、村寨、森林于一体的良性原始农业生态循环系统
4	2011	贵州从江侗乡稻鱼鸭系统	该系统距今已有上千年的历史，最早源于溪水灌溉稻田，随溪水而来的小鱼便生长于稻田，当地人秋季一并收获稻谷与鲜鱼，经过长期传承演化形成稻鱼共生系统，后来又在稻田择时放鸭，同年收获稻鱼鸭，形成在水稻田中"种植一季稻、放养一批鱼、饲养一群鸭"的农业生产方式
5	2012	云南普洱古茶园与茶文化系统	普洱市拥有完整的古木兰化石和茶树的垂直演化系统，澜沧江中下游民族孕育出了风格独异的民族茶道、茶艺、茶俗等茶文化和饮茶习俗，被誉为世界茶源
6		内蒙古敖汉旱作农业系统	该系统位于内蒙古赤峰市，是中国古代农业文明与草原文明的交汇处。2001—2003年在兴隆沟发掘的碳化粟（谷子）和黍粒距今已有8 000年的历史。由此推断，西辽河上游地区是这两种谷物的起源和中国古代北方旱作农业的起源地，从而证明敖汉旗是横跨欧亚大陆旱作农业的发源地
7	2013	浙江绍兴会稽山古香榧群	该系统位于绍兴市域中南部的会稽山脉。2 000多年前，绍兴先民从野生榧树中人工选择和嫁接培育了香榧这一优良品种。古香榧树历经千年仍硕果累累，堪称古代良种选育和嫁接技术的"活标本"
8		河北宣化城市传统葡萄园	该系统位于河北宣化古城，有1 300多年的葡萄栽培历史。宣化传统葡萄园至今仍沿用传统的漏斗架栽培方式。"内方外圆"优美独特的漏斗架适于观赏和乘凉休闲，形成了独特的文化景观
9	2014	福建福州茉莉花和茶文化系统	该系统是以在江边沙洲中种植茉莉花，在高山上种植茶叶为特色的湿地茉莉花山地茶园循环有机生态农业系统，中国是目前世界上唯一可以窨制茉莉花茶的国家
10		江苏兴化垛田传统农业系统	该系统位于江苏省兴化市，具有农、林、渔相结合的特征，是在独具特色的沼泽洼地中利用垛田土地的湿地生态农业系统。人们于湖荡沼泽之中堆土成垛，垛上种田，既能抵御洪水又能使地貌秀丽，形成了独特的土地利用方式，是人类智慧和自然力量的神奇结合
11		陕西佳县古枣园	该系统是世界上保存最完好、面积最大的千年枣树群，总面积36亩，现存活各龄古枣树1 100余株，有3 000多年的枣树栽培历史。枣树的栽培在生物多样性保护、水土保持、水源涵养和防风固沙等方面的生态功能尤为重要

序号	入选时间	全球重要农业文化遗产名称	主要特点
12	2017	甘肃迭部扎尕那农林牧复合系统	该系统种植有青稞和蔬菜，牧业有肉和奶类，森林可提供建材，也生长菌菇和药材。农、林、牧之间的循环复合使扎尕那的生产能力和生态功能得以充分发挥、劳动力资源得以充分利用，汉地农耕文化与藏传游牧文化的相互交融形成了特殊的农业文化
13	2018	浙江湖州桑基鱼塘系统	该系统的形成起源于春秋战国时期。千百年来，区域内的劳动人民发明和发展了"塘基上种桑、桑叶喂蚕、蚕沙养鱼、鱼粪肥塘、塘泥壅桑"的桑基鱼塘生态模式，最终形成了种桑和养鱼相辅相成、桑地和池塘相连相倚的江南水乡典型的桑基鱼塘生态农业景观，并形成了丰富多彩的蚕桑文化
14		山东夏津黄河故道古桑树群	该系统位于德州市西南部夏津县黄河故道范围内，规模庞大，最盛时期夏津境内有桑林8万亩之多，现有遗产总面积3.3万余亩，有历史记载"此间树木繁盛，援木攀行二十余里①"。夏津县桑树吸纳日月精华，挺拔屹立、枝繁叶茂，现已形成独立完善的生态系统
15		中国南方山地稻作梯田系统	梯田是在丘陵山坡地上沿等高线方向修筑的条状阶台式或波浪式断面的田地，是治理坡耕地水土流失的有效措施，梯田的蓄水、保土、增产作用十分显著。如福建尤溪联合梯田、江西崇义客家梯田、湖南新化紫鹊界梯田、广西龙胜龙脊梯田
16		福建安溪铁观音茶文化系统	该系统位于福建省东南部。宋元时期，安溪茶叶经海上丝绸之路走向世界，如今已经成为海上丝绸之路的重要文化符号。该系统同时还具备显著的涵养水源、保持水土、调节小气候等生态功能
17	2022	内蒙古阿鲁科尔沁草原游牧系统	该系统位于内蒙古自治区赤峰市，是我国入选的首个游牧农业遗产地，也是全球可持续牧业和脆弱牧场管理的典范。早在新石器时代该地区早期居民就进行狩猎和游牧生活。该系统拥有森林、草原、湿地、河流等多样的生态景观。当地牧民现今依旧坚持传统游牧生活，通过不断转场放牧，让植被得到保护，水资源得以合理利用，畜牧产品可以稳定供应，多样化的食物来源得到了保障
18		河北涉县旱作石堰梯田系统	该系统位于河北省邯郸市，始建于元代，总面积21万亩，石堰梯田长度近万里，是旱作农耕文化的典型代表。数百年来，该系统不仅保留了丰富的传统作物品种和环境友好的耕作技术，确保了山区恶劣条件下的农业生产发展，还创造了山地梯田景观，见证了人与自然的和谐相处
19		浙江庆元林—菇共育系统	该系统因拥有最完整香菇栽培技术演化链，被称为香菇栽培技术"活态博物馆"和中国重要的菌物资源库，为世界山区森林保育、林下经营、食用菌栽培以及山区多功能农林业发展提供了示范

① "里"为非法定计量单位，1里＝500米。——编者注

序号	入选时间	全球重要农业文化遗产名称	主要特点
20		河北宽城传统板栗栽培系统	该系统已有3 000多年历史，是以板栗栽培为核心，作物、药材、家禽等合理配置的复合种养体系。当地居民因地制宜创造了立体种养、树体修剪管理、水土资源合理利用等技术体系，有效保护了当地农业物种和生物多样性
21	2023	安徽铜陵白姜种植系统	该系统已有2 000余年历史。铜陵白姜以"块大皮薄、汁多渣少、肉质脆嫩、香味浓郁"而闻名于世。在长期生产实践中，当地居民创造了姜阁保种催芽、高畦高垄种植、芭茅搭棚遮阴三项独特的传统生产技术
22		浙江仙居古杨梅群复合种养系统	该系统是"梅—茶—鸡—蜂"有机结合的复合型山地农业模式。仙居是世界人工栽培杨梅起源地之一，距今已有1 600年的杨梅栽培史。经过千年的发展与世代选育，当地积累了数量众多、类型多样、品种丰富、谱系完整的古杨梅种质资源。现存百年以上古杨梅树13 425棵
23		甘肃皋兰什川古梨园系统	该系统融合果树栽培、种植业和养殖业于一体，保存有软儿梨和冬果梨等古老品种，年产超过200万千克。除鲜果外，还加工制成梨干及其他特产。古梨园系统地处干旱的黄土高原，兼具抗旱和防涝能力，能够维持农业生物多样性、保障粮食安全、改善农村农民生计情况，堪称旱地农业高效适应缺水与易侵蚀土壤的典范。该系统坚持传统多元种植模式，有效减少对化学投入品的依赖程度，为本地植物和昆虫等物种撑起了一把"保护伞"
24	2025	浙江德清淡水珍珠复合养殖系统	该系统是以鱼、蚌之间基于自然的互利共生原理为基础，以发源于本地的附壳珍珠养殖技术为核心，逐渐演化并形成的涵盖蚌、鱼、浮游动物、底栖动物和水生植物等丰富水生生物资源的复合养殖系统。自南宋开始，这一养殖系统在德清县已经延续了800年，传承至今。目前，德清珍珠深加工年产值超70亿元，约占全国总量的十分之一
25		福建福鼎白茶文化系统	该系统以"绿雪芽"母株和自然萎凋工艺为核心，实现茶园与森林和农作物的有机共生，既保护了生物多样性，又支撑了农村农民生计。其深厚的文化根基、民间礼仪和风俗传统体现了人、茶和土地之间的深切连接。福鼎白茶是我国国家地理标志产品，白茶制作技艺也是国家级"非遗"

　　表1-3显示，中国25个GIAHS项目在类型分布上涵盖了农林牧渔各产业，并涉及山地、湿地、林地、草地、沙地及城市等多种生态系统，展现出鲜明的特色。其中，与作物生产相关的项目占主导地位，茶类项目次之。这一分布特征与中国悠久的稻作文化和茶文化密切相关，这两种文化至今仍在中国农业生产中占据重

要地位。稻作类遗产项目覆盖了稻作起源、贡稻种植、稻鱼（鸭）共生技术以及稻作梯田景观等多个方面；茶类遗产项目则包含普洱茶、茉莉花茶等代表性案例。从自然地理或生态系统角度看，山地类项目占据主要位置，这与中国山地面积广大的地理特点相吻合，包括山地梯田、山地林果以及农林牧复合系统等多种类型。

（二）农业文化遗产的保护与管理机制持续优化

2015年，《重要农业文化遗产管理办法》正式发布并实施，中国由此成为全球首个出台规范性管理办法的国家。该办法确立了"在发掘中保护，在利用中传承"的基本方针，并提出"动态保护、协调发展、多方参与、利益共享"的原则，为农业文化遗产的保护与管理提供了政策依据。根据规定，县级以上人民政府农业行政主管部门在其领导下负责辖区内农业文化遗产的申报、检查验收及保护措施的制定等工作。然而，由于农业文化遗产保护涉及自然资源、国土建设、文化旅游等多个领域，其管理工作需多部门协同配合、明确职责分工，建立高效的管理体制是推进相关工作的关键保障。

实践中，一些地区已探索出成功的管理模式。例如，云南红河州成立了世界遗产管理局，并在元阳、红河、绿春和金平四县设立了梯田管委会或管理局，配备专职人员、拨付专项经费，同时还颁布了《红河哈尼梯田保护管理办法》《云南省红河哈尼族彝族自治州哈尼梯田保护管理条例》及其实施办法，形成了较为完善的制度体系。此外，河北宣化区也出台了《宣化传统葡萄保护管理规定》，进一步细化了地方性保护措施。这些实践为农业文化遗产的科学管理和可持续发展提供了有益经验。

（三）农业文化遗产的跨学科研究正在不断扩展并深化

当前，农业文化遗产的研究已从初期的概念辨析和特征分析，逐步扩展至生态学、农学、社会学、地理学、环境科学、农业经济管理、历史学及法学等多个学科领域，展现出显著的广度与深度。

在农史研究方面，农业文化遗产的起源、演化及其对现代农业发展的启示一直是核心议题。随着研究的深入，其系统内部的可持续机制逐渐被现代科学理论与实验验证。例如，稻田综合种养技术在病虫草害控制中的作用已被广泛探讨。Ren等[63]研究表明，稻鱼共生系统可有效保护当地鲤鱼的遗传多样性；章家恩等[64]则揭示了鸭稻共作模式对土壤微生物数量及其功能多样性的影响，进一步阐明了农业文化遗产系统在改善土壤活性方面的生态效益。

在保护与管理制度层面，研究者围绕立法保护、生态补偿、监测评估以及遗产保护与农户生计关系等问题展开了多维度探讨。吴莉[65]在其博士论文中系统分析了农业文化遗产的法律保护问题；闵庆文[66]在《光明日报》发表文章，阐述了农业文化遗产保护的关键机制；刘某承等[67]研究了哈尼梯田生态补偿标准的制定；杨波等[68]基于国际经验设计了农业文化遗产监测与评估框架；张灿强等[69]探讨了农业文化遗产保护目标下农户生计状况的影响因素。此外，《中国重要农业文化遗产保护与发展战略研究》《农业文化遗产及其动态保护前沿话题》等一系列学术著作相继出版，为相关研究提供了重要参考。

为推动研究深入开展，综合性与地方性研究中心、院士专家工作站等机构陆续成立，形成了一支跨学科的专业研究队伍。目前，中国在农业文化遗产研究领域的科研论文和著作数量位居全球首位，彰显了我国在该领域的研究实力与影响力。

（四）重要农业文化遗产的社会影响显著增强

近年来，我国通过多元形式和渠道有效提升了重要农业文化遗产的社会影响力。在首届农民艺术节、中国国际农产品交易会及中国农耕文化展等活动中，农业文化遗产得到了广泛宣传与展示。例如，第十七届中国农交会上专门设置了"农遗良品——来自中国重要农业文化遗产的馈赠"展区，集中展示了近200种优质农产品，系统地展现了农业文化遗产地的独特魅力。此外，各类以农业文化遗产为主题的展览、庆祝活动和科普作品也相继推出，其中包括组织中国重要农业文化遗产地农民丰收节庆祝活动，拍摄专题片《农业遗产的启示》，出版"中国重要农业文化遗产系列读本"以及发布系列科普微动漫等。中央及地方媒体多次刊发专题文章、专访和系列报道，进一步提升了公众对农业文化遗产的认知与关注。

地方层面亦积极开展相关活动。湖南省新化县通过"全球重要农业文化遗产进校园"活动，增强学生对农耕文化的了解与认同；云南红河州则出版了《哈尼古风》《文化解读哈尼梯田》《哈尼梯田可持续发展青少年教材》等一系列读物，以科学普及的方式推动哈尼梯田农耕文化的传承与传播。这些举措有效激发了社会公众尤其是青年一代对农业文化遗产的关注与保护意识。

（五）农业文化遗产的多元价值逐渐显现

农业文化遗产凭借其在生产、生态、社会和文化方面的多重功能，为一二三产业融合发展奠定了坚实基础。在许多重要农业文化遗产地，这些资源被有效利

用以发展现代农业，尤其是在贫困地区，成为推动产业发展的关键支柱。例如，云南红河州依托梯田资源建立了约8万亩红米生产基地，打造了"梯田谷雨"等品牌，并大力发展了梯田旅游。在元阳县普高老寨村，数十家客栈年均纯收入可达十万元以上，显著提升了当地的经济水平。内蒙古敖汉旗则通过建立传统杂粮品种保护基地，收集超过200种农家品种，并开展试验与示范工作。借助传统小米品种优势，敖汉旗实施品牌战略，使敖汉小米获得国家地理标志保护产品认证并被评为国家优质米，销售网络覆盖全国700多个县，有效促进了农民增收和农业增效。浙江青田县积极推进"百千万工程"，致力于实现每亩地产出百斤鱼、千斤稻及万元收入的目标。这一模式吸引了众多返乡创业者参与稻鱼共养，并带动了田鱼干加工、渔家乐等相关产业发展，涌现出一批致富示范家庭，展现了农业文化遗产在促进经济发展与乡村振兴中的重要作用。

（六）重要农业文化遗产的国际交流与合作日趋频繁

中国积极支持FAO在全球范围内开展GIAHS的保护与推广工作，在资金、人才等方面提供全方位支持，并倡导将GIAHS保护纳入FAO的常规预算。中国以开放姿态向世界分享其在GIAHS保护领域的实践经验。例如，2015年米兰世博会期间，中国专门组织了GIAHS宣传活动；此外，还多次主办国际论坛和高级别培训班，接待了来自50多个国家的学习交流团，推动了全球范围内的经验共享与技术传播。中国科学家在GIAHS保护中发挥了重要作用，李文华院士曾担任FAO GIAHS指导委员会主席和科学咨询小组主席，为相关工作的推进做出了显著贡献。同时，中国积极开展双边及多边合作，深化与其他国家在GIAHS领域的交流。例如，福州市与法国勃艮第葡萄酒产区、兴化市与墨西哥市签署了《农业文化遗产合作交流备忘录》，进一步拓展了国际合作的广度与深度。这些举措不仅提升了中国在GIAHS保护领域的国际影响力，也为全球农业文化遗产的可持续发展提供了重要支持。

三、农业文化遗产保护的成效

（一）提升农业文化遗产品牌影响力，联农带农富农效应凸显

20多年来，全国各地围绕农业文化遗产保护开展了积极探索与实践，深入挖掘其生态、经济和社会效益。通过强化品牌建设，依托资源特色优势，农业文化遗产地的联农带农富农效应日益显现。

全国各遗产地广泛运用证明商标、地理标志产品保护等手段，推动品牌价值

提升，促进当地一二三产业融合发展。例如，浙江青田田鱼、河北宣化葡萄、内蒙古敖汉小米、河北宽城板栗等特色农产品已成为市场热销品牌，显著提升了农业文化遗产的知名度与影响力。福建安溪铁观音茶文化系统作为典型案例，依托茶产业可持续发展，目前茶园面积达60万亩，年产量6.2万吨，综合产值362亿元，区域品牌价值高达1 440.42亿元，连续9年位居全国茶叶类区域品牌价值首位。安溪县通过构建"龙头企业＋合作社＋基地＋茶农"的利益共同体模式，不仅提升了产品质量安全和组织化水平，还带动了58%的农户加入合作社，惠及13.8万农户，实现增收致富。全县已建成41座现代化茶庄园，拥有生态茶园28万亩。其中，添寿福地茶文化庄园集生产、加工、深加工、定制服务与休闲旅游于一体，带动周边2 100多户农民建设绿色食品标准茶园1万亩，从业农民年均收入达3万元。此外，云岭、华祥苑、大宝峰等茶庄园每年吸引超百万游客体验铁观音茶文化，2023年安溪县旅游收入达92.03亿元，实现了经济效益与社会效益的双重提升。

（二）提高农业文化遗产保护意识，奠定有效传承与可持续发展的基础

增强农业文化遗产保护意识、维护生态循环系统，是实现其有效传承与可持续发展的关键。例如，云南红河哈尼梯田构建了"江河—森林—村寨—梯田"四素同构的湿地生态系统，而浙江仙居杨梅栽培系统则形成了"梅—茶—鸡—蜂"共生互利的农业复合生态模式，二者均为生态环境保护提供了典范。浙江庆元香菇文化系统秉持800年来"人与自然是生命共同体"的理念，通过林下种植养殖、林农间作套种等循环耕养技术，打造了独具特色的"农遗良品"。这一产业不仅为庆元县农民提供了超过50%的收入来源，还培养了1万多名"菇乡师傅"，为全国20个省、400多个县的农民增收提供了技术支持。同时，庆元县通过打造"菇乡师傅"品牌，深入挖掘农业文化遗产的教育价值，建立了从幼儿园到大学的香菇文化传承体系；并且编写教材与科普读物，以多种形式培养儿童和青少年对家乡文化的认同感与情感联结。这些举措不仅强化了农业文化遗产的保护意识，也为其实现代际传承与可持续发展奠定了坚实基础。

（三）以农民为主体挖掘本土资源，建立了多方参与的"农遗"保护机制

农业文化遗产保护的关键在于深入理解自然生态系统与复杂的社会关系系统，而以农民为主体、动员社会力量是构建多方参与保护机制的核心。河北涉县旱作石堰梯田系统的王金庄村提供了一个典型范例。2017年，当地农民自发成立"涉县旱作梯田保护与利用协会"，旨在保护和传承梯田系统。为全面梳理资源家底，

中国农业大学农业文化遗产研究团队等志愿组织与农民合作，开展了系统性的普查活动，对村庄的生产生活及本土生态知识进行深入挖掘与整理。2019年，梯田协会成员针对王金庄的传统作物品种展开普查，共收集到涵盖26科57属77种植物的传统品种171个，包括谷子、豆类等农作物，并创新性地建立了"农民种子银行"。这一举措不仅保存了传统种质资源，还提升了社区的生态保护能力。2023年，《河北涉县旱作石堰梯田系统文化志丛书》出版，集中展现了多方参与、优势互补的农业文化遗产保护成果。通过这些社区资源调查与能力建设工作，村民、地方政府、民间机构及青年学子得以共同服务于乡村发展，显著增强了社区的可持续发展能力。这一实践体现了以农民为主体、多方协作的保护机制在农业文化遗产传承中的重要作用。

第四节　农业文化遗产保护的难点与问题

一、内涵理解和保护理念存在偏差

中国在重要农业文化遗产保护方面虽取得了一定成效，但与自然遗产和文化遗产相比，其保护难度更大，潜在价值尚未得到充分挖掘。当前存在的主要问题体现在对内涵的理解和保护理念上的偏差。

首先，认知层面存在偏差。农业文化遗产是一种活态遗产，具有动态性、持续性和多功能性等特征，与静态的文化遗产有显著区别。然而，由于这一概念提出时间较短，社会各界对其认识尚不深入。许多基层干部和群众将农业文化遗产简单视为历史遗迹，忽略了其作为功能性生态系统的现代价值。例如，张灿强等[70]对云南哈尼梯田地区农户和管理部门的调查显示，超过四成受访者对农业文化遗产的内涵及其保护要求缺乏清晰理解。

其次，实践中存在理念偏差。一方面，部分地方过度强调"原汁原味"的保护，忽视了农民对提高生活水平的需求，可能会抑制当地经济发展。例如，在某些农业文化遗产地，政府和管理部门过于注重传统方式的保护，未能充分考虑农民的实际需求和发展愿望，导致农民参与积极性下降。另一方面，在经济利益驱动下，部分地区更倾向于开发利用而非保护，出现基础设施投入不足、配套建设滞后等问题。特别是在旅游热点地区，大量游客涌入可能引发生态环境破坏，如梯田旱化、旅游垃圾增加等现象[71]。

二、政策支持缺少专项资金和项目

农业文化遗产作为一种新兴遗产类型，在发展初期亟须政府的强力支持与推动。然而，当前我国在农业文化遗产保护方面的政策支持力度尚显不足，尤其在专项资金和项目支持方面存在明显短板。已认定的中国重要农业文化遗产中，有40多个位于欠发达地区。这些地区普遍面临基础设施薄弱、人才匮乏等问题，进一步加大了遗产保护的难度。

目前，我国对农业文化遗产的扶持力度远不及传统村落等其他文化遗产类型。例如，中国传统村落已被纳入中央财政支持范围，入选村庄可获得300万元的专项扶持资金，而农业文化遗产尚未设立中央专项资金，这直接影响了各地申报和保护的积极性。许多农业文化遗产地地处经济欠发达地区，地方财政本就捉襟见肘，难以承担遗产保护所需的大量资金。以云南红河哈尼梯田系统为例，其所在的区域经济基础薄弱，地方财政难以支撑遗产保护需求。此外，由于基础设施建设滞后（如交通不便、水利设施不足），这些遗产地的发展潜力受到显著限制。河北涉县旱作石堰梯田系统即因基础设施不足，影响了农业生产效率与质量。

相比之下，一些国家在农业文化遗产保护方面提供了更为有力的支持。例如，日本于2015年将GIAHS纳入国家农业政策的五年规划，并通过补贴或激励措施促进保护工作。佐渡市对采取生物多样性保护和生态恢复措施的农户提供经济补偿，石川县还设立了规模达1亿美元的里山促进基金[72]。韩国同样列支专项预算用于农业文化遗产保护，自2013年起，每年向每个农业和渔业文化遗产地提供为期三年共计150万美元和70万美元的资金支持，其中70%由中央财政拨付，30%由地方政府配套[73]。

三、保护与管理机制不完善

农业文化遗产的保护与管理机制目前仍存在多方面不足，主要体现在以下四个方面：

一是机构、人员、资金投入等长效保障机制缺失。基层农业文化遗产管理能力较为薄弱，缺乏稳定的机构、人员和资金投入保障机制。许多遗产地尚未制定具体的保护管理实施细则，监测评估制度也不够完善，缺乏常态化的运行机制。例如，云南红河哈尼梯田系统虽被列入全球重要农业文化遗产名录，但仍存在保护管理细则缺失、监测评估体系不健全的问题[70]。此外，针对破坏遗产资源或疏

于管理的行为，缺乏有效的惩戒措施，导致保护工作难以落实到位。

二是多方参与和利益联结机制不健全。当前农业文化遗产保护主要依赖政府行政力量推动，社会力量的广泛参与尚未形成合力。尽管政府在保护工作中发挥了主导作用，但单靠行政手段难以实现全面有效的保护。民间组织、非政府组织及企业等社会力量的参与度较低，未能构建起广泛的社会支持网络。例如，浙江青田稻鱼共生系统虽得到政府支持，但社会力量的参与仍然有限[74]。同时，多方参与的利益联结机制尚不完善，各方积极性和主动性未能充分调动。

三是农民参与积极性受限。农业文化遗产本质上是一个生产系统，农民作为直接经营者和保护主体，其参与程度对保护成效至关重要。然而，由于保护意识不强、开发能力不足以及经营能力有限，农民从遗产保护与利用中获得的收益有限，影响了其参与积极性。例如，吴天龙等[75]研究指出，农民在参与遗产保护过程中，因缺乏技术和市场支持，难以实现经济回报，从而降低了参与意愿。

四是产业促进机制不完善。遗产地特色产业的发展水平参差不齐，部分地方虽已形成知名品牌（如福建安溪铁观音、河北宣化葡萄等），但更多产品的品牌影响力和市场竞争力仍有待提升。例如，河北涉县旱作石堰梯田系统拥有丰富的农业文化遗产资源，但其特色农产品的品牌价值尚未得到充分挖掘[76]。此外，遗产地农产品加工业、生物资源产业、文化创意产业等发展滞后，休闲农业和乡村旅游层次较低，农业产业链和价值链延伸不足。以云南红河哈尼梯田系统为例，其乡村旅游虽有一定发展，但层次较低、规模较小，高端旅游产品开发不足，限制了产业潜力的释放。

四、专业型人才支撑不足

农业文化遗产是一个多学科交叉的复杂系统，涉及生态学、历史学、农学、文化学、法学和管理学等多个领域。尽管当前研究在生态、历史、农业技术与经济方面取得了一定进展，但在文化传承、法律法规保护及管理机制设计等领域的研究仍显薄弱[73]。例如，文化研究可揭示传统知识与习俗，法律研究可为遗产保护提供法律依据，管理研究则有助于构建科学有效的保护机制，这些方面的深入探索亟须加强。

一是研究支持体系不完善。目前，农业文化遗产研究项目缺乏国家重大项目和各级研究基金的支持，导致前瞻性、综合性与交叉性研究相对匮乏。以国家自然科学基金和国家重点研发计划为例，涉及农业文化遗产的研究项目数量有限，这不仅限制了研究的广度与深度，也影响了研究成果的实际应用。相比之下，日本政府通过设立专项研究基金，为农业文化遗产研究提供了充足的资金支持，显著促进了相关领域的学术发展[72]。

二是研究机构分布不均衡。现有研究人员主要集中在国内少数科研单位，而重要农业文化遗产所在地的大学和科研院所参与度较低，难以满足培养实用型与复合型遗产管理及科技人才的需求。这种研究资源分配不均的现象，导致部分地区的农业文化遗产研究未得到足够的关注和支持。例如，浙江青田稻鱼共生系统的研究主要依赖于少数几所大学和研究机构，而当地科研力量相对薄弱，无法深入开展系统性研究。因此，应鼓励更多的研究机构，尤其是遗产地附近的大学和科研院所，积极参与农业文化遗产研究，以提升研究质量与数量，并更好地服务于地方保护工作。

三是专业人才培养滞后。农业文化遗产的保护与管理需要大量兼具专业知识与实践能力的复合型人才，但目前这方面的人才培养尚显不足。许多遗产地缺乏专业的管理人员和技术人才，制约了保护工作的有效开展。例如，云南红河哈尼梯田系统虽拥有丰富的农业文化遗产资源，但当地专业人才短缺，难以实现系统的管理和保护。因此，亟须加强人才培养，特别是培养一批既懂农业又懂管理的高素质专业人才，以满足农业文化遗产保护的实际需求。

总之，农业文化遗产保护与研究面临专业性人才支撑不足的问题，需从研究支持体系、机构布局优化及人才培养等方面着手，推动相关领域的全面发展，为农业文化遗产的可持续保护提供人才保障。

五、全球农业文化遗产保护影响力不足

尽管GIAHS的保护理念已获得国际社会和多国的广泛认可，但从其全球分布来看，影响力仍存在局限性。目前，GIAHS项目主要集中于亚洲，该地区遗产数量占全球总量的2/3，而北美地区至今无一项目入选。这种分布不均不仅反映了不同地区对农业文化遗产保护重视程度的差异，也可能与各国在申报和推广方面的努力程度有关。此外，全球重要农业文化遗产保护缺乏具有法律约束力的国际公约。虽然FAO积极推动GIAHS项目的实施，但因缺乏统一的国际法律框架，各国在保护实践中缺乏标准化指导原则。这一现状导致不同国家和地区采取的保护措施和标准存在较大差异，不利于全球农业文化遗产的整体保护与发展。另外，全球农业文化遗产保护领域竞争激烈。部分国家如日本和韩国在人才、资金等方面为FAO提供了强有力的支持，并通过积极参与国际活动争取更多话语权。

第五节 农业文化遗产保护的重点和对策

一、农业文化遗产保护的重点

农业文化遗产保护的重点内容涵盖了农业生物多样性及其保护、农业生态系统结构与景观及其保护、生态农业技术及其保护、生态文化及其保护等多个方面。这些重点内容不仅是农业文化遗产得以延续的基础，也是实现农业可持续发展的关键。

（一）农业生物多样性及其保护

农业文化遗产地通常位于重要的生态功能区，是农业生物多样性的重要载体。例如，在河北涉县旱作石堰梯田系统的核心保护区王金庄村，调查发现当地种植的作物种类极为丰富，涵盖26科57属77种180多个品种，包括本土豆类、谷子、玉米等粮食作物，以及多种蔬菜、干鲜果品和药用植物。生物多样性的存在不仅增强了农业系统的韧性，还提高了其对病虫害的抵抗力，并有助于适应气候变化。

为有效保护这些宝贵的遗传资源，推广环境友好的生态农业技术尤为关键。传统耕作方法如轮作、间作和混作，能够维持土壤健康，减少化学农药的使用，从而为农业生物多样性提供良好的生存环境。同时，通过发展"农遗良品"，结合传统品种资源的独特优势与优越的生态地理条件，可实现资源化利用与产业化发展，激励农民积极参与生物资源保护。例如，一些地区通过有机农产品认证及特色品牌建设，显著提升了产品附加值，增加了农民收入，进而激发了他们保护生物多样性的积极性。这种模式实现了生态保护与经济发展的良性互动，为农业生物多样性的可持续保护提供了可行路径。

（二）农业生态系统结构与景观及其保护

农业文化遗产地的农业景观是当地居民与自然环境长期互动的结果，兼具较高的美学价值和生态功能。以云南红河哈尼稻作梯田系统为例，该系统由森林、村寨、梯田和水系四部分构成，形成了一个复合生态系统。其中，森林提供水源并保持水土，村寨是文化和传统传承的核心，梯田承担农业生产功能，水系则负责灌溉。这一系统不仅美化了乡村环境，还为当地居民提供了丰富的生态服务。保护农业生态系统的结构与景观，需从两个方面着手：一是优化农业生态系统的内部结构，关注作物品种的数量比例、空间配置的镶嵌性及垂直结构，以确保系统结构的有序性、过程的健康性和功能的有效性；二是充分利用景观及环境文化优势，拓展农业多功能性，大力发展休闲农业和乡村旅游，如农家乐、生态旅游等项目。这不仅能增加遗产地的经济收入，还能提升公众对农业文化遗产的认知与保护意识，实现生态保护与经济发展的良性互动。

（三）生态农业技术及其保护

农业文化遗产地是生态农业技术的重要载体，这些技术在长期生产实践中逐步形成，体现了人与自然和谐共生的智慧。例如，在农田层面实施间作套种与轮作复种，在山地梯田发展立体农业，在低洼地区构建桑基鱼塘或堆垛成田，以及稻鱼共生、农牧结合、农林复合、林菇共育、林药共生等多种业态模式。浙江青田稻鱼共生系统被列为全球重要农业文化遗产，正是因其传统生态农业模式所展现的可持续发展价值。保护和传承这些生态农业技术，需从两方面着手：一是注重种养殖品种与林灌草、植物与微生物及动物之间的相互作用，构建丰富且稳定的食物网关系，维护生态系统平衡；二是将传统技术与现代农业生产管理技术相结合，融入生物技术与信息技术，推动现代智慧生态农业的发展，促进农业绿色转型。例如，借助物联网技术监测作物生长状况，利用大数据分析优化施肥与灌溉方案，可有效提升生产效率，同时保留传统技术的核心价值。这种融合传统与现代的技术路径，为农业文化遗产的可持续保护与利用提供了新方向。

（四）生态文化及其保护

农业文化遗产不仅涵盖物质层面的内容，还蕴含丰富的非物质文化遗产，体现了"天人合一"的生态观，倡导崇尚自然、绿色循环、杜绝浪费及邻里守望等理念[77]。这些理念通过乡规民约、祭祀崇拜、风俗节庆，以及歌舞、传说、建筑、饮食与服饰等形式得以传承。保护农业文化遗产中的生态文化，需深入挖掘其生态内涵与现代价值，并结合时代需求进行创造性转化和创新性发展。具体而言，可通过举办文化节庆活动、开发文化旅游产品等方式，提升遗产地知名度，吸引更多社会力量参与保护工作。同时，应强化教育宣传，将农业文化遗产保护融入学校教育体系，通过实地考察与田野教学等形式，让学生亲身体验传统农耕文化的魅力，增强其环保意识与责任感。此外，借助新媒体平台（如短视频、直播等）传播农业文化遗产的故事与价值，吸引年轻群体的关注，推动形成全社会共同参与的良好氛围，为生态文明建设注入文化动力。

二、农业文化遗产保护的对策

农业文化遗产应如何保护？农业文化遗产的保护需突破传统自然遗产和文化遗产的保护模式，因其活态性和动态发展的特性，不能简单采用"核心区封闭管理"或"修旧如旧"的方式。农业文化遗产的存在前提是为当地居民提供食物与生计保障，同时这些遗产多分布于经济欠发达、生态脆弱但文化丰富的地区。若过度强调"原汁原味"而忽视区域发展需求，则难以调动当地居民的积极性，保护目标亦难以实现。因此，农业文化遗产的保护应避免"冷冻式保存"，而应在尊重自然条件和社会经济变化的基础上进行适当调整。然而，核心要素必须保持不变，包括遗产系统的基本结构与功能、关键物种资源、农业景观、水土资源管理技术，以及相关的民族文化与传统知识。例如，在草原游牧文化中，尽管勒勒车被汽车、摩托车取代，"放牧＋草场基地"模式替代了单纯放牧，提升了牧民收入、生活质量及抗灾能力，但"逐水草而居"的核心游牧方式并未发生改变，遗产的核心元素得以保留。

（一）增强动态保护与科学利用的意识和观念

加强农业文化遗产宣传工作，尤其是针对基层干部和群众开展多层次、多形式的宣传教育，帮助其树立科学保护意识。充分利用中国农民丰收节、各类农博会等平台，展示重要农业文化遗产的独特价值，并推动其进校园、入社区，将其打造为传承和弘扬中华优秀传统文化的重要教育基地和展示窗口。同时，提升相关宣传设施的建设水平，构建具有中国特色的农业文化遗产标识体系，强化公众对遗产的认知度和认同感[78]。此外，应倡导动态保护理念，平衡保护与利用的关系，确保遗产在适应现代社会需求的同时，保持其核心价值和功能。

（二）健全管理和利用的体制机制

建立健全农业文化遗产保护与管理的长效机制，包括设立专门的保护管理机构，配备稳定的管理人员并保障工作经费。制定和完善相关管理条例及实施办法，完善监测与评估制度，对因管理不善导致遗产被破坏的行为，探索实行"黄牌警告、红牌退出"机制，强化责任追究。在遗产利用方面，需健全利益联结机制，将更多就业和创业机会留给当地居民，鼓励返乡农民工、"新农人"等参与农业文化遗产地的创业活动，并在金融、保险、用地和技术等方面提供政策支持。充分发挥传统品种资源优势，培育农业品牌和产品品牌，选择具有发展潜力的传统手工艺进行产业化开发，推动传统产业转型升级。同时，加强旅游基础设施建设，引导旅游产业有序发展，实现生态保护与经济发展的良性互动。

（三）加强政策完善和支持力度

加大对农业文化遗产的政策支持力度，是赋能共同富裕的重要路径之一。建议将已认定的中国重要农业文化遗产保护纳入中央财政预算，并提供稳定资金扶持，鼓励遗产地整合相关项目和财政资金，重点支持基础设施建设、生物多样性保护、传统知识和文化传承等工作[79]。加大对欠发达地区农业文化遗产地的财政转移支付力度，探索建立生态与文化补偿机制，吸引社会投资主体参与遗产保护与发展。此外，鼓励遗产地列支专项保护管理经费和扶持资金，对积极参与农业文化遗产保护和利用的单位及个人给予奖励，激发社会各方参与的积极性。

（四）推动科学研究和人才培养工作

在国家重大研发计划中增设农业文化遗产研究课题，加大资助力度，鼓励开展跨学科综合研究，吸引遗产地高校和科研机构加入研究队伍，深化可持续机制、技术支撑、产业发展及监测评估等领域的科学研究[80]。建设农业文化遗产研究和示范基地，推动研究成果在遗产地的应用，优先在中国重要农业文化遗产地建设研学基地，促进理论与实践相结合。同时，加强学科建设，在高等教育体系中设置农业文化遗产本科课程及研究生专业，培养兼具理论素养和实践能力的复合型人才[81]。通过定期举办培训班、研讨会等形式，加强对基层管理人员的专业培训，提升其业务水平和管理能力，为农业文化遗产保护提供坚实的人才保障。

（五）强化中国在GIAHS中的引领作用

继续支持FAO在全球范围内推动GIAHS保护工作，吸引更多国家参与其中，提升全球重要农业文化遗产的国际关注度和影响力。鼓励中国科学家和管理人员在国际组织中发挥更大作用，贡献中国智慧和方案。协助"一带一路"共建国家挖掘和保护农业文化遗产，讲好中国经验与中国故事，广泛开展国际合作交流。支持国内重要农业文化遗产地与国外遗产地开展"结对子"等交流活动，推动制定《全球重要农业文化遗产保护国际公约》，争取成为国际公约的发起国和主导力量，进一步巩固中国在全球农业文化遗产保护领域的引领地位。

参 考 文 献

[1] 李根蟠，王小嘉. 中国农业历史研究的回顾与展望 [J]. 古今农业，2003（3）：70-85.

[2] 王思明. 农业文化遗产概念的演变及其学科体系的构建 [J]. 中国农史，2019，38（6）：113-121.

[3] 闵庆文. 关于"全球重要农业文化遗产"的中文名称及其他 [J]. 古今农业，2007（3）：116-120.

[4] 韩燕平，刘建平. 关于农业遗产几个密切相关概念的辨析：兼论农业遗产的概念 [J]. 古今农业，2007（3）：111-115.

[5] 徐旺生，闵庆文. 农业文化遗产与"三农" [M]. 北京：中国环境科学出版社，2008.

[6] 闵庆文，孙业红. 农业文化遗产的概念、特点与保护要求 [J]. 资源科学，2009，31（6）：914-918.

[7] 闵庆文. 重要农业文化遗产及其保护研究的优先领域、问题与对策 [J]. 中国生态农业学报（中英文），2020，28（9）：1285-1293.

[8] 罗康隆，刘思言. 农业文化遗产的当代价值：基于民族文化"四生观"的研究 [J]. 民族论坛，2024（3）：99-107.

[9] Evonne Y，Akira N，Kazuhiko T. Comparative Study on Conservation of Agricultural Heritage Systems in China，Japan and Korea [J]. Journal of Resources and Ecology，2016，7（3）：170-179.

[10] García A M，Yagüe L J，Nicolás D L V，et al. Characterization of Globally Important Agricultural Heritage Systems (GIAHS) in Europe [J]. Sustainability，2020，12（4）：1611-1611.

[11] Mauro A，Antonio S. Agricultural heritage systems and agrobiodiversity [J]. Biodiversity and Conservation，2022，31（10）：2231-2241.

[12] Raphael P O，De A F L P，Marco G. Agricultural Heritage：Contrasting National and International Programs in Brazil and Italy [J]. Sustainability，2022，14（11）：6401-6401.

[13] Scheurer T，Agnoletti M，Bürgi M，et al. Exploring Alpine Landscapes as Potential Sites of the Globally Important Agricultural Heritage Systems (GIAHS) Programme [J]. Mountain Research and Development，2018，38（2）：172-174.

[14] Ducusin C J R，Espaldon O V M，Rebancos M C，et al. Vulnerability assessment of climate change impacts on a Globally Important Agricultural Heritage System (GIAHS)

in the Philippines：the case of Batad Rice Terraces，Banaue，Ifugao，Philippines [J]．Climatic Change，2019，153（3）：395-421.

[15] Nagata A，Yiu E．Ten Years of GIAHS Development in Japan [J]．Journal of Resources and Ecology，2021，12（4）：567-577.

[16] Martins J，Goncalves C，Silva J，et al．Digital Ecosystem Model for GIAHS：The BarrosoAgro-Sylvo-Pastoral System [J]．Sustainability，2022，14（16）：10349.

[17] Ryo K，Hikaru M，Yuta U，et al．Regional management and biodiversity conservation in GIAHS：text analysis of municipal strategy and tourism management [J]．Ecosystem Health and Sustainability，2019，5（1）：124-132.

[18] Gao X，Roder G，Jiao Y，et al．Farmers' landslide risk perceptions and willingness for restoration and conservation of world heritage site of Honghe Hani Rice Terraces，China [J]．Landslides，2020，17（8）：1-10.

[19] Yukio Y，Kazem V．Comparing cultural world heritage sites and globally important agricultural heritage systems and their potential for tourism [J]．Journal of Heritage Tourism，2021，16（1）：43-61.

[20] Santiago L K，Carla M，Fernanda O，et al．Biocultural heritage construction and community-based tourism in an important indigenous agricultural heritage system of the southern Andes [J]．International Journal of Heritage Studies，2022，28（10）：1075-1090.

[21] 闵庆文，张丹，何露，等．中国农业文化遗产研究与保护实践的主要进展 [J]．资源科学，2011，33（6）：1018-1024.

[22] 闵庆文，史媛媛，何露，等．传承历史 守护未来：记联合国粮农组织-全球环境基金全球重要农业文化遗产项目（2009—2013）[J]．世界农业，2014（6）：215-218，221.

[23] 中国农业遗产研究室．中国农学遗产选集 [M]．北京：农业出版社，2002.

[24] 闵庆文，孙业红，成升魁，等．全球重要农业文化遗产的旅游资源特征与开发初步研究 [A]．//中国气象学会农业气象与生态学委员会，江西省气象学会，中国气象学会．全国农业气象与生态环境学术年会论文集 [C]．2006：5.

[25] 孙业红，闵庆文，成升魁，等．农业文化遗产旅游资源开发与区域社会经济关系研究：以浙江青田"稻鱼共生"全球重要农业文化遗产为例 [J]．资源科学，2006（4）：138-144.

[26] 闵庆文，钟秋毫．农业文化遗产保护的多方参与机制 [M]．北京：中国环境科学出版社，2006.

[27] 王献溥，于顺利，陈宏伟．青田县传统稻鱼共生农业系统及其发展措施 [J]．浙江农业科学，2006（5）：492-494.

[28] 王献溥，于顺利，陈宏伟．从传统农业的衰落谈农业遗产的继承与发展 [J]．安徽农业科学，2007（8）：2468-2469，2500.

[29] 李永乐. 世界农业遗产生态博物馆保护模式探讨：以青田"传统稻鱼共生系统"为例 [J]. 生态经济，2006（11）：39-42.

[30] 李刚. 浅议农业文化遗产的法律保护 [J]. 北京农学院学报，2007（4）：46-49.

[31] 李文华. 农业文化遗产的保护与发展 [J]. 农业环境科学学报，2015，34（1）：1-6.

[32] 闵庆文. 全球重要农业文化遗产：一种新的世界遗产类型 [J]. 资源科学，2006（4）：206-208.

[33] 顾军，苑利. 我国农业文化遗产保护存在的问题与反思 [J]. 贵州社会科学，2021（9）：52-56.

[34] 胡最，闵庆文. 构建农业文化遗产数字化保护的概念框架探讨 [J]. 地球信息科学学报，2021，23（9）：1632-1645.

[35] 刘志宏. 中国传统村落世界文化遗产价值评估研究 [J]. 西南民族大学学报（人文社会科学版），2021，42（11）：52-58.

[36] 杨雯，王晨仰，刘军民. 论陕西地区农业文化遗产的保护与发展 [J]. 西北农林科技大学学报（社会科学版），2021，21（5）：145-153.

[37] 陶伟. 中国世界遗产地的旅游研究进展 [J]. 城市规划汇刊，2002（3）：54-56，80.

[38] 杨丽霞，喻学才. 中国文化遗产保护利用研究综述 [J]. 旅游学刊，2004（4）：85-91.

[39] 苑利. 农业文化遗产保护与我们所需注意的几个问题 [J]. 农业考古，2006（6）：168-175.

[40] 梁太鹏. 文化遗产的动态保护与社会改造：关于贵州六枝梭戛生态博物馆的思考 [J]. 中国博物馆，1999（1）：2-6.

[41] 李明，王思明. 农业文化遗产：保护什么与怎样保护 [J]. 中国农史，2012，31（2）：119-129.

[42] 闵庆文. 哈尼梯田的农业文化遗产特征及其保护 [J]. 学术探索，2009（3）：12-14，23.

[43] 陈耀华，赵星烁. 中国世界遗产保护与利用研究 [J]. 北京大学学报（自然科学版），2003（4）：572-578.

[44] 张琼霓. 我国世界遗产地旅游开发与保护探讨 [J]. 湖南社会科学，2003（5）：182-183.

[45] 方淳. 旅游对中国世界遗产地的影响 [J]. 北京第二外国语学院学报，2004（1）：64-70.

[46] 孙业红，闵庆文，成升魁，等. 农业文化遗产的旅游资源特征研究 [J]. 旅游学刊，2010，25（10）：57-62.

[47] 孙根年. 我国自然保护区生态旅游业开发模式研究 [J]. 资源科学，1998（6）：42-46.

[48] 常旭，吴殿廷，乔妮. 农业文化遗产地生态旅游开发研究 [J]. 北京林业大学学报（社会科学版），2008，7（4）：33-38.

[49] 李丰生. 阳朔乡村旅游规模化开发探讨 [J]. 经济地理, 2005 (2)：261-264, 276.

[50] 邓明艳. 世界遗产资源保护性开发模式新思考 [J]. 北京第二外国语学院学报, 2004 (3)：93-96, 105.

[51] 闵庆文, 孙业红, 成升魁, 等. 全球重要农业文化遗产的旅游资源特征与开发 [J]. 经济地理, 2007 (5)：856-859.

[52] 李永乐, 闵庆文, 成升魁, 等. 世界农业文化遗产地旅游资源开发研究 [J]. 安徽农业科学, 2007 (16)：4900-4902.

[53] 崔峰. 农业文化遗产保护性旅游开发刍议 [J]. 南京农业大学学报（社会科学版）, 2008, 8 (4)：103-109.

[54] 唐晓云, 闵庆文. 农业遗产旅游地的文化保护与传承：以广西龙胜龙脊平安寨梯田为例 [J]. 广西师范大学学报（哲学社会科学版）, 2010, 46 (4)：121-124.

[55] 李振民, 邹宏霞, 易倩倩, 等. 梯田农业文化遗产旅游资源潜力评估研究 [J]. 经济地理, 2015, 35 (6)：198-201, 208.

[56] 刘进, 冷志明, 刘建平, 等. 我国重要农业文化遗产分布特征及旅游响应 [J]. 经济地理, 2021, 41 (12)：205-212.

[57] 孙业红, 闵庆文, 成升魁. "稻鱼共生系统" 全球重要农业文化遗产价值研究 [J]. 中国生态农业学报, 2008 (4)：991-994.

[58] 郭焕成, 王云才. 海峡两岸观光休闲农业与乡村旅游发展 [M]. 徐州：中国矿业大学出版社, 2004.

[59] 王欣, 闵庆文, 吴殿廷, 等. 基于全球重要农业文化遗产的旅游开发研究：以青田稻鱼共生农业系统为例 [J]. 地域研究与开发, 2006 (5)：63-67.

[60] 李红吉, 谭庆华. "羊楼洞砖茶文化系统" 中国重要农业文化遗产价值研究 [J]. 绿色科技, 2015 (10)：340-342.

[61] 张灿强, 吴良. 中国重要农业文化遗产：内涵再识、保护进展与难点突破 [J]. 华中农业大学学报（社会科学版）, 2021 (1)：148-155, 181.

[62] 闵庆文. 我国重要农业文化遗产发掘工作回顾与前瞻 [J]. 自然与文化遗产研究, 2020, 5 (6)：1-9.

[63] Ren Weizheng, Hu Liangliang, Guo Liang, et al. Preservation of the genetic diversity of a local common carp in the agricultural heritage rice-fish system [J]. Proceedings of the National Academy of Sciences of the United States of America, 2018, 115 (3)：E546-E554.

[64] 章家恩, 许荣宝, 全国明, 等. 鸭稻共作对土壤微生物数量及其功能多样性的影响 [J]. 资源科学, 2009, 31 (1)：56-62.

[65] 吴莉. 农业文化遗产的法律保护 [D]. 华中科技大学, 2011.

[66] 闵庆文. 农业文化遗产保护的关键机制 [N]. 光明日报, 2016-08-19 (10).

[67] 刘某承, 熊英, 白艳莹, 等. 生态功能改善目标导向的哈尼梯田生态补偿标准 [J]. 生态学报, 2017, 37 (7)：2447-2454.

[68] 杨波，何露，闵庆文．基于国际经验的农业文化遗产监测和评估框架设计［J］．中国农业大学学报（社会科学版），2014，31（3）：127-132．

[69] 张灿强，闵庆文，张红榛，等．农业文化遗产保护目标下农户生计状况分析［J］．中国人口·资源与环境，2017，27（1）：169-176．

[70] 张灿强，闵庆文，田密．农户对农业文化遗产保护与发展的感知分析：来自云南哈尼梯田的调查［J］．南京农业大学学报（社会科学版），2017，17（1）：128-135，148．

[71] Zhang Canqiang，Liu Moucheng．Challenges and Countermeasures for the Sustainable Development of Nationally Important Agricultural Heritage Systems in China［J］．Journal of Resources and Ecology，2014，5（4）：390-394．

[72] 张永勋，焦雯珺，刘某承，等．日本农业文化遗产保护与发展经验及对中国的启示［J］．世界农业，2017（3）：139-142．

[73] 杨伦，闵庆文，刘某承，等．韩国农业文化遗产的保护与发展经验［J］．世界农业，2017（2）：4-8．

[74] 张永勋，何璐璐，闵庆文．基于文献统计的国内农业文化遗产研究进展［J］．资源科学，2017，39（2）：175-187．

[75] 吴天龙，张灿强，习银生．世界遗产遇上乡村旅游：一个客栈经营者的视角［J］．古今农业，2019（4）：94-98．

[76] 和勇．民族文化资源的保护与生态旅游产品的开发：以云南红河哈尼梯田为例［J］．昆明大学学报，2006（2）：38-40，47．

[77] 张振兴，杨庭硕．人与自然和谐共生：南方各民族木本农业文化遗产的发掘与利用［J］．北方民族大学学报，2024（6）：84-91．

[78] 王彩艳，郑良燕，于兰，等．浙江稻作农业文化遗产时空特征、多重价值及保护发展研究［J］．中国稻米，2025，31（1）：112-119．

[79] 张梦玲，鲍海君．农业文化遗产项目设立的共同富裕效应：基于浙江省的一项准自然实验［J］．自然资源学报，2024，39（11）：2639-2656．

[80] 黄国勤．长江经济带稻作农业文化遗产的现状与价值［J］．农业现代化研究，2021，42（1）：10-17．

[81] 黄国勤．长江中游地区农业文化遗产的现状、功能与保护［J］．农业考古，2020（6）：200-206．

第二章

江西农业文化遗产概况①

① 本章执笔人：黄国勤、钱晨晨（江西农业大学生态科学研究中心）。

第一节　江西概述

一、江西地理位置与自然条件

江西，简称"赣"，因公元733年唐玄宗设江南西道而得省名，又因为江西最大河流为赣江而得简称，是中国内陆省份之一。江西位于中国东南部，在长江中下游南岸，以山地、丘陵为主，地处中亚热带，季风气候显著，四季变化分明。境内水热条件差异较大，多年平均气温自北向南依次增高，南北温差约3℃。全省面积16.69万平方千米，辖11个设区市、100个县（市、区）[1]。

二、江西农业及社会经济状况

江西是我国南方重要农业省份。全省共有55个民族，其中汉族人口占99%以上，其他民族中人口较多的有畲族、苗族、回族、壮族、满族等。2023年全省耕地面积271.83万公顷（4 077.45万亩），占全国耕地面积（12 860.88万公顷，19.291 3亿亩）的2.11%；2023年全省总人口4 515万人，占全国总人口（140 967万人）的3.20%；2023年江西粮食总产量2 198.3万吨，占全国粮食总产量（69 541.0万吨）的3.16%[1]。即2023年江西以占全国2.11%的耕地面积，生产了占全国3.16%的粮食，养活了占全国3.20%的人口。江西是全国13个粮食主产区之一。江西农业在全国占有重要地位。

三、江西地域文化与农耕文化

江西物华天宝、人杰地灵，具有悠久的历史和厚重的文化[2]。江西文化影响深远，稻作文化、青铜文化、陶瓷文化、书院文化、中医药文化璀璨夺目，在中华优秀传统文化中占有十分重要的地位；江西文化丰富多元，庐陵文化、浔阳文化、临川文化、豫章文化、饶信文化、客家文化等构成了彰显赣鄱风韵的地域文化。

农耕文化是农业生产过程中形成的无形资产，具有极强的地域性，是一个地域农业生产生活传承的根源，是地域内被代代传承的独特资源条件，同时拥有文化属性和景观属性。一个地区传统农耕文化的传承是延续这一地区农业耕作的命脉。江西农耕文化是江西地域文化中的重要组成部分。江西万年稻作文化、崇义客家文化等都是江西农耕文化的典型代表和具体形态。江西农业文化遗产是江西农耕文化的重要载体和具体体现。因此，保护、传承江西农业文化遗产，就是对江西、对江西农耕文化的保护和传承，就是对江西地域文化、赣鄱文化的保护、传承和发展。

进入新时代，全省上下应充分发挥江西农耕文化底蕴深厚的优势，坚定历史自信、文化自信，坚持古为今用、守正创新，大力发展社会主义先进文化，不断推动新时代赣鄱农耕文化创造性转化、创新性发展。

第二节　江西农业文化遗产现状与特点

江西农业历史悠久，农业文化遗产丰富。江西农业文化遗产现状有以下显著特点。

一、种类多

首先，从全球重要农业文化遗产来看，2002年联合国粮食及农业组织（FAO）发起全球重要农业文化遗产（Globally Important Agricultural Heritage Systems，简称GIAHS）保护倡议，旨在建立全球重要农业文化遗产及其有关的景观、生物多样性、知识和文化保护体系，并在世界范围内得到认可与保护，使之成为可持续管理的基础。截至2024年底，FAO共认定89项全球重要农业文化遗产，分布于世界29个国家和地区，其中22项在中国 [3]。而在中国的22项GIAHS中，江西占有2项：江西万年稻作文化系统，于2010年被FAO列为全球重要农业文化遗产；江西崇义客家梯田系统与湖南新化紫鹊界梯田系统、福建尤溪联合梯田系统、广西龙胜龙脊梯田系统共同组成中国南方山地稻作梯田系统，于2018年被FAO列为全球重要农业文化遗产。

其次，从中国重要农业文化遗产来看。从2012年起，农业部（现为农业农村部）开展中国重要农业文化遗产发掘与保护工作，旨在加强对我国重要农业文化遗产价值的认识，促进遗产地生态保护、文化传承和经济发展。截至2024年底，农业农村部共分7批发布了188项中国重要农业文化遗产，分布在全国31个省（自治区、直辖市）。其中，江西省有8项入选中国重要农业文化遗产名单（表2-1）[3]。

表2-1　江西省入选中国重要农业文化遗产的8个项目

序号	项目名称	入选时间	类型	主要产品及用途	备注
1	江西万年稻作文化系统	2013年5月（第一批）	种植类	稻米，食用	2010年被列为GIAHS
2	江西崇义客家梯田系统	2014年5月（第二批）	种植类	稻米，食用	2018年，与湖南新化紫鹊界梯田系统、福建尤溪联合梯田系统和广西龙胜龙脊梯田系统组成中国南方山地稻作梯田系统被列为GIAHS
3	江西湖口大豆栽培系统	2023年9月（第七批）	种植类	大豆，食用	
4	江西广昌莲作文化系统	2017年6月（第四批）	种植类	莲子，食用	
5	江西横峰葛栽培系统	2020年1月（第五批）	种植类	葛根，食用、药用	
6	江西南丰蜜橘栽培系统	2017年6月（第四批）	种植类	橘子，食用	
7	江西浮梁茶文化系统	2021年11月（第六批）	种植类	茶叶，饮用	
8	江西泰和乌鸡林下养殖系统	2020年1月（第五批）	养殖类	乌鸡肉，食用、保健用	

最后，从全国农业文化遗产普查结果来看。2016年12月，农业部公布的2016年全国农业文化遗产普查结果包括408项具有潜在保护价值的农业生产系统。其中，江西17项，比邻省湖北省（11项）、湖南省（5项）分别多出6项和12项[4]。

二、分布广

首先，江西省有16.69万平方千米陆地面积（国土面积），广泛分布着各种各样的农业文化遗产，尽管江西省还有许许多多农业文化遗产没有入选全球重要农业文化遗产和中国重要农业文化遗产，其名称还没有被列出来、展现出来，但其是真实存在的。

其次，从已入选全球重要农业文化遗产和中国重要农业文化遗产项目的地域分布来看，江西农业文化遗产广泛分布于全省各地的林地、园地（果园、茶园）以及农户庭院里。如江西万年稻作文化系统、江西崇义客家梯田系统、江西湖口大豆栽培系统和江西广昌莲作文化系统分布于农田；江西横峰葛栽培系统既分布于耕地（农田），也分布在园地、林地、草地及农村房前屋后的庭院里；江西南丰蜜橘栽培系统主要分布于果园，也分布在农田田埂（田塍）上和庭院里；江西浮梁茶文化系统多分布于茶园；江西泰和乌鸡林下养殖系统，则主要分布于山地林下，属林下经济的一种模式或类型。

最后，正因为农业文化遗产广泛分布在全省各地，可以说，县县有农业文化遗产、乡乡有农业文化遗产、村村有农业文化遗产。这就要求全省各地个个都要认识农业文化遗产、人人都要保护农业文化遗产。

三、结构优

每一个（种、类）农业文化遗产项目，实际上就是一个（种、类）典型的农业生态—经济—技术复合系统。它之所以能够稳定、持续地发展下去，结构合理、优良、精致是其重要原因。相反，如果没有如此合理、优良、精致的结构，农业文化遗产则很难"延续"下去，也许早就消失了。

江西农业文化遗产生态系统的"结构优"主要体现在以下几个方面：一是物种多样性。任何一种由农业文化遗产构成的农业生态系统，其生物组成必然具有多样性。如江西南丰蜜橘栽培系统，其害虫数量就达到75种之多[5]，已查明南丰县蜜橘园蜘蛛资源有10科24种[6]，而蜘蛛是橘园中重要的害虫天敌资源，对控制橘园虫害起着不可替代的作用。二是空间立体性。空间上的立体分布是农业文化遗产生态系统的空间分布特征，对于充分利用空间不同层次的光、热、水、肥、气等资源具有重要作用，这正是其空间结构的优势所在。如江西崇义客家梯田系统的空间立体性较为突出，该系统的梯田最高海拔为1 260米，最低的为280米，立体垂直落差980米，形成立体资源利用格局[7]。三是时间连续性。农业生产具有时间上的季节性、连续性，农业文化遗产生态系统尤其如此，这反映在系统的作物构成上，往往是一年多熟、间混套作、四季皆绿，以及"根不离土、土不离根"。四是营养链网。就江西农业文化遗产生态系统的营养结构来看，其组成符合一般生态系统的"食物链、食物网"结构要求，其复杂性往往是由长期自然发展而成的。五是环境的稳定性和可变性。组成农业文化遗产生态系统的环境总体是相对稳定的，但在一定时期、一定范围内也会有波动性和可变性。

四、价值高

江西农业文化遗产的价值高体现在以下三个方面：一是具有独特性。即江西现有入选全球重要农业文化遗产和中国重要农业文化遗产的项目，在世界上都是唯一的。如江西万年稻作文化系统，江西省上饶市万年县的稻作是迄今起源最早的水稻，距今已有1.2万～1.4万年，是中国的贡稻、贡谷、贡米，是世界"稻作之源"[8]；作为江西万年稻作文化系统重要组成部分的东乡野生稻，是迄今世界上分布最北的野生稻，其抗寒性（耐冷性）、耐旱性、耐瘠性、抗虫性等"有利基因"居水稻之最，是国家二级保护植物，被称作植物中的"大熊猫"[9-10]；江西南丰蜜橘是"橘中之王"。二是具有多重性。江西农业文化遗产的价值均具有多样性、多重性。根据研究[8]，江西万年稻作文化系统具有经济价值、社会价值、生态价值、技术价值、文化价值、教育价值、科普价值、科研价值、旅游价值和示范价值10个方面的价值；江西广昌莲作文化系统也具有食用价值、药用价值、经济价值、社会价值、生态价值、文化价值、旅游价值、科普价值、科研价值和教育价值10个方面的价值[11]；江西横峰葛栽培系统的生态价值包括生物多样性价值、涵养水资源价值、气体调节价值、气候调节价值、净化空气价值、水土保持价值、防风固沙价值和养分积累价值等多个方面[12]。三是具有高值性。江西农业文化遗产的价值不仅体现在"独"（独特性）和"多"（多重性），还具有"高"，即高值性、高额性。据对江西崇义客家梯田系统区生态系统服务功能及价值评估[13]，2012年江西崇义客家梯田系统区域生态系统服务总价值为102.02×10^8元，其中，农田生态系统和森林生态系统服务价值分别为42.00×10^8和60.02×10^8元，分别占总价值的41.17%和58.83%；在评估的11项服务指标中，生物多样性保护和旅游休闲的价值位居前两位，分别为29.73×10^8元和22.30×10^8元，各占总价值的29.14%和21.86%。

五、功能强

由于江西农业文化遗产生态系统的结构优良，其具有的生态系统功能也更加强大。第一，江西农业文化遗产生态系统的植被覆盖率高、光合作用能力强，所产生的光合产物较多和积累的有机化学潜能较大。即固碳（CO_2）释氧、扩绿增汇的能力强、效率高。第二，江西农业文化遗产生态系统在其运行、发展的过程中，遵循生态学的基本规律，人们在对其进行生产管理的过程中，也多采用绿色、循环、生态技术，如生物养地、节肥减药、绿色防控病虫草害等，减少了物质、能量的大量投入，有利于减少CO_2、CH_4和NO_2等温室气体的排放，真正起到节能减排的作用。第三，江西农业文化遗产之所以成为农业文化遗产，在于其中蕴藏着许多先人的智慧和老祖宗的经验，如种植绿肥（紫云英等）养地、栽种豆类作物固氮、实行作物轮作改良土壤、提高地力等一系列用地与养地相结合的技术措施。这些措施和宝贵经验一直沿用至今，对于实现"改土固碳"起到了显著效果。第四，江西农业文化遗产的各个项目，如江西万年稻作文化系统、江西崇义客家梯田系统、江西南丰蜜橘栽培系统等，均十分重视利用农业生产的副产物（如作物秸秆等）和生活中的废弃物（剩饭剩菜等），将其变废为宝、化害为利，实现资源再利用、再循环，从而不仅减少了环境污染，还增加了再生资源的供应和利用，提升了农业生态系统的整体效益，一举多得。特别值得指出的是，这一做法可起到减污降碳的效果。可以说，江西农业文化遗产生态系统的强大功能，对于促进农业绿色发展、实现"双碳"（碳达峰、碳中和）目标非常有利。

第三节　江西农业文化遗产保护与发展取得的成效

近些年，在国家有关部门的大力支持下，江西积极推进全省各地农业文化遗产保护与发展，且已取得显著进展和成效。

一、经济发展

江西各地以农业文化遗产"金字招牌"为牵引，带动农业增产、农民增收、经济发展增速。如全球重要农业文化遗产江西万年稻作文化系统所在地万年县，万年县凭借江西万年稻作文化系统这一"金字招牌"，推动全县经济社会快速发展、高质量发展。具体做法：一是加工增效。万年县千方百计扩大优质万年贡稻、万年贡谷的种植面积，将生产出来的万年贡米进行深加工，做成深受消费者青睐、广受市场欢迎的糍粑、年糕和米粉，并以此带动种业链、生产链、供应链"三链"齐升、齐发，实现了将一根米粉"拉"成一串产业链。现万年县用最好的大米制作成好吃的米粉，每年产量达5 000吨[14]。二是"废物"增值。万年县将稻草、米糠这些所谓的"废物""副产品"充分利用起来，如用稻草作基料种植食用菌，用米糠加工成米糠食用油，再将榨油后形成的米糠粕继续加工可提炼出卵磷脂、

肌醇等多项高附加值产品，真正做到将稻谷、大米"吃干榨净"，增效增值。三是旅游增收。万年县以稻为媒，农文旅三产融合，促进了全县以研学、观光、科普于一体的休闲农业、旅游农业的大发展。据《农民日报》2024年8月28日（第4版）报道[14]，从2024年3月初至7月上旬，万年县神农源风景名胜区共接待游客达160万人次，游客现场沉浸式感受深厚的稻作文化和美丽的人文景观，效果极佳。四是品牌兴业。万年贡米品牌价值达96.01亿元[14]。万年县正在以万年贡米生产为基础，以工业理念提升农业效益，以文化、旅游产品提升农业内涵，不仅成功赋能产品生产，还通过农旅结合延伸产品链、服务链，在促进贡米文化特色旅游业发展的同时，推动贡米产业三产融合发展，把一粒米打造成大产业。万年贡米品牌正在成为万年县产业兴旺的动力源、加速剂、发动机。

二、科学研究

科学研究的现状，是江西农业文化遗产保护与发展状况的又一反映。首先，在科研课题方面，据不完全统计，近年来有关江西农业文化遗产研究的课题或项目有十余项，如国家自然科学基金项目"崇义客家梯田生态系统服务功能及可持续发展管理（编号：32060318）"，由江西农业大学缪建群主持；与中国科学院地理科学与资源研究所合作横向课题"'江西崇义客家梯田'生态系统服务功能、农业生态保护与传统农耕技术研究"（编号：9131205436），由江西农业大学黄国勤主持。其他课题还有"江西广昌莲作系统农业文化遗产可持续发展研究""鄱阳湖流域农业文化遗产可持续发展研究"等。其次，在研究重点方面，江西从事农业文化遗产研究的科技人员（包括实际工作者）主要围绕江西农业文化遗产的种类与分布、类型与特征、价值与评估、功能与效益、作用与机理、开发与模式、利用与途径、传承与方法、问题与挑战、战略与对策、发展与前景等重点内容进行深入分析和探索。最后，在研究单位方面，目前真正从事江西农业文化遗产领域研究的单位主要有江西农业大学（黄国勤研究团队）、江西师范大学（赖格英研究团队）等。

三、学术成果

从发表的论文来看，2025年2月14日，作者在中国知网（https://kns.cnki.net/kcms2/article/）共检索到有关"江西农业文化遗产"研究论文（文献）38篇，现将其中代表性论文12篇列出（表2-2）。

表2-2 有关"江西农业文化遗产"的代表性研究论文（12篇）

序号	论文题目	作者①	发表刊物名称及时间（年）、卷、期、页码	被引（次）	下载量（次）
1	江西茶类的地理标志与农业文化遗产保护	孙志国、熊晚珍、王树婷、钟学斌	江西农业学报，2011，23（4）：162-166	27	981
2	万年稻作农业文化系统的开发、保护及发展对策	陈章鑫、林海、应兴华、王志刚、庞乾林、姜仁华*	中国稻米，2012，18（6）：23-26	17	570
3	江西崇义客家梯田农业生态保护的关键问题与途径	杨滨娟、邓丽萍、王礼献、黄国勤*	农学学报，2016，6（10）：40-47	18	350
4	崇义客家梯田区生态系统服务功能及价值评估	缪建群、杨文亭、杨滨娟、马艳芹、黄国勤*	自然资源学报，2016，31（11）：1817-1831	71	1 449
5	江西崇义客家梯田系统生物多样性特征与演化分析	潘思怡、彭小娟、赖格英、赖怡恬、熊家庆	江西科学，2017，35（2）：206-212	4	308
6	崇义客家梯田传统农耕知识、技术调查与研究	马艳芹、钱晨晨、孙丹平、黄国勤*	中国农学通报，2017，33（8）：154-160	16	285
7	崇义客家梯田生态系统可持续发展综合评价	缪建群、王志强、马艳芹、杨文亭、杨滨娟、黄国勤*	生态学报，2018，38（17）：1-11	23	551
8	崇义客家梯田生态系统发展现状、存在的问题及对策	缪建群、王志强、杨文亭、杨滨娟、黄国勤*	生态科学，2018，37（4）：218-224	19	530
9	江西万年稻作文化系统的特征、价值与保护	黄国勤	遗产与保护研究，2019，4（1）：17-22	13	869
10	江西崇义客家梯田系统的特征、价值与保护	黄国勤	古今农业，2019（4）：81-93	9	380
11	江西广昌传统莲作文化系统的特征与价值	黄国勤	中国农学通报，2021，37（10）：48-53	4	308
12	农业文化遗产视角下江西茶文化遗产资源发展对策探究	林智尧	广东蚕业，2023，57（8）：98-100	1	153
	合计			222	6 734

注：①系于2025年2月14日根据中国知网（https://kns.cnki.net/kcms2/article/）检索结果整理而成。
②表格中标*的为通讯作者。

从表2-2可以看出，已发表的12篇农业文化遗产研究的代表性论文，共被引用222次，下载6 734次，表明其总体质量还是比较高的。

从已出版的著作来看。近年来，已出版的江西农业文化遗产著作有4部：（1）《江西万年稻作文化系统》，由何露、闵庆文主编，中国农业出版社于2015年10月出版；（2）《江西崇义客家梯田系统》，由杨波、闵庆文、刘春春主编，中国农业出版社于2017年8月出版；（3）《江西农业文化遗产研究》，由黄国勤等著，中国农业出版社于2018年10月出版；（4）《江西南丰蜜橘栽培系统》，由焦雯珺、陈斌、闵庆文主编，中国农业出版社于2019年12月出版。

四、人才培养

2017年至今，江西农业大学、江西师范大学、南昌工程学院（现改为江西水利电力大学）和赣南师范大学共培养农业文化遗产方向的博士研究生1人、硕士研究生10人（其中专业硕士4人），详见表2-3。

表2-3　江西省农业文化遗产研究方向博士、硕士研究生一览表

学位（类型）	学位论文题目	研究生	指导教师	培养单位	通过答辩时间
博士	江西崇义客家稻作梯田生态系统服务功能及可持续管理	缪建群	黄国勤	江西农业大学	2017年6月
硕士	农业文化遗产非使用价值评价及保护发展研究——以江西崇义客家梯田系统为例	胡兴兴	赖格英	江西师范大学	2017年5月
	崇义客家梯田系统景观空间格局研究	陈桃金	赖格英	江西师范大学	2017年5月
	农业文化遗产保护对策研究——以万年仙人洞吊桶环遗址为例	陈平涛	曹国庆	江西农业大学	2018年6月
	中学地理研学课程的设计——以中国重要农业文化遗产"江西横峰葛栽培系统"为例	田瑢	赖格英	江西师范大学	2021年5月
	中国重要农业文化遗产江西横峰葛栽培系统物质性价值评估	闫晓玲	赖格英	江西师范大学	2021年6月
	基于高中地理核心素养的农业文化遗产研学旅行课程开发——以江西浮梁茶文化系统为例	李倩玲	赖格英	江西师范大学	2023年5月

学位 （类型）	学位论文题目	研究生	指导 教师	培养单位	通过答辩 时间
林业硕士	农业文化遗产可持续发展研究 ——以万年稻作文化系统为例	宋茜	陈飞平 唐源远	江西农业大学	2016年6月
水利工程 专业硕士	以梯田为主题的水利风景区规划 ——以崇义客家梯田水利风景区 为例	陈玮	许飞进 谢颂华	南昌工程学院	2017年12月
旅游管理 专业硕士	基于景观美学的上堡梯田景观评 价及提升路径研究	刘娟	赵金岭 韩磊	赣南师范大学	2023年5月
风景园林 专业硕士	基于SBE-SD法的梯田景观美感 评价研究——以江西崇义客家梯田 为例	王雪梅	陈飞平 张镇非	江西农业大学	2024年5月

注：系于2025年2月14日根据中国知网（https://kns.cnki.net/kcms2/article/）检索结果整理而成。

第四节　江西农业文化遗产保护与发展存在的问题

当前，江西农业文化遗产保护与发展面临着诸多问题和挑战，亟待采取相应对策和措施。

一、数量偏少

截至2024年底，农业农村部分7批发布了188项中国重要农业文化遗产，其中浙江省有17项，分别是浙江青田稻鱼共生系统、浙江绍兴会稽山古香榧群、浙江杭州西湖龙井茶文化系统、浙江湖州桑基鱼塘系统、浙江庆元香菇文化系统、浙江仙居杨梅栽培系统、浙江云和梯田系统、浙江德清淡水珍珠传统养殖与利用系统、浙江宁波黄古林蔺草—水稻轮作系统、浙江安吉竹文化系统、浙江黄岩蜜橘筑墩栽培系统、浙江开化山泉流水养鱼系统、浙江缙云茭白—麻鸭共生系统、浙江桐乡蚕桑文化系统、浙江吴兴溇港圩田农业系统、浙江东阳元胡水稻轮作系统和浙江天台乌药林下栽培系统；四川省有11项，分别是四川江油辛夷花传统栽培系统、四川苍溪雪梨栽培系统、四川美姑苦荞栽培系统、四川盐亭嫘祖蚕桑生产系统、四川名山蒙顶山茶文化系统、四川郫都林盘农耕文化系统、四川宜宾竹

文化系统、四川石渠扎溪卡游牧系统、四川北川苔子茶复合栽培系统、四川高坪蚕桑文化系统和四川筠连山地茶文化系统；江苏省有10项，分别是江苏兴化垛田传统农业系统、江苏泰兴银杏栽培系统、江苏高邮湖泊湿地农业系统、江苏无锡阳山水蜜桃栽培系统、江苏吴中碧螺春茶果复合系统、江苏宿豫丁嘴金针菜生产系统、江苏启东沙地圩田农业系统、江苏吴江蚕桑文化系统、江苏吴中传统水生蔬菜栽培系统和江苏吴江基塘农业系统；湖南省有9项，分别是湖南新化紫鹊界梯田、湖南新晃侗藏红米种植系统、湖南新田三味辣椒种植系统、湖南花垣子腊贡米复合种养系统、湖南安化黑茶文化系统、湖南保靖黄金寨古茶园与茶文化系统、湖南永顺油茶林农复合系统、湖南龙山油桐种植系统和湖南洪江山地香稻栽培文化系统。江西目前只有8项重要农业文化遗产（表2-1），比浙江省少9项，比四川省少3项，比江苏省少2项，比湖南省少1项。江西应加大申报中国重要农业文化遗产项目的力度，争取在近3～5年内有一个新的突破、新的飞跃。

二、资源萎缩

与全国、全球的农业文化遗产一样，江西农业文化遗产保护与发展面临着资源萎缩的突出问题。一是面积缩减。据有关资料[15]，江西万年稻作文化系统的核心组成要素万年贡米原产地种植面积，在中华人民共和国成立前有100多公顷，到20世纪80年代已减少到60公顷，90年代减少至22.2公顷，2003年只有7.4公顷，2009年有15.8公顷。二是生物种群数量减少。东乡野生稻面临种群数量减少、分布面积缩小等问题，由于生存空间不断萎缩，物种正处于"濒危"状态。如东乡野生稻原生地已由最初的9个群落减少至3个群落，分布面积由3～4公顷缩至0.1公顷[9]。三是资源质量下降，资源日趋衰退。近二三十年来，我国各地工业化、城市化、城镇化速度日益加快，农村大量人口向城市、城镇转移和集聚，造成许多农村出现"空心房""空心村"，以及出现房屋倒塌、村庄被毁等现象。由于农村人口、农村房屋等是农业文化遗产的载体和传承者，农村人口减少、农村房屋倒塌和村庄被毁必然造成农业文化遗产资源衰退失传，而且一旦失传将无法挽回，后果极其严重。

三、效益不佳

在生产实践上，从事农业文化遗产的实际工作者，其获取的直接经济效益往往较低。如传统的万年贡米（万年贡稻）产量很低，仅为3 187.5千克/公顷

（212.5千克/亩），而万年县杂交水稻的单季稻产量可达9 000千克/公顷（600千克/亩），是贡稻产量的2.8倍[15]。实际上，有的杂交水稻产量还更高。显然，在万年县种植万年贡稻、生产万年贡米，其效益相对较低，这也是自从杂交水稻广泛推广以后，万年贡稻面积下降、万年贡米产量降低的重要原因。除江西万年稻作文化系统存在效益不佳的问题之外，江西其他农业文化遗产，如江西湖口大豆栽培系统、江西广昌莲作文化系统、江西横峰葛栽培系统、江西南丰蜜橘栽培系统等也都存在类似情况，值得引起有关方面的重视。

四、重视不够

江西农业文化遗产之所以出现上述数量偏少、资源萎缩和效益不佳的问题，其根本原因在于重视不够、管理不善、保护不力和投入不足。首先是重视不够。江西农村基层很多领导和群众普遍有这样一种心理："只要把经济搞上去，什么文化遗产不文化遗产，没有关系！""经济上不去，文化遗产又有何用？"这其实就是把"文化遗产保护"与"发展经济"对立起来，忽视了"文化""文化遗产"对发展经济的促进作用，实不可取。其次是管理不善。正因为对"文化遗产保护"与"发展经济"存在不正确的认识，在实际工作中必然对农业文化遗产保护和发掘不重视，管理不到位。再次是保护不力。对于具体的农业文化遗产项目，没有采取应有的保护和管理措施，任其自然"旧"下去、"破"下去、"烂"下去。最后是投入不足。缺乏必要的人力、物力、财力投入，是导致江西农业文化遗产资源"衰退"的重要原因。如不引起高度重视，任其发展下去，必将对未来江西农业文化遗产的保护与发展产生极其不利的影响。

第五节 江西农业文化遗产保护与发展对策

针对江西农业文化遗产保护与发展中存在的上述问题，必须采取切实有效的对策和措施。

一、提高认识

提高对农业文化遗产保护与发展的必要性、重要性和紧迫性的认识，是做好江西农业文化遗产保护与发展工作的关键和前提。一是要加强宣传。通过加强宣

传提高公众对农业文化遗产概念、内涵及农业文化遗产保护重要性的认识。要围绕什么是农业文化遗产、为什么要保护和传承农业文化遗产，以及如何保护、传承和发展农业文化遗产等理论与实践问题进行广泛宣传，做到让全省每个人都知道农业文化遗产，都懂得农业文化遗产保护的重要性，都知道如何去保护和传承农业文化遗产。二是要创新方法。要通过多途径、多形式、多方法开展宣传，可运用互联网、多媒体、大数据、DeepSeek等现代信息技术、数字技术提高宣传效果。三是要示范引领。可让全省基层干部、群众，包括幼儿园小朋友、小学生、中学生，甚至大学生、研究生（硕士生、博士生）到农业文化遗产保护"示范点"参观，实地体验农业文化遗产保护的意义和重要性。

二、制定规划

要真正把农业文化遗产保护好、传承好、发展好、利用好，必须做到"规划先行"。首先，在江西省层面应有一个"大规划"，并以这个"大规划"为指导、统领，辐射带动全省各地的农业文化遗产制定规划。其次，每个设区市（南昌市、景德镇市、萍乡市、九江市、新余市、鹰潭市、赣州市、吉安市、宜春市、抚州市和上饶市）要有"中规划"，以这个"中规划"为蓝本，将其所在区域的农业文化遗产进行系统、详细、具体规划，突出其区域性的特色和个性。最后，各县（市、区）、乡（镇）要有自己的"小规划"，要将本县（市、区）、乡（镇）农业文化遗产进行针对性地规划，要体现实用性和可操作性。即按照这个"小规划"去做、去实施，定能实现本地（本县、本市、本区，本乡、本镇）农业文化遗产工作的高质量发展。

三、加强管理

一是建立健全农业文化遗产保护与发展的规章制度。要按照《中共江西省委关于贯彻落实党的二十届三中全会精神进一步全面深化改革、奋力谱写中国式现代化江西篇章的决定》[16]中指出的"完善文化遗产'大保护''大传承'工作机制，建立文化遗产保护督察制度。"二是明确责任。对农业文化遗产保护与发展的管理机构和人员，要明确其管理的责任和义务，要责任到机构、责任到人。三是加强监管。对农业文化遗产地的工作，尤其是涉及农业文化遗产保护、传承、发展和利用方面的工作，要精细管理、列出清单、逐条落实，条条到位、到人。四是对于不按文件办事、不按制度办事、不按规矩办事者，要采取措施进行教育和必要的"处理";而对于严格按法规办事和工作踏实、业绩优异者，则要给予应有的奖励。真正做到赏罚分明、秉公办事。

四、加深研究

江西农业文化遗产要保护好、传承好、发展好、利用好，加深对农业文化遗产的研究必不可少。只有把农业文化遗产的内在机理、机制研究清楚、研究明白，才有利于更好地对其进行保护和利用，即所谓的"古为今用"，说的就是这个道理。当前，必须深入研究江西农业文化遗产分布的基本规律及其内在原因，影响江西农业文化遗产保护、传承和发展的主要因素及关键环节，对江西农业文化遗产加以利用的重点、方法和主要措施，实现全省农业文化遗产高质量发展的策略和路径，在当前数字化、信息化大发展的背景下，如何实现江西农业文化遗产保护与发展的快速转型、全面转型，等等。只有把江西农业文化遗产保护与发展的关键问题研究清、研究透，江西农业文化遗产的保护及可持续发展才能实现。

参 考 文 献

[1] 国家统计局. 中国统计年鉴2024 [M]. 北京：中国统计出版社，2024.

[2] 本报全媒体评论员. 推进文化强省建设不断迈上新台阶 [N]. 江西日报，2024-05-23 (1).

[3] 闵庆文，刘某承. 中国农学会农业文化遗产分会主要学术交流成果：2014—2023 [M]. 北京：中国农业出版社，2024.

[4] 黄国勤. 长江中游地区农业文化遗产的现状、功能与保护 [J]. 农业考古，2020 (6)：200-206.

[5] 焦雯珺，陈斌，闵庆文. 江西南丰蜜橘栽培系统 [M]. 北京：中国农业出版社，2019.

[6] 袁凤辉，周亚平，陈连水，等. 南丰县蜜桔园蜘蛛资源现状及保护 [M]. 江西植保，2005，28 (1)：12-14.

[7] 黄国勤. 江西崇义客家梯田系统的特征、价值与保护 [J]. 古今农业，2019 (4)：81-93.

[8] 黄国勤. 江西万年稻作文化系统的特征、价值与保护 [J]. 遗产与保护研究，2019，4 (1)：17-22.

[9] 黄依南，黄国勤. 东乡野生稻的发现、价值与保护 [J]. 农业环境与发展，2012，29 (1)：13-15.

[10] 赵艺璇．抢救植物中的"大熊猫"东乡野生稻 [N]．农民日报，2024-05-22 (6)．

[11] 黄国勤．江西广昌传统莲作文化系统的特征与价值 [J]．中国农学通报，2021，37 (10)：48-53．

[12] 闫晓玲．中国重要农业文化遗产江西横峰葛栽培系统物质性价值评估 [D]．南昌：江西师范大学，2021．

[13] 缪建群，杨文亭，杨滨娟，等．崇义客家梯田区生态系统服务功能及价值评估 [J]．自然资源学报，2016，31 (11)：1817-1831．

[14] 张振中．看江西万年如何古稻新吃 [N]．农民日报，2024-08-28 (4)．

[15] 何露，闵庆文．江西万年稻作文化系统 [M]．北京：中国农业出版社，2015．

[16] 中共江西省委．关于贯彻落实党的二十届三中全会精神进一步全面深化改革、奋力谱写中国式现代化江西篇章的决定 [N]．江西日报，2025-01-13 (1)．

第三章

江西万年稻作文化系统[1]

① 本章执笔人：王淑彬、张雪滢（江西农业大学生态科学研究中心）。

第一节　江西万年稻作文化系统概述

一、江西万年稻作文化系统简介

万年县是世界稻作起源的地方之一，在考古界已经得到了公认。1995年，考古人员在距今约12 000年前的万年仙人洞遗址和迄今世界上最古老的陶器中发现了栽培稻种的硅石。2009年8月3日，北京大学考古文博学院副院长吴小红携美国科学院院士、哈佛大学教授巴翱夫等中美两国考古专家，远赴万岁山，展开了对仙人洞遗址的科考。从万年仙人洞遗址的堆积形态、形成原因、年代推演等都得到了进一步确认。万年贡米原产地的传统贡米被认定为野生稻，人工种植有接近于野生稻的形态特征。在万年县附近的东乡区，至今还保存着一片普通的野生稻，这是目前世界上分布最北的普通野生稻，这些野稻群落共同构成了"百年贡米产业、千年贡谷遗存、万年稻作起源"的稻作文化体系，围绕传统贡米种植生产形成了农耕器具、生产方式、民俗文化，以及在长期发展演变中形成了万年稻作文化系统[1]。

二、区域特色

（一）气候条件优越

万年县位于江西省东北部，乐安河下游，鄱阳湖东南岸，属于中亚热带暖湿季风气候，四季分明，光照充足，干湿雨季分明，夏季高温暴雨，冬季严寒少雨。以岗地、丘陵为主，地势由东南向西北逐渐呈阶梯状下降。东南部群山连绵，中部为丘陵，西北部与鄱阳县相邻，湖塘众多，地势较低，水资源丰富[2]。

（二）物种资源丰富

万年县主要以丘陵林地为主，农作物资源十分丰富。主要粮食作物有水稻、小麦、玉米、大豆、高粱、红薯、荞麦、黄粟等；经济作物有棉花、油菜、甘蔗、麻类、蔬菜、雷竹、药材等。粮食作物和经济作物全县均有分布，药材等特色植物资源多分布在东部、南部山区。粮食作物以万年贡米最为著名，万年县也有着"贡米之乡"的称号。

（三）江西万年稻作文化系统的起源与传承

江西万年稻作文化系统源远流长，承载着丰富的历史文化底蕴，这一文化系统在江西这片土地上生根发芽，经过千百年的传承和发展，成为当地农业文化的重要组成部分。

1. 起源与演变。稻米种植历史悠久，是人类重要的粮食作物之一。万余年前，野生稻米在中国大地上生根发芽，这是世界上最早发现的亚洲稻米踪迹。中国的野生稻生长于池塘、沼泽等湿地，生长于海拔600米以下的南部平原地区。这些地区的居民发现，在采集野稻作为食物的时候，自然落谷能够萌发稻子并生长，中国人因此开始了对野生稻的人工种植[3]。

万年县是大源仙人洞和吊桶环遗址所在地，有着灿烂的远古稻田文明，被认为是人类稻田文化的发祥地。江西万年县境内的仙人洞、吊桶环遗址在被发掘前，浙江河姆渡曾被认为是人工种植水稻的世界发源地。随后于1995年经中美联合农业考古发掘，在距今约12 000年前的地层中发现了目前世界上已知最早的栽培稻种的硅石和孢粉遗存。这一发现将浙江河姆渡发掘的稻作文化提前了5 000年，改写了中国和世界稻作历史，并将万年确定为世界上最早的栽培稻遗址[4]。

江西万年稻作文化系统以贡米栽培为特色，并经历"野生稻—人工栽培野生稻—栽培稻—稻作文化系统"的水稻驯化过程。仙人洞遗址可能代表了从广谱采集到专一化稻作经济的过渡阶段。通过AMS碳十四测年，新发现的碳化稻米年代距今约1.1万年，显示其形态特征介于野生稻与栽培稻之间，由此表明万年地区在水稻驯化链条中的关键地位[5]。在万年县裴梅镇荷桥村，种植着一种质地独特的稻米，即万年贡谷。万年贡谷原名"坞源早"，是先民经过数千年精心培育的一个地方晚籼优质稻良种。据史料记载：相传南北朝时期，原产于归桂乡（今裴梅镇荷桥、龙港）一带的稻米就已是万年的名特产之一。明朝皇帝朱厚照听闻有此寸长大米后，传旨要"代代耕种，岁岁纳贡"，故此万年稻米得"贡谷"美名[6]。

2005年，荷桥村被国家公布为万年贡米原产地域；2007年，万年贡米成为受省级保护的地理标志产品；2010年6月14日，江西万年稻作文化系统被联合国粮农组织正式认定为全球重要农业文化遗产保护试点；2013年，江西万年稻作文化系统被农业部命名为首批中国重要农业文化遗产；2014年，江西万年稻作文化习俗由国务院、文化部颁发为国家级非物质文化遗产代表性项目[7]。

2. 江西万年稻作文化传承。江西万年稻作文化系统以其独特的文化传承和特色而闻名于世。在这一文化系统中，人们不仅传承了万年稻的种植技术和生产方

法，更重要的是传承了对自然的敬畏和对土地的热爱。江西万年地区的水稻驯化与湿地环境开发密切相关，早期人类通过构建小型水田系统，逐步实现对水稻生长的控制，通过世代相传的方式，将种植稻谷的技术和经验传承下来，形成了独特的稻作文化体系[8]。

万年县土地肥沃，民风淳朴，水稻一直是万年县主要栽培作物。在长期的水稻耕作实践中，原始的民间文化经过数千年的沉淀，逐步形成了具有万年地方特色，涵盖耕作习俗、农谚民谣、岁时节令、神话传说、饮食习俗、神灵信仰、民间曲艺等诸多方面的稻作习俗。

《万年县志》（2000）记载，至南北朝时期，"坞源早"水稻作为一种地方特产得以孕育，稻作习俗得到进一步发展。诸如祭社公、祭五谷神、祭谷王神、划龙舟、开秧门、尝新节、赶庙会、刺绣、纸扎、歌谣农谚、民间小戏等习俗不断发展。至明代，稻作习俗地方色彩进一步彰显，各种稻米传说色彩缤纷，如朱元璋同族借粮传说、瓒公与忠心垱传说等。至明正德七年，"坞源早"作为贡米被皇帝颁旨"代代耕作，岁岁纳贡"。其产地裴梅经济日渐繁荣，镇上开始有了"裴梅米栈"。至清末，万年贡米才慢慢进入市场流向民间。这一时期，随着贡米经济的发展，稻作习俗更加丰富，类型多样、色彩缤纷，如贡米传说、耘禾歌、舂米号子、社公信仰、谷王信仰等。民国期间，石镇街成为万年米谷的集散地，大小米店有50多家。1958年，万年贡米首次亮相于印度尼西亚万隆博览会，对万年贡米的各种美誉也纷至沓来。随着耕作技术的进步、稻作经济的发展、稻米品牌的提升，稻作习俗也进一步发展、演变。

至今，随着科技的进步、稻作经济的发展，不少传统稻作习俗仍在万年县得到较好传承和延续，如祭稻祖、祭社公、祭谷王、报春牛、米谷神退吓、开秧门、尝新节、打麻糍、做年糖（米糖）、做糕果仂（年糕）、做排粉，以及稻米传说、农谚俗语、歌谣号子等涉及生产生活、饮食习俗、民间艺术、民间口头文学等诸多方面的稻作习俗。

万年稻作习俗是一套内涵丰富、外延宽广的宏大文化体系，渗透进当地人们生活的各个领域。万年稻作习俗的保护与传承对于当地经济发展、文化品牌塑造、文化基因延续及人们精神文化生活的丰富都具有极其重要的价值。

3. 江西万年稻作文化系统的主要特征。与一般农业文化遗产相比，江西万年稻作文化系统具有以下几个显著特征。

古老性。万年县，是世界稻作文化起源地，仙人洞吊桶环是世界最早的稻作文化遗址。万年稻作文化源远流长，旧石器末期到新石器早期未出现文化断层[9]。

动态性。江西万年稻作文化系统不是一成不变的，是动态性的。从物种来看，无论是东乡野生稻，还是万年贡稻，都是年年生长、年年成熟，经历着春生、夏长、秋收、冬藏四个轮回。而稻作文化更是不断延续，对于种植水稻的农民来说，他们在种植水稻、加工稻米的生产和生活中，无时无刻不在传承着"稻作文化"，这种文化生生不息、世代流传，由此形成了江西万年稻作文化系统。

综合性。江西万年稻作文化系统由4个系统组成。稻田生态系统，包括稻田生物系统和稻田环境系统；稻田技术系统，如水稻种植技术、水分管理技术、合理施肥技术、病虫草害防治技术，以及稻米加工技术、稻谷储藏技术等；稻作文化系统，在水稻（万年贡稻、东乡野生稻）生产过程中形成的习俗和生活方式，以及其中蕴含的文化、传统和精神；稻作社会系统，包括人（村民）、稻（整个农业生物）、技术、文化、村规民约、伦理、道德、法律、法规和各种人文层面上的物质和精神等。

双重性。江西万年稻作文化系统不仅是一个稻田自然生态系统，还是一个受人为调控和社会制约的稻作人文社会系统。江西万年稻作文化系统能否有序发展、高效发展、可持续发展，不仅受自然生态规律的制约，还受社会经济规律的制约，是一个受到"双重"制约的复合系统。

唯一性。这主要是由万年贡谷的生长特性决定的。据专家考证，万年贡谷生长要求水土中含有多种矿物质、山高坳深、日照奇特、泉流地温变异等特殊的自然环境。自古以来，万年贡谷仅分布在万年县裴梅镇荷桥、龙港一带。如将万年贡谷移植到其他地方，或从万年县移植到江西其他县（或全国其他地方）都不能正常生长，即使能够存活也达不到正常产量，米质也大大下降。而且万年贡谷作为原始的栽培稻，是古人不断从生产实践中逐渐选育而成的，是带有显著野生稻特性的原始栽培稻品种，万年贡谷的耐瘠性是其他栽培稻中不多见的，由此可说"万年贡谷"具有不可复制性。

国际性。近年来，万年县一直致力于传承和弘扬稻作文化，先后举办了4次国际稻作文化节、4次国际学术研讨会，以及以万年稻作文化标识物为名称的高层论坛，并提出用"稻祖"作为万年稻作文化标识物名称，进一步夯实弘扬了稻作文化的理论基础。不言而喻，江西万年稻作文化系统的国际性将越来越凸显[10]。

濒危性。濒危性既是当今诸多全球重要农业文化遗产和中国重要农业文化遗产所具有的共同特征之一，也是面临的共同问题[11]。江西万年稻作文化系统也毫不例外地具有濒危性的特征和问题。随着城市化进程的加快和农村人口的外流，传统的农耕文化传播逐渐减弱，年轻人对农业兴趣不高，导致传承困难。同时，现代化农业技术的推广和应用，也给传统的稻作文化带来了一定的冲击。

第二节 江西万年稻作文化系统的发展现状

一、万年稻作文化遗产的保护

万年贡稻栽培技术也被列入江西省非物质文化遗产保护名录。通过与江西省农业科学院的合作，2015年万年县开展了原种万年贡稻的品种提纯复壮工作，计划用10年左右的时间恢复并稳定传统贡米的各项遗传性状。

万年县发布的《加强仙人洞风景区遗址生态保护的规划》等政策、法规、文件进一步保障了万年遗产的保护与开发工作。为保护万年稻作文化遗产遗址遗存，万年县对仙人洞、吊桶环遗址和万年贡米原产地进行了大规模的修缮工作，并建立仙人洞、吊桶环遗址博物馆。出台专门文件，严禁企业和个人在仙人洞、吊桶环周围从事采矿活动，严禁在仙人洞、吊桶环遗址附近办企业等。积极争取国家、省、市有关部门的大力支持，仙人洞遗址被江西省政府列入省级风景名胜区、被国务院列入全国重点文物保护单位名单 [12]。

二、万年稻作文化研究与宣传

万年县对稻作文化和其相关的传统技术与民俗进行了全面系统的整理、总结、编辑、归纳等工作。面向不同群体，形成了一系列稻作文化读本。面向遗产地的居民，出版了《稻作文化简明读本》，并印发了农业文化遗产宣传折页，此外，万年县还创办了《万年稻作文化研究》《稻香万年》等稻作文化刊物。面向社会大众，万年县联合中国科学院地理科学与资源研究所，出版了中国重要农业文化遗产系列读本《江西万年稻作文化系统》一书。作为中国首批农业文化遗产读本，该书资料翔实、内容丰富、内涵深刻，成为宣传万年、科普万年稻作文化系统的重要载体。为推动科学研究和学术成果的集成，出版大型图书《人类陶冶与稻作文明起源地——世界级考古洞穴万年仙人洞与吊桶环》，它是向世人介绍稻作文化的文献类图书。并在《世界环境》（2011年01期，稻香"万年"）、《生命世界》（2015年05期，稻米：滋养中国万年）等期刊发表科普文章。

经过联合国教科文组织核定的2017年版历史教科书，均已把"江西万年仙人洞"写为最早稻作起源地。此外，万年作为世界稻作文化发源地已被写进了《干部教育读本》和由中国博物馆出版的考古文化丛书。

万年县积极参加东亚地区农业文化遗产学术研讨会和全国农业文化遗产学术研讨会等学术交流活动，促进了国内国际农业文化遗产保护与管理经验的交流和共享。万年县先后于2010年、2012年、2014年和2016年参加世界农业文化遗产保护学术研讨会、中日农业文化遗产保护与管理国际研讨会、首届东亚地区农业文化遗产学术研讨会和历届全国重要农业文化遗产学术研讨会。此外，万年县积极承办农业考古国际学术讨论会"栽培稻与稻作农业的起源"，并参加国际学术研讨会"稻米产业绿色安全可持续发展"、全球重要农业文化遗产中国项目专家委员会暨万年稻作文化遗产保护与发展研讨会等与稻作相关的国际会议，并于2020年举办了首届稻作论坛、承办了第七届全球重要农业文化遗产（工作）交流会。米兰世博会期间，中国国家馆举行农业文化遗产主题活动，江西万年稻作文化系统参展。与柬埔寨水稻生产及稻米加工研修班建立合作关系，在其2017年赴万年考察过程中，全方位展示了农业文化遗产工作的成果及万年贡米产业发展的成功经验。

为了扩大稻作文化的知名度和影响力，万年县还与各大院校机构建立稳定的合作关系：2013年3月17日，万年县与江西农业大学签订了《江西农业大学与万年县人民政府科技战略合作框架协议书》，正式确立战略合作伙伴关系；2014年8月29日，江西省农业科学院与万年县人民政府签订了《科技战略合作协议》；同时，万年县也与中国水稻研究所、南昌大学、南昌工程学院、上海海洋大学签订《科技战略合作协议》，建立校政产学研合作服务中心，定期举办农业科技对接活动，为农业发展提供了强有力的人才和技术支持，从而推进万年稻米的科学研究工作。万年县把科技研发与科技成果转化工作纳入经济社会发展计划，不断加强政策扶持，加大科技投入，积极搭建产学研科技创新合作平台，努力提升科技对经济社会发展的支撑和保障能力。

三、万年贡米产业品牌的发展

裴梅镇荷桥村有着良好的地理位置，四面环山，又在乐安河下游地带，生态环境优美，是生产绿色稻米的最佳基地。但是贡米的经济效益很低，价格并不会比其他普通稻谷高，而且产量很低，所以很多原产地农民不愿意种植，从而无法形成稻米有效产业。为更好地保护万年传统的宝贵遗产，提升原产地农民对贡米生产的积极性，村"两委"坚持以产业振兴巩固脱贫攻坚成效，提出"唱响贡米品牌，打造特色'米袋子'"的发展定位，走出了一条以贡米产业为龙头，打造优质水稻种植基地的路子。村致富带头人程道明牵头组建了万年裴梅程家原产地贡米专业合作社。建立贡米示范基地，通过能人领办、基地示范、群众联动的模式，

把农户分散经营引入现代农业规模化、正规化的发展轨道，进一步增强了农产品市场竞争力。

贡米合作社按照"诚信经营、追求品质、利义共生、服务客户"的经营宗旨和将荷桥村打造为万年贡米小镇的总体规划，多年来一直将保护、弘扬并利用好稻作文化作为合作社发展的核心工作，将实现万年传统贡米的可持续发展与保护作为合作社的最高目标。一是切实与相关部门合作，大力协助万年贡谷原种保护栽培区的建设，不断完善原种保护栽培区农业基础设施建设；二是积极配合县农业局开展万年贡谷原种的提纯复壮工作，确保贡谷原种品种特征的稳定；三是积极普及并提升群众对传统农业特别是对贡谷种质资源重要性的认识，通过广泛宣传及大力开展贡米生产相关的技术培训与推广，不断强化、提高当地农民对传统贡米保护的意识；四是充分利用万年贡谷原产地的文化和品牌优势，积极推动合作社形成集生产、加工、销售于一体的合作社经营模式，也确保合作社取得了较好的经济效益；五是积极推动品牌建设，充分利用原产地生态优良、环境优美的优势，发展有机大米生产，2017年合作社所产贡米产品获得了有机产品认证；六是积极开展脱贫户帮扶工作，从资金、技术等方面指导支持脱贫户发展贡谷及有机优质稻的生产种植，带动了脱贫户增收。

通过7年多的努力，合作社在贡米文化宣传、贡米品种保护栽培、生产栽培、市场推广等方面都取得了较好的成绩，贡米合作社也因此得到迅速发展。2017年原产地贡谷种植面积扩大到300多亩，有机稻种植面积超过2 000亩。

四、万年稻作文化旅游的不断开发

万年旅游资源丰富，良好的生态环境、多样的人文景观和厚重的稻作文化相互渗透，构成了万年稻作文化旅游的独特韵味。稻作文化与旅游的结合是稻作文化可持续发展的最适宜体现，不仅对原始的景观、独特的建筑和特色的民俗宣传弘扬极具意义，对一系列稻作文化产品在受众面上也是一条新的发展之路[13]。

2005年开始万年县每两年举办一次稻米文化节，先后举办了四届中国（万年）国际稻作文化旅游节，并在旅游节期间，承办了多场国际学术研讨会。2012年举办了第四届中国万年·国际稻作文化旅游节，就稻米产业绿色、安全、可持续发展的最新进展、最新成果和发展思路与策略，进行了广泛而深入的研讨。

此外，还开展了一系列独具特色的民间民俗文化活动，不仅有力地弘扬了万年稻作文化，亦为万年县经济社会的可持续发展注入了新的动力和活力。同时，万年县广泛挖掘收集"神农"文化以及富有稻作文化特色的南溪跳脚龙灯、青云抬阁、乐安河流域"哭、嫁、吟、唱"文化和盘岭大敕庵的传说等民间民俗资料，编撰民间文化资料册，以赋予稻作文化更多更新的文化内涵，让游客尽享农家乐趣。

万年县把文旅融合作为弘扬稻作文化的重要举措，依托稻作之源的品牌效应，深入挖掘古色稻作文化、金色贡米文化、白色珍珠文化、红色革命文化、绿色生态文化"五色"文化，以"'五色'文化+"形式，设计一批富有文化内涵的文创产品，创作一批带有文化印记的文旅产品，打造了非遗之旅等具有文化创意的研学路线，形成了神农源等一批具有地方风格特色的景点、特色消费圈和网红打卡地。同时，该县将大力发展贡米产业作为万年稻作文化保护与传承的重要手段，让企业在保护与传承中唱主角，通过弘扬稻作文化，培育万年贡米品牌，把稻作文化遗产资源优势转化为品牌优势，让品牌优势转化为发展优势[14]。如今的荷桥村，正按照万年县打造稻作文化体验地的发展思路，围绕裴梅镇打造万年贡米小镇的总体规划，朝着建设万年"农耕文化体验地、休闲旅游示范区"的方向大步前进。

第三节　江西万年稻作文化系统存在的问题

随着经济全球化的发展、市场经济的全面渗入，源于农耕文明的万年稻作习俗作为一种生活文化，很大一部分都无法带来或转变为经济收入，开始远离人们尤其是年轻人的视野和记忆，走向衰微。因此，保护万年稻作习俗遗存的文化生态，加强万年稻作习俗搜集、整理、建档工作，鼓励青少年自觉传承，合理发挥其助推地方经济的作用，加强宣传、教育、推介和传播，积极打造万年稻作习俗品牌，增强其对外影响力和辐射力等，都是目前亟须付诸实践的重要保护措施。

一、万年稻作习俗面临逐步消亡风险

（一）在时代快速发展的背景下，人们缺乏对精神文化价值的审视

经历了历史时间的洗礼，在农业文化遗产保护传承上缺少新鲜血液的注入，逐渐造成后继无人的局面，这种"无人问津"的现象造成很多文化遗产的失传[15]。随着市场经济的快速发展，文化生态发生急剧变迁，在农耕社会基础上发展起来的万年稻作习俗正逐步走向消亡。随着经济全球化的快速发展，市场经济及观念的全面渗入，源于农耕文明的万年稻作习俗作为一种生活文化，很大一部

分都无法带来或转变为经济收入，日益失去其市场，面临逐步消亡的危险。

另外，由于现代文化和生活方式的快速发展，娱乐方式琳琅满目，吸引、冲击着人们的眼球和心灵，人们往往用进化的、功利的眼光看待万年稻作习俗，给它打上落后甚至迷信的标签。稻作习俗植根于农耕文明，其朴素的外在形式很难抓住人们日益浮躁的心灵。近年来，万年稻作习俗受到很大冲击，消失的速度很快，开始远离人们尤其是年轻人的视野和记忆，农村文化生活开始呈现出单调贫乏的虚空状态。现代科技的快速发展，娱乐方式的日益丰富，万年稻作习俗的外在吸引力和魅力正逐渐消逝。如今，万年稻作习俗虽然仍有不少遗存，但在全球化的冲击下，促使很多习俗来不及正常演变就在外力的冲击下过快消亡，保护和传承的重任十分艰巨。

（二）万年稻作文化系统遭受外来文化冲击

万年县的整个遗产保护区仍处于初级发展阶段，基础设施和接待设施不足、档次较低、地理位置较偏僻，这一定程度上影响了整个遗产地的保护发展进程。随着"稻作文化"旅游活动的展开，旅游者不可避免地会将自己的生活方式带到旅游目的地，这将对稻作传统文化产生一定冲击，并给本地农民的生活方式带来负面影响。

（三）地区人才流失严重，传承遇到问题与挑战

目前，江西万年稻作文化系统在一定程度上受到现代化和城市化的影响。当地居民对稻作文化的认同感是保护工作的关键动力，但也存在年轻人口流失问题[16]。随着农业技术的进步和经济发展，一些农民转而选择种植其他作物或从事非农业工作，这导致稻作传统的传承遇到问题。另外，城市化的推进也导致农村人口外流，人口外流是传统农业文化衰退的原因之一。越来越多的年轻人对农业兴趣不高，他们向往大城市的繁华，选择远离家乡，奔赴城市，而留在农村的年长农民无法继续进行劳累的农业工作，由此万年传统稻作文化的传承面临困难。

二、贡米生产经济效益低下，产品研发单一

传统贡米种植需要较多的劳动成本、付出大量人力，但却无法得到较高的产量，在经济迅速发展的大背景下，种植贡米完全无法满足农民的生活需求，因此越来越多的农民不愿继续种植贡米。特别是在市场经济高速发展的当下，农民的农业收入占比越来越小，稻作文化遗产系统面临用工短缺的问题。

同时，现代化农业技术的推广和应用，也给传统的稻作文化带来了一定的冲击。在长期的水稻耕作中，万年县有一套自己内涵丰富、外延广泛的独特稻作习俗体系。万年贡米"坞源早"从良种的选育到种植、防病虫害、水土管理等，均依靠传统的耕作技艺。这些耕作技艺都是稻作文化系统的精髓，但随着现代科技的发展，传统的技艺可能比不上省时省力的机械设备，所以如何借助现代科技载体和先进手段，在现代化进程中保留传统的文化特色，传承传统的稻作文化系统是当前需要解决的重要问题。

在产业发展方面，由于万年贡米和东乡野生稻种植面积不断缩小，致使其万年贡米经济开发能力不足，市场单一化，没有形成新的经济增长点，导致经济效益低下。

三、保护力度不够，相关法律法规措施不健全

在过去的十年里，万年稻作文化系统实现了良好的保护和发展，但也存在种质资源保护手段单一、管理规范与制度建设尚显不足、产业格局单一、遗产地居民文化自觉性低等问题。景区附近的环境也得不到良好的保护，很多外来旅客环保意识薄弱，乱扔垃圾的现象随处可见，旅游管理力度不够，相关环保人员不能做到及时清理并制止不文明行为的发生。

现行的政策偏重静态保护，缺乏对动态生产体系的资金支持。目前关于如何对农业文化遗产进行保护的问题，我国并没有出台具有专项针对性的法律，所以对于万年稻作文化系统的保护建设只能按照《中国重要农业文化遗产管理办法（试行）》及万年县地方性农业文化遗产保护管理条例进行简单保护，并没有针对性、明确性、具体性的保护措施。并且相关部门对有关保护文件没有及时宣传，大众对其了解不够，缺乏对相关法律规范的认识和学习。

四、文化遗产价值挖掘不充分，有关基础设施薄弱

虽然万年稻作文化遗产逐渐被大众熟知，但仍有相当大部分人不了解稻作文化系统或只是片面了解。当地管理部门对该文化的宣传不足，仅通过报道进行信息推广，随着多媒体的发展，相关部门应该更新宣传方式，尝试多途径推广稻作文化。相关基础设施配置落后，服务管理措施不足，活动单一，不能满足不同旅客的娱乐需求，难以促进万年稻作文化遗产的旅游更好地发展。

万年稻作文化系统最闻名的是仙人洞、吊桶环遗址等自然景观，其他人文景观开发力度不足。新冠疫情后，各地旅游业得到迅速发展，当地政府对万年稻作

文化遗产进行商业开发，但同质化现象严重，商业活动和人工仿古建筑千篇一律，游客在旅游中体验感较差，无法感受地域民俗风情和稻作文化。目前，传统稻作文化掺杂了商业利益，与现代文化、外来文化混合，缺失了自身的原真和朴质。

第四节　江西万年稻作文化系统保护与发展对策

江西万年稻作文化系统正面临现实的问题与挑战，需要寻找未来的发展方向。一方面，可以通过加强教育、培养农业人才，提高农业文化传承的自觉性和主动性；另一方面，可以结合现代科技手段，推动农业现代化和传统文化的融合发展，保持文化的活力和传承的延续。同时，政府、社会组织和个人都应该共同努力，保护和传承江西万年稻作文化系统，让这一宝贵的文化遗产在未来继续绽放光芒，为当地乃至整个中国的农业文化发展做出更大的贡献。

一、大力宣传万年稻作习俗

（一）继续对万年稻作习俗进行搜集、整理

相关工作人员应该利用发达的互联网系统继续对万年稻作习俗的历史渊源、特点、内容及其演变进行深入的调查和研究，积极向下调查，向有关居民咨询有关稻作习俗的神话传说、农谚俗语、民间故事等，对采集来的口述资料进行整理、记录，继续将万年稻作文化写入书籍。同时，要紧跟科技的步伐，利用好当今互联网技术手段，使用3D建模与区块链技术有效记录传统农耕技艺，防止技术失传。尽可能建立数字化档案库，实现文化遗产的全球共享[17]。

在江西省文化厅的大力支持和科学指导下，经过万年县各级部门的积极配合和持续努力，目前万年稻作习俗得到了较好地传承和发展，并已经成为当地一张重要的文化名片。青少年对其认识和了解进一步增强，稻作文化氛围更为浓厚。

（二）加强传统稻作习俗教育，保护万年稻作习俗

积极开展非物质文化遗产进校园活动，加强万年稻作习俗宣传与教育，鼓励青少年学习、继承传统稻作文化，增强青少年保护和传承万年稻作习俗的意识，提高他们对万年稻作文化的认同感和归属感。在保护的基础上进行合理的变革，融入新的时代元素，赋予万年稻作习俗以新的时代内涵，增强万年稻作习俗的魅力和吸引力，营造浓郁稻作习俗氛围，保护其赖以存在的文化生态及文化空间。

加强教育和宣传力度。通过开展文化活动、举办展览等方式，提高公众对稻作文化的认知和重视，激发人们对传统文化的热爱。加强人才培养和传承，通过对回村大学生等高素质人才开展培训、设立奖学金等方式，培养年轻一代对稻作文化的认同感和传承意识，树立农村电商经营榜样。推进实施农村电商新农人培养示范项目，加大对相关电商人才的培养和扶持。通过与电信运营商的密切合作，为农村电商新农人打造优质的经营环境，确保文化传统的延续。

（三）积极打造万年稻作习俗文化品牌

定期在全县范围内对歌谣、节令、习俗、耕技等开展调查，了解各类文化习俗的起源、历史背景、核心价值和保护现状，及时建立并不断完善各级非物质文化遗产保护名录，全面掌握全县非物质文化遗产的种类、数量、分布地域、生存环境、保护现状。结合万年仙人洞、吊桶环、神龙宫、龙泉湖等著名旅游景点，努力挖掘太平跳脚龙灯、滚龙灯、打连厢、石镇灯彩等民俗文化资源，积极开展旅游节、美食节、摄影展等重大文化活动，积极宣传推介万年稻作习俗，开发优良农产品，合理发挥岁时节令习俗、饮食习俗等旅游价值，把万年稻作习俗"送出去"，扩大对外影响力和辐射力，打造万年的独特文化名片。

万年贡米发挥自身优势，打造万年贡米品牌，形成贡米产业链一体化。这种方式不仅保护了传统农作物品种，还为产业注入了新的活力。在保持贡米产量提升的同时，加大对高端优质大米市场的拓展力度[18]。

通过推动万年县有机生态农业的发展，以万年贡集团、鲁花集团为依托，推进高端优质大米产品生产促进项目，打造一部分高端贡米品牌，提升贡米的知名度和附加值。充分利用新媒体的优势，利用微信、微博、抖音、快手等新媒体平台，实现万年稻作文化系统品牌与贡米产品的多渠道宣传。加大对万年县本地新媒体工作者的扶持力度，加大对万年贡米、万年旅游、万年稻作文化系统的推介力度。积极举办农业考古国际学术研讨会、万年稻作习俗高端学术研讨会等重大学术活动，加强同相关高校、研究机构及个人的合作，推动万年稻作习俗保护、传承及研究，举办相关学术讲座、报告，并出版相关论文集、专著，扩大和提升万年稻作品牌效益。稻作文化的国际传播可以以旅游为依托，与汉语国际教育事业相结合，以网络为载体，通过各种媒体融合等渠道走向世界[19]。

二、利用万年稻作习俗，助推地方经济发展

万年稻作系统的核心价值在于其"稻鱼共生"生态模式，需通过社区参与和

政策扶持实现活态传承。传统贡米种植的效益较低，但其独特的生长环境和历史文化、相对优越的生态环境条件，为其他相关产业的发展提供了基础。可以构建"农业－文化－旅游"产业链，推动遗产地经济与生态协同发展[20]。在现有产业发展和自然资源的基础上，调整农业文化遗产相关产业结构，引进现代农业技术，推广生态种植方式，提高稻作产量和质量，同时保护生态环境。提高农产品品质和农遗产品的科技含量，打造受消费者喜爱的高附加值农副产品。

万年县在稻米深加工上有长远的发展潜力，但在贡米特色农产品加工方面还有提升空间，稻米产业链还有待探索延伸。以已有的万年裴梅程家原产地贡米专业合作社为示范，在全县推广合作社生产销售模式，合理利用扶贫资金，扶持各类农民专业合作社，同时鼓励万年贡集团等企业，继续通过"合作社＋基地＋贫困户"等模式，提升农业专业合作社的专业化程度，惠及广大普通农户，实现生产销售的便利化。同时，不断对贡米进行研发推广，充分挖掘万年稻作的文化价值和生态价值，积极拓展生态旅游、有机农业等替代产业，开发围绕稻作文化的旅游项目。另外，将有机农业、生态农业产品融入旅游，延长产业链，提升价值链，完善利益链，促进一二三产业融合发展，提高农民收入，解决保护和发展的矛盾。同时，加强技术培训和交流，培育示范点和示范户，在农业文化遗产地的生产中率先实现模范带头作用，对于传承农业文化遗产的活态性有着积极的推动作用。万年遗产地农民对稻作生产技术有现实需求，通过带动农民实现生态化、规范化稻作生产，解决稻作生产中所面临的困难和问题，有助于实现稻作生产的稳定和农民收入的提高。

三、加强政府主导力度，完善相关政策与法规

（一）建立奖惩机制，打击违法行为

为了有效保护万年稻作起源和传统贡谷遗传资源以及相关稻作文化，确保其永续发展和传承，应充分认识农业种质资源的重要意义，提高地方对传统贡米和野生稻的保护意识，明确对贡谷保护的要求，建立有效的激励机制，以吸引更多的劳动力和资金投入。但需要特别注意的是，万年有着古老的农耕文明，生产习惯和生活方式比较独特，所以在进行稻作文化遗产法律法规建设的同时，要将当地文化的特殊性和当地大众的评价考虑进去。

（二）积极制定农业文化遗产保护区保护规划

对于全球重要农业文化遗产（GIAHS）保护与管理，需要规划指导。万年县

政府需尽快启动编制《万年稻作文化全球重要农业文化遗产保护与发展规划》，积极贯彻"全面规划、积极保护、科学管理、永续利用"的自然保护方针，根据保护区功能分区的理论与原则，合理划分三个功能区，把保护、科研、监测、教育和旅游结合起来，统一规划与布局，正确处理保护与开发、旅游与教育、资源保护区与社区发展等关系，致力于保护区和区域经济的同步发展。

万年县在遗产管理工作方面也存在问题，缺少健全的管理手段和强有力的组织和领导，不能使遗产保护工作顺利有序地开展；而且相关保护人员年龄较大，缺乏对现有农业文化遗产研究的能力，新生力量储备不足，相关专业技术力量薄弱，承担繁重的保护工作任务较困难，从而使保护工作难以做到科学化、规范化。因此，需要对遗产管理部门进行相关调整，合理分配人力、物力，吸取各种优秀有能力的新型人才，完善所需的基础设施，尽可能提高对遗产保护的综合管理能力。

（三）保护优秀种质资源及物种多样性

以"坞源早"为代表的优秀种质资源是万年稻作文化系统的重要组成部分，尽管原地保护、保护价收购等措施在一定程度上起到了保护种质资源的作用，但依然存在保护手段单一、保护后劲不足等问题，且对农业物种多样性和其他生物多样性保护的措施有待提升。万年贡米作为优质本地品种，能够为丰富水稻基因的多样性、培育新品种提供支撑，进而为提高水稻育种国际竞争力奠定种质资源基础。

在种质资源保护与利用方面，应采取入库保存、提纯复壮等措施，建设全球重要农业文化遗产品种保护基地，加强濒危品种保护，多渠道保护传统种质资源。进一步清查遗产地稻米资源及特色农业物种资源，建立档案。一是清查遗产地传统水稻品种的性状、位置、生长环境以及生长状态等信息，建立档案库；二是对其他特色农业物种资源和古树名木资源进行调查，包括品种、位置、面积、生长环境和生长状况等信息，并建立品种数据库，为遗产地生态产业发展提供基础数据。在生物多样性保护方面，应定期开展资源调查、登记、监测等措施，提升保护能力。建立完善遗产地的生物多样性监测机制，包括确定遗产地生物多样性监测的重要指标和一般指标，明确各个指标的监测方法，完善进行生物多样性监测的基础设施，形成科学的定期反馈与数据管理机制。

（四）建立补偿机制，对农业文化遗产进行就地保护

农产品价值提升存在一个转换期，需要各种形式的生态和文化补偿才可以保

证农民利益和生产的持续性。万年县应该积极建立生态与文化保护补偿机制，加大土地流转力度，鼓励规模经营。一方面，对水稻种植农户实行财政再奖补，采取"谁种粮食谁得补"的措施鼓励农户耕种。另一方面，实行传统民居建设审批制度，严格控制房屋层数、建筑面积、色彩格调和外观，将特色乡村建设与传统民居保护相结合，逐步恢复传统民居风貌。万年稻作文化遗产系统的传统贡稻与普通稻米存在生产竞争的劣势，稻作文化的传承也存在风险，因此制定科学合理的生态和文化补偿标准，有助于提高农民的种植主动性和文化传承的积极性。

四、大力推广稻作旅游，完善配套基础设施建设

在当今这种体验经济的大背景下，消费者逐渐开始从物质消费转向享受消费，创意农业也开始被越来越多的人重视。万年旅游的核心是"稻作旅游"，围绕稻作文化主题内涵剖析、开发方向及开发策略三个方面进行稻作文化主题创意农业园的建设，将有机农业、生态农业产品融入旅游，开发围绕稻作文化的旅游项目，倾力打造独具特色的万年稻作旅游业。通过举办民俗节庆活动，开展互动式、沉浸式体验类型的项目，打造活态化粮田系统农业文化遗产旅游景观，促进文化传承与乡村振兴相结合[21]。依托大源镇荷溪村丰富的贡米生产景观资源，在传统村落景观保护的基础上，因地制宜发展乡村旅游。游客可以亲身体验以贡米为主题的各项活动，与居民进行亲密互动，一起吃饭、干活等，也可以与农民一起下地，亲自种植贡米，并品尝、购买贡米，体验不一样的休闲时光，将休闲游乐与生态农业和民俗文化融于一体。举办以稻作文化为主题的书画大赛，以及在贡米原产地举办贡米收割节、插秧节、农耕体验、生态稻作休闲等系列稻作体验活动，让各行各业的人员参与进来，了解万年稻作文化。在原有活动的基础上，加大活动宣传力度，丰富节庆活动的内涵和类型，突出万年稻作文化的博大精深和丰富多彩，结合独特的农耕信仰和特色稻作文化来设计精彩的民俗表演和特色美食，以节事旅游为依托，提升万年县乡村稻作文化旅游的经济效益、社会知名度和影响力。策划系列非物质文化遗产相关的节庆活动并定期举办，与文化传承基地、传习馆、公益课堂等联合起来，采取多种形式宣传万年稻作文化和非物质文化遗产，提高广大群众对非遗文化的认识。推进万年稻作文化与陶文化的有机融合，围绕万年陶起源的相关概念建设的中国陶文化博物馆，目前已正式营业；推进了国米文化生态产业园建设，主要包括建设稻作文化博物馆、稻作文化体验馆、稻作文化村及稻作度假村、国米加工厂、贡米酒厂、精制植物油加工厂等，也包括建设

一批具有"世界稻作文化发源地"特色的标志性景点和建筑。

综上所述，江西万年稻作文化系统作为中国传统农业文化的重要组成部分，承载着丰富的历史和文化内涵。在传承与发展的道路上，尽管万年稻作文化系统面临一些挑战，但在当地政府和社会各界的努力下，希望这一悠久的稻作文化传统能够得以继续传承下去，并为当地经济和文化发展做出贡献，让江西万年稻作文化系统在未来继续璀璨夺目，为人类文明的发展做出更大的贡献。

参考文献

[1] 黄国勤. 江西万年稻作文化系统的特征、价值与保护 [J]. 遗产与保护研究，2019，4 (1)：17-22.

[2] 万年县统计局. 2022年万年县国民经济和社会发展统计公报 [EB/OL]. (2023-06-26) [2025-02-19]. http://www.zgwn.gov.cn/ZWGK_2_0/ZFGBG/202306/1fb5baebfdab48ada2ca2054a9feae65.shtml.

[3] 许瀚文. 世界人工栽培稻源头：江西万年稻作文化系统 [EB/OL]. (2020-05-14) [2025-02-19]. https://www.thepaper.cn/newsDetail_forward_7381959.

[4] 人类陶冶与稻作文明起源地：世界级考古洞穴万年仙人洞与吊桶环 [J]. 农业考古，2011 (1)：82.

[5] 吴小红，张弛，保罗·格德伯格，等. 江西仙人洞遗址两万年前陶器的年代研究 [J]. 南方文物，2012 (3)：1-6.

[6] 吴海燕，徐芝亮. 江西万年稻作文化与贡米品牌建设 [R]. 合肥：2015华东暨安徽省农学会学术年会. 2015.

[7] 陈章鑫，林海，应兴华，等. 万年稻作农业文化系统的开发、保护及发展对策 [J]. 中国稻米，2012，18 (6)：23-26.

[8] 彭博. 中国早期稻作农业遗存及相关问题 [J]. 农业考古，2016 (1)：40-45.

[9] 王幼平. 华南晚更新世晚期人类行为复杂化的个案：江西万年吊桶环遗址的发现 [J]. 人类学学报，2016，35 (3)：397-406.

[10] 曾荣君. 重视稻作文化建设推进经济社会发展 [N]. 光华时报，2010-04-30 (1).

[11] 李文华. 农业文化遗产的保护与发展 [J]. 农业环境科学学报，2015，34 (1)：1-6.

[12] 姜仁华，应兴华，林海，等. 浙江稻文化资源的保护与开发利用对策 [J]. 中国稻米，2013，19 (1)：22-26.

[13] 宋茜. 农业文化遗产可持续发展研究 [D]. 南昌：江西农业大学，2016.

[14] 于都县人民政府. 传承与创新并重"文化+"深度融合江西万年擦亮稻作文化名城品牌 [EB/OL]. (2023-05-17) [2025-02-19]. https://www.yudu.gov.cn/ydxxgk/c10026 4csdt/202305/14b9a8a725ec4ab2989d45c847f754c0.shtml.

[15] 俞紫燕，陈飞平．农业文化遗产助力乡村振兴的实践探索：以江西万年稻作文化为例 [J]．绿色科技，2023，25 (1)：198-204．

[16] 武文杰，孙业红，王英，等．农业文化遗产社区角色认同对旅游参与的影响研究：以浙江省青田县龙现村为例 [J]．地域研究与开发，2021，40 (1)：138-143．

[17] 谢芬，冯宝亭，邱特．3D打印技术在非物质文化遗产保护和传承中的应用 [J]．区域治理，2024 (14)：290-292．

[18] 肖丽．万年贡米新征程 [J]．江西农业，2021 (1)：10-11．

[19] 倪嘉．国际化视角下中国稻作文化传播路径的构建：江西万年稻作文化对外传播的探索 [J]．现代营销（经营版），2020 (8)：144-146．

[20] 郎昌艳．加快推进农业、文化、旅游融合发展的建议 [J]．乡镇企业导报，2021 (5)：262-263．

[21] 辛琳，王樱霏，童俊．粮田系统农业文化遗产旅游景观提升策略 [J]．风景园林，2024，31 (12)：12-19．

第
四
章

江
西
崇
义
客
家
梯
田
系
统
①

① 本章执笔人：杨滨娟（江西农业大学生态科学研究中心）。

随着人口的繁衍和迁移，在南方丘陵地区和山区逐渐出现了梯田这种独特的景观，这些梯田共同构成了中国南方稻作梯田。这些分布广泛，且承载了多个民族、多种文化、多样景观的梯田系统，在某种意义上颠覆了农业必然破坏环境的定式。梯田的起源与演变过程，在我国乃至世界的坡地水土流失防治、改造、保持水土和提高生态功能方面占据重要地位，起着重要作用。梯田在开垦与演变的过程中产生的梯田文化，体现了人与大自然的和谐相处、天人合一的关系[1]。中国南方的文明离不开南方稻作文化，南方丘陵地区的发展更离不开南方稻作梯田系统，而江西崇义客家梯田正是其中的典范。

崇义客家梯田的历史起源与演变，伴随着客家先民的迁徙以及与崇义地区地理环境的融合，被誉为客家农耕之源。历史上，客家先民辗转迁徙来到这里，凭借从迁徙中磨炼出的顽强意志，以及从祖地带来的生产工具和耕作技术，将中原的稻作文化与赣南山丘地形相融合，伐木开荒、依山造田、耕耘收获。崇义稻作梯田的存在长期以来发挥着积极的社会作用。崇义地区的客家人不仅开辟出了壮观的崇义客家梯田，还在客家传统文化意识和生活习俗的基础上，吸纳了当地畲族、瑶族等民族的优秀文化和民情风俗，并将其融入到自己的文化观念和生活方式当中，呈现出文化多样性。崇义客家梯田先后被农业农村部认定为中国美丽田园、中国重要农业文化遗产，2012年其核心区内的上堡梯田（1 491.13公顷）被上海大世界基尼斯评为"最大的客家梯田"，2018年4月中国南方山地稻作梯田系统——江西崇义客家梯田被联合国粮农组织正式认定为全球重要农业文化遗产[2-3]，2020年6月上堡梯田正式被评为国家4A级旅游景区，2022年10月上堡梯田入选2022年（第九批）世界灌溉工程遗产名录。崇义客家梯田以其独特的土地利用系统和农业景观优势正式迈出国门，走向世界，成为梯田界的"国际网红"。

第一节　江西崇义客家梯田系统概况

一、江西崇义客家梯田总体概况

崇义客家梯田始建于元朝、盛建于明末、完工于清初，距今已有800多年的历史。江西崇义客家梯田地处东经113°55′—114°38′，北纬25°24′—25°54′，主要分布在罗霄山脉与诸广山脉之间。崇义客家梯田展现出中国古代农业的巨大成就，对这一系统价值的挖掘与保护，不仅有利于更好地认识中国古代农耕文明，更有利于为未来农业的发展指明方向[4]。

客家人将中原地区的传统文化与当地山丘地形相融合，使之成为客家文化的典型代表。梯田不但提供了当地人的生计来源，更是客家文化中一个重要载体。由于地处相对封闭的山区，依附于梯田的社会体系较为独立和完整，客家人逐渐形成特有的宗法系统和民俗文化，也使梯田成为客家文化面向世界的"博物馆"和"展示馆"。客家文化既传承了正统汉族文化，又融合了南方土著文化，再加上长期居住在丘陵环境中，形成了特色的客家文化，而客家人也被称为"丘陵上的民族"，客家文化有"古汉文化活化石"之誉。

客家人将修筑梯田与治山治水相结合，形成独特的水土资源利用与管理模式，通过对系统内多种耕作模式的整合，有效控制水土流失、抵御自然灾害，使其在面对气候变化时能够积极应对，保障了当地人的生计安全。在全球气候变化的背景下，梯田系统农耕模式为可持续的农业生产提供了重要的启示。

作为充分利用自然条件而形成的良性农业生态系统，崇义客家梯田所采用的传统耕作技术和多样性栽培技术，使土地用养结合，限制了病虫草害的发生，形成了一个始于"有机"、继于"有机"、终于"有机"的循环生产模式。这种耕作方式带来了明显的经济价值，满足了当地居民的物质需求，维护了区域生态安全。作为亚热带地区山地稻作的典型代表，这种发展模式对其他同类型地区，尤其是山地丘陵地区农业的发展具有重要的借鉴意义。

梯田除了具有农产品供给、土壤保持、水源涵养等功能外，还具有生物多样性保护、景观维持和文化传承等价值。崇义客家梯田是由"森林—竹林—茶园—村庄—梯田—水流"所形成的山地农业体系，是一个具有生物和景观多样性的生态系统[5]，它不但支撑当地农事活动，还承载了客家传统文化。梯田具有独特的美学价值，在尊重自然的基础上，是人与自然协调发展的典范。

崇义客家梯田的发展蕴含着许多科学问题，对其进行研究和探索有利于传统农耕技术的传承和借鉴。崇义客家梯田农耕文化在未来的经济、社会与环境可持续发展中具有潜在价值。

二、江西崇义客家梯田的自然环境概况

江西崇义客家梯田系统遗产地位于江西省崇义县全境。崇义县地处江西省西南部，东经113°55′—114°38′，北纬25°24′—25°54′。南与广东省相交，西与湖南省毗邻。东西长约73千米，南北宽约59千米，总面积2 206.27平方千米，距赣州市90千米。全县有10个乡、6个镇，124个行政村、3个居委会。2013年底全县总人

口21.15万人，县内人口主要为汉族。

崇义客家梯田属中亚热带季风湿润性气候，四季分明，春秋温凉，冬无严寒，夏无酷热；年平均气温17.2℃，极端高温38℃，低温−8℃；年降水量1 627.2毫米，雨量充足；土壤肥沃，以黄泥田、灰泥田为主，植被覆盖率高，生物种类丰富。

由于崇义客家梯田地处罗霄山脉与诸广山脉交会处，北靠齐云山南麓，最高海拔1 260米，最低海拔280米，垂直落差近1 000米，梯田层数最多达62梯层。由于梯田坡降大，所以大多数梯田的田块小，一块田只能种植1～2行禾，故当地人称之为"带子丘"和"青蛙一跳三块田"的碎田块[6]。由于罗霄山脉与诸广山脉植被覆盖率高，梯田上部的山上大都有竹林或竹林与阔叶林混杂的森林覆盖，涵养了梯田不可或缺的水源，使海拔1 000米以上的梯田仍然能种植水稻。

第二节　江西崇义客家梯田系统的价值

崇义客家梯田系统具有多重实际价值。从生态价值来看，它努力实现人与自然和谐相处，因地制宜，合理利用自然资源，遵循用地与养地相结合的原则。从经济价值来看，系统巧妙地利用水土，节约能源，生产的有机产品也有效提高了农产品的价格；以"精耕细作"为主要特征的梯田农业文化，其所衍生出的"均衡和谐"的传统文化核心价值理念，以及传统农业文化中农民所遵循的"天人合一"基本理念，引导着客家人在传统梯田耕作时期创造了较高的土地生产率和资源利用率。梯田农耕文化塑造了当前崇义地区的客家社会关系，而这种社会关系也在一定程度上维持了崇义地区稳定的社会环境，从而有利于梯田系统的可持续发展。从科研价值来看，作为中国农耕文明的"活化石"，崇义客家梯田系统在农事安排、耕作工具、耕作制度、耕作模式、栽培技术、梯田的修建与维护技术、农耕村落的形成，以及村落中的社会关系与文化的形成等方面均具有重要的研究意义。崇义客家梯田的优秀农耕文化，不仅对全国乃至世界的山地丘陵土地利用具有示范意义，同时也对青少年提高环境保护意识、理解可持续发展、传承民族文化，提升生态文明建设和民族自豪感具有重要的教育价值。

自从客家人在赣南大地上定居之后，梯田的开垦和耕作逐渐成为维系当地人生存和发展的重要活动。客家人选择了梯田这一特别的水土管理模式，梯田也为勤劳的客家人提供了多重功能。一方面，梯田为当地人提供了稳定的食物来源，包括农田中的水稻和共生的鱼、鸭，各类蔬菜、瓜果，还有梯田系统中林间、林下的菌类等农副产品。另一方面，毛竹和高山茶等也是当地农户的生计来源。而梯田系统所附加的景观价值、生态价值和文化价值，更为其可持续发展提供了多重保障[7]。

一、生计源泉，加工产品丰富

（一）丰富多样的食物

崇义客家梯田系统是当地人赖以生存的生计源泉，作为一个复杂的复合生态系统，它所提供食物的种类也是丰富多样的。崇义农用地类型主要是水田，农作物以种植水稻为主。根据遗产地范围、核心区范围内的土地利用类型及数据可知（表4-1），全县水田面积14 159公顷，占用地总面积的6%；林地总面积190 532公顷，占用地总面积的80.76%；核心区的水田面积3 477公顷，其中梯田面积2 024.5公顷，年产优质稻1 300万千克。

表4-1 崇义县土地利用类型面积

单位：公顷

类型	遗产地范围（崇义县）	核心区范围（18村）
耕地	15 158	3 626
其中：水田	14 159	3 477
旱地	999	149
园地	4 179	125
林地	190 532	30 237
草地	1 544	431
水域及水利设施用地	4 146	212
建设用地	5 209	416
其他	4	1

除了种植水稻外，崇义地区还种植各种油料作物、蔬菜和瓜果类。其他粮食作物主要有薯类、玉米、高粱、豆类等，油料作物主要有花生、油菜籽、芝麻等，特色蔬菜包括魔芋、瓠瓜、佛手瓜、水蕹菜等。水果主要有柑橘、梨、桃、葡萄等。勤劳智慧的客家人还利用山间田野的一些天然食材，做出独具特色的传统美食。

猪、牛、羊等畜禽和鱼类养殖也是崇义客家梯田农业生态系统的组成部分。畜牧业主要品种包括猪、牛、羊、禽（鸡、鸭、鹅、鸽）、兔等。在渔业资源方面，据初步调查鱼类有9科，其中以鲤科为主，还有鳅科、鲇科等。此外，爬行类、甲壳类、贝类也有一定规模的养殖。

（二）具有地方特色的产业和产品

除了上述农产品外，崇义客家梯田还提供了其他具有地方特色的产品（图4-1）。这其中最著名的就是崇义高山茶叶，它的种植面积达1 674.67公顷。竹子的种植也是当地的特色产业之一，2023年完成竹林抚育1.58万公顷，种植黄竹等丛生竹10.3万株，毛竹林种植面积达4.48公顷。

此外，崇义地区的气候适宜柑橘类果树的生长，全县脐橙种植面积近5 000公顷，年脐橙产量近10万吨，其中作为梯田系统核心区的上堡乡脐橙产量达861吨。依托梯田群，崇义发展高山有机米示范基地达33.33公顷，形成"高山梯田"等品牌；生产出了"高山梯田"有机大米和"高山梯田野香黏"有机粥米，产品远销广东、上海等地。崇义高山有机茶叶也是著名的绿色产品，在明代崇义的阳岭茶被列为"贡茶"，历史悠久。如今，上堡的茶产业依托万长山千亩茶叶基地发展现代农业产业，打响了"赤水仙""万长山"两个品牌。近年来，随着农业经济的大力发展，基于梯田之上的刺葡萄、南酸枣、红豆杉苗木、油茶等也逐步形成规模性种植（图4-1）。

"高山梯田"品牌有机大米　上堡"赤水仙"有机茶　　　　崇义脐橙　　　　　"齐云山"酸枣糕

图4-1　崇义客家梯田农业特色产品

（三）提供就业机会

由于传统种植业需要大量劳动力，因而对农村就业贡献较大。据统计资料显示，当前全县农业从业人员占总就业人数的48.71%，梯田系统主要核心区的上堡、思顺、丰州三乡的农业从业人员占比分别为50.49%、48.16%和52.76%。

统计数据显示，崇义县农村住户收入结构中第一产业占比87.82%、第二产业收入占比1.52%、第三产业占比为10.63%。其中农、林、牧、渔业收入比例为63.94：18.82：17.09：0.12。各项数据均表明崇义县农民收入的主要来源为种植业。村集体收入和农民个人收入均保持增长。

二、壮丽景观，具有美学价值

（一）核心区梯田分布连片

崇义客家梯田系统分布在齐云山自然保护区内，梯田的位置正好处于向阳山坡中部的"暖带"，是山区农作物生长的"安全带"，作物受霜冻害的机会较少，由此体现了客家生态文化对梯田生态系统的科学选择。规模性连片梯田主要分布在遗产地核心区，此范围内的梯田基本属于陡坡梯田。此外，梯田在聂都乡、金坑乡、乐洞乡、麟潭乡、古亭镇、关田镇等乡镇有少量零星分布，规模不大，且坡度也小，属缓坡梯田（图4-2）。

图4-2 遥感解译的崇义梯田空间分布

陡坡梯田（左）、缓坡梯田（右）

注：图片来源于崇义客家梯田系统GIAHS保护试点申报书。

崇义客家梯田被誉为客家农耕之源，其景观是一种兼具自然性、生产性以及文化性的综合景观，是人与土地、山林和谐共存的杰作，先后被农业农村部认定为中国美丽田园、中国重要农业文化遗产。在遗产地范围内，梯田面积占耕地

面积的13.49%，但在核心区的上堡乡，上堡梯田面积达1 491.13公顷，已占全乡耕地面积的94.5%，分布集中且面积较大，因此被上海大世界基尼斯认定为"最大的客家梯田"（图4-3）。

（二）垂直落差和坡降大

崇义客家梯田主要梯田群最高达62梯层，最高海拔1 260米，最低海拔280米，垂直落差近1 000米；而坡降大主要体现在坡度多为40°～70°，属于陡坡梯田。由于坡降较大，梯田多为只能种1～2行禾的"带

图4-3　上堡梯田——最大的客家梯田

注：图片来源于崇义客家梯田系统GIAHS保护试点申报书。

子丘"和"青蛙一跳三块田"的碎田块。这种景观格局不仅凸显了梯田扩展耕地面积的功能，有效提高了土地利用价值，具有较高的生态美学价值与人文价值。

崇义客家梯田生态系统具有良好的生态环境和适宜的小气候，十分适合茶叶的生长。崇义县茶园面积达2 733公顷，其中60%左右位于海拔800米的高山之上。茶园四周森林密布，高山崎岖，长年云雾缭绕，处在无任何污染的生态环境中。梯田系统内部还分布着不少果园，近年来果园果树逐渐成规模种植，成为梯田景观的元素之一。

梯田依山而建，层层叠叠、错落有致、连绵成片，垂直落差近1 000米，果园与茶园相伴而生，客家村落散居在梯田之中。这种分布格局使得崇义客家梯田形成了一个完整的系统，使生态环境与人类活动相互兼容、协同发展。

（三）景观元素多样

茂密的森林、竹林，层叠的梯田，以及点缀在其间的园林和散落的客家民居有机地结合在一起，形成了极富特色的客家梯田生态系统景观，呈现出当地景观的多样性。这些景观元素根据海拔由高至低依次为森林、竹林、茶园、梯田（民居）、果园、河流（图4-4），充分体现了客家人适应当地自然环境条件的生活智慧，同时也体现了对当地景观格局及其功能的优化管理技能。

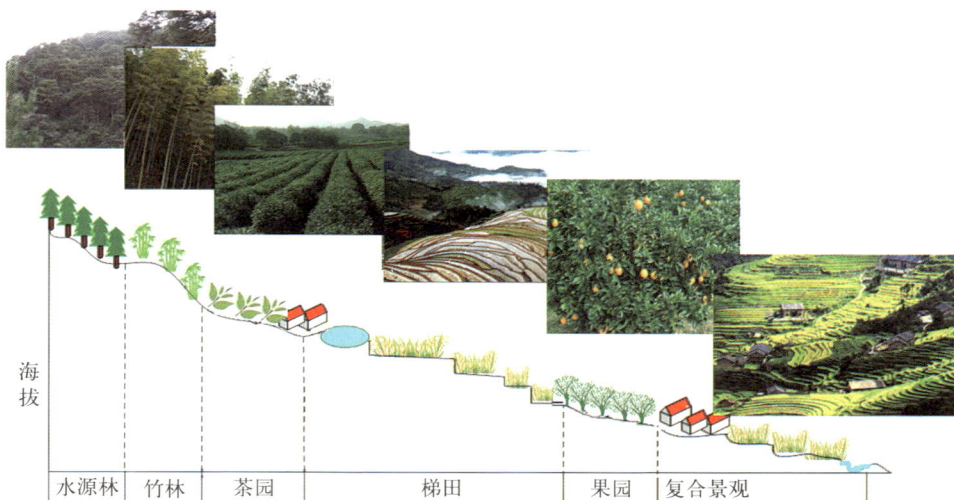

图4-4　崇义客家梯田系统景观分布格局剖面图

注：图片来源于崇义客家梯田系统GIAHS保护试点申报书。

梯田是一种重要的农业景观，是山区人民在长期耕作梯田的过程中形成的具有地方特色的乡土景观和乡土文化。梯田景观是人地和谐共处的良性生态系统和土地持续利用的样板。梯田景观是具有生产、生态、文化以及美学等多种功能（价值）的多功能景观，是人类土地持续利用的样板。梯田是适应不同的土壤、水分和地形等环境因素形成的农业景观，梯田在适应不同地域的过程中，在各地呈现了不同的景观特征，梯田的景观特征由梯田的细部结构（如田埂、田面等）决定，梯田景观的空间结构由山体、村落、梯田的空间位置等因素共同决定。

崇义客家梯田坐落于海拔2 061.3米的赣南第一高峰齐云山山脉，主要分布在水南、赤水、竹溪、良和、正井五处；赤水万亩连片梯田群气势恢弘、宏伟大气；水南梯田群风光旖旎、多姿多彩；良和梯田群饱满圆润、风情万种；而其他梯田群也各有千秋。

梯田位于客家村落之上、森林群落之下，由高至低依次形成了森林、竹林—梯田—村落的空间分异。崇义梯田景观随着时间的推移，时序的更迭，客家人对土地精耕细作，开垦灌溉，呈现出一道形态、色彩均发生有机变化的风景线。崇义客家梯田景观是一种极大限度利用土地、山水、人力等资源条件的生态景观，其多位于宅基以上、山腰以下，除了管理便利之外，还有一个重要原因是为了完整保存山上的风水林、竹林，从而从林中获得滋润作物的水源；层叠的梯田呈现出山脉的肌理与纹络，形成宅上有田、田上有林，人工与自然完美结合的生态景

观（图4-5）。

图4-5　崇义客家梯田系统景观分布图（遥感影像）
注：图片来源于崇义客家梯田系统GIAHS保护试点申报书。

梯田景观是人类在适应自然和土地过程中创造的生存艺术，对构建和谐的人与地关系具有参考价值。梯田景观作为一种传统农业生产景观，在新时期应在不同的地区选择适合自身和当地状况的发展方式，达到既能够促进经济、保持生态系统完整，又能满足当地人精神需求的目的。

（四）分布于山脉阳坡中部

崇义客家梯田分布集中，零散块状分布较少。崇义客家梯田分布在齐云山东南方向的延伸山脉上，齐云山海拔2 061.3米。受地形抬升影响，以及位于阳坡中部"暖带"的原因，崇义客家梯田遗产范围内，山地气候明显，热量与水资源相对充足，作物受霜冻害和旱灾的机会较少，是山区农作物生长的"安全带"，特别是上堡乡梯田位于齐云山自然保护区内，森林与梯田相互交织，森林具有涵养水源的生态功能价值，维持并促进了梯田的发展；而梯田对水源的需求又反过来促进了水源地森林的保护和发展，呈现出重要的生态功能价值和生物多样性价值。

崇义客家梯田山地农林格局，其中包含森林生态子系统、水域生态子系统、农田生态子系统和人类生态子系统等不同类型子系统，各子系统间以水为主线，通过能量循环系统和物质流动形成了一个具有水平与垂直分布的良好空间结构，一个具有协调性和适应性的复杂生态系统。以山坡上众多的渗水为灌溉源头，加之人工修筑的水渠将雨水与山泉水引入农田。田间灌溉一般采用自流漫灌方式，对梯田水资源进行合理的调配。但灌溉比水位高的田地时，一般采用水车提水。上堡村莲塘湾、小车河头、玉庄村的河畔都装有水车，玉庄村至今仍有以物为名的村落——车子。

三、物种丰富，保障生态文明

（一）维护生物多样性

生物多样性是人类赖以生存和发展的物质基础。生物多样性是指生命有机体及其赖以生存的生态复合体的多样性和变异性，主要包括遗传多样性、物种多样性、生态系统多样性和景观多样性。农田生态系统作为人类干扰最为严重的生态系统类型，其生物多样性主要表现为作物、动物、植物和微生物的多样性。在过去的几十年里，世界范围内的生物多样性丧失严重，农业活动是造成生物多样性丧失的一个重要驱动因素。

梯田生态系统作为一个特殊的农田生态系统，多样的作物种植能够提供实物性的直接价值，梯田生态系统中的景观多样性能够带来清新的空气和美的享受。正是由于这些生物多样性价值，梯田生态系统能够给当地政府和人们带来旅游产业收入和生态服务价值的经济补偿。除此以外，梯田生物多样性的保护有利于各种植物、微生物和昆虫的可持续利用。农民可以利用生物多样性来抑制害虫和杂草，提高作物产量。对于那些野生的生物资源，除去控制农药的使用外，还可以充分利用作物种植所形成的景观布局，为它们提供生长、繁育、避难和越冬的必要条件，从而更大程度上实现梯田生态系统的生物多样性功能。

崇义客家梯田系统自元朝开垦种植以来，客家人把梯田构建成立体分布的大型生态园，不仅防止了山区的水土流失，而且孕育出丰富的生物资源，使其成为珍稀动植物的良好生境。根据调查，崇义客家梯田系统内栖息着动植物种类达4 588种，其中国家级保护动植物有70种、濒危动植物有44种（图4-6、图4-7）。从物种配置来看，梯田最主要的生产功能是种植水稻。勤劳的客家人经过800多年的农耕实践，根据不同海拔地带的土壤气候，培育出94个水稻品种，其中至今还在种植的品种有13种，极大地丰富了水稻基因资源。其他野生动植物也有上百种。

图4-6 部分重点保护动物

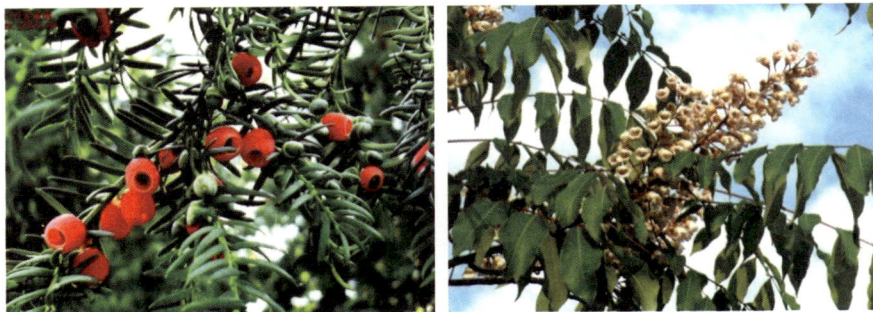

图4-7 部分重点保护植物

　　每一块梯田里面都有数不清的生物种类，每一块梯田就是一个小型生态园。梯田除了种植水稻等农作物外，还生长着浮萍、水芹菜、细叶菜、鸭舌草、鞭苔、空心莲子草等十多种自然水生植物，以及黄鳝、泥鳅、田螺、青蛙、水蛇等数十种自然水生动物。崇义客家梯田由于其多样的种植模式和景观布局能够提高生态系统的物种多样性和遗传多样性，丰富的生物多样性有利于控制病虫草害的发生，减少农药和除草剂等的施用，对推动当地农业可持续发展具有重要意义。

　　生物多样性的保护，不是绝对的保而不用，而是在保护的基础上，在生物多样性可承受的范围内适度开发利用，以达到持续利用生物资源和保持生物多样性的目的。保护是为了发展，发展是为了更好地保护，加强对梯田系统所处的自然环境和农田生态系统的保护，有利于更好地实现生物多样性的价值。

（二）调节区域小气候

梯田是防治水土流失、涵养水源的一项有效措施。将坡耕地修成梯田不但可以增加土壤含水量，还能减少90%以上的水土流失。

崇义客家梯田的气候调节功能主要体现在调节温度和空气湿度上。梯田山地农业体系充分利用了森林和竹林的水源涵养功能、梯田的水土保持功能。它依托山势，在不同等高线上修筑大大小小的水田，通过在山顶种植树木和竹林来截留、储存天然的降水，形成泉水密布的高山湿地，湿地的水以溪流、山泉的形式流入村庄、梯田，而大面积的水田和河流水汽在蒸发后，在空中形成云雾，又以雨水的形式回灌山地与河谷，形成了一个优良的水利灌溉循环系统，有效减小了洪涝、干旱等灾害对水稻生产的影响。林地、竹林和梯田构成了良好的小气候环境，有利于整个崇义客家梯田系统保持丰富的水源，是崇义客家梯田适应夏秋季节性干旱的重要保障。崇义梯田一年四季都灌满了水，从而梯田中土壤就形成了大量含水性能良好的黄泥土和灰泥土，生长在其中的各种植物及其质地黏重的不透水层，使梯田具备了大量的蓄积水分功能。因此，层层梯田变成了成片的蓄水池，使得干枯的山坡变成了具有蓄水功能的湿地水库。

（三）水源涵养与土壤保持

崇义客家梯田依托山势，通过大大小小的水田、成片的竹林和阔叶林等对天然降水起到了截留和储存作用，充分发挥出水田、树林、竹林和草地的水源涵养作用，有效减小了洪涝、干旱等灾害对农业生产的负面影响。通过测算，水田的水源涵养量达6.52亿立方米，旱地的水源涵养量为0.373亿立方米，园地的水源涵养量为0.337亿立方米，林地的水源涵养量高达66.9亿立方米，草地的水源涵养量为0.652亿立方米。崇义客家梯田水源涵养的总量达到74.8亿立方米，水源涵养作用非常明显。

梯田作为一个重要的农田生态系统，在我国已经有数千年的历史，是广大农民创造的最重要的水土保持措施之一。坡耕地修成水平梯田之后，使田面变得平整，改变了地面坡度和径流系数，缩短了坡长，并且田坎可拦截住梯田间距内产生的径流和冲刷的泥沙，从而避免或减轻了径流的产生。经多年监测，坡改梯在减缓坡度后，减沙效果达24%～95%，平均为70%左右；同时，可减少地表径流42%～47%。梯田不仅具有保持水土的作用，也可使作物产量明显提高。

崇义客家梯田得天独厚的自然条件以及历史悠久的良性农业耕作模式，农作物、树木和竹林种植对地表的覆盖可增加土壤中水分的渗入强度，改变地面坡度和径流系数，缩短坡长，并且田坎可拦截住梯田间距内产生的径流和冲刷的泥沙，从而避免或减轻径流的产生，使坡耕地成为保水、保土、保肥的"三保田"，从而起到良好的土壤保持作用。通过计算，崇义客家梯田区域中水田每年能够保持土壤量达17.3万吨，森林植被每年能够保持土壤量达909万吨。此外，崇义客家梯田区域内的旱地、园地和草地等也具有较好的土壤保持作用，年保持土壤量约为1.12万吨。综合来看，总土壤保持量达到928万吨。

（四）环境净化与气体调节

崇义客家梯田是一个半自然半人工的生态系统，主要包括水田、森林、园地和草地等，具有较好的环境净化功能，主要是净化空气质量。森林和水田生态系统对于改善当地空气质量具有非常重要的作用，具有吸附SO_2、NOx、HF和滞尘等改善空气质量的作用。综合计算来看，崇义客家梯田每年能够吸附SO_2的量约为10 060.16吨，吸附NOx的量约为451.94吨，吸附HF的量约为166.08吨，滞尘量约为115万吨，环境净化作用明显。

气体调节功能包括生态系统调节大气和气候的功能。调节大气主要指调节生态系统中大气成分的功能，主要包括调节CO_2、O_2平衡，臭氧层的保护功能以及大气SO_2的水平等；调节气候主要指调节全球气温、降水和其他区域范围内的气候过程，主要包括温室气体调节、降低夏季气温以及影响云的形成等。水稻通过光合作用将太阳能转换为自身的生物能，在这个转换的过程中可固定大量的CO_2并释放大量的O_2，所以在崇义县客家梯田气体调节价值的评估中，主要以水稻固定CO_2、释放O_2和调节气温为主。水稻田生态系统在夏季炎热时具有降温作用。由于梯田有常年流动水面，水分蒸发的气流在森林上空形成绵绵降雨，终年不绝，从而汇成山间无数水潭和溪流，形成了天然的绿色水库，森林存储的地表径流又被条条水沟拦截后引入梯田，周而复始，因此森林与梯田之间形成良好的循环生态链，这无疑对气候起到重要的调节作用。水稻田生态系统的气体调节功能价值为：固碳、释放氧，调节气温。

崇义客家梯田的气体调节主要体现在竹林、针叶阔叶树林和水稻等的固碳作用和氧气释放作用，这对于降低区域温室气体浓度、缓解全球气候变暖具有重要作用。客家梯田地区有林地45 541.12公顷，水田、旱地、草地和园地共约5 367公顷，每年可生产约22.8万吨的干物质。根据估算，崇义客家梯田林地每年固碳量约为103万吨，可释放氧气75.9万吨；水田、旱地、草地和园地每年固碳量约为 74.4 万吨，可释放氧气 54.9 万吨。综合来看，崇义客家梯田区域内年固碳量达177 万吨，释氧量达 130 万吨，具有非常好的气体调节功能。

四、孜孜传承，奠定文化底蕴

文化传承对于一个国家、一个民族的行为意识和社会制度路径选择具有巨大影响，而文明进步对于人类社会发展具有决定性意义。可以说，社会系统演化是文化与文明两股力量交互作用的结果。中国具有悠久灿烂的农耕文化历史，加上不同地区自然与人文的巨大差异，创造了种类繁多、特色明显、经济价值与生态价值高度统一的重要农业文化遗产。这些都是我国劳动人民凭借独特而多样的自然条件和他们的勤劳与智慧，创造出的农业文化典范，蕴含着"天人合一"的哲学思想，具有极高的历史文化价值与丰富的生态文明内涵。

客家梯田文化传承至今，得益于一代又一代优秀的文化传承人，他们用歌声传承农耕文化，用智慧延续祖先的历史，担负着民族文化的继承和传授。崇义客家梯田文化的传承主要依赖于客家人通过古老传说、民俗文化、革命历史和农谚等传统方式来传承。在长期耕作过程中，客家人逐渐摸索出不同于其他农区的文化习俗、宗教习俗、乡规民约、民居建筑、节日庆典、服饰歌舞、文学艺术，这些无不以梯田为核心，处处渗透出梯田文化的精神，成为客家农耕文明的一道奇观。这些独特的文化艺术形式，如"春牛文化""猎酒文化""茶文化""农耕文化"等（图4-8），均具有浓郁的客家乡村风情和梯田特色。

图 4-8 客家民俗活动
注：图片来源于崇义客家梯田系统 GIAHS 保护试点申报书。

浓郁的客家文化是崇义客家梯田历史文化的传承，是发展旅游的巨大优势。梯田传统耕作方式是珍贵的农耕文化的重要表现形式，随着时代的进步，传统耕作方式已消失殆尽。为了让广大游客深刻体会到"粒粒皆辛苦"的艰辛，让游客随着季节变换参与犁田、耙田、插秧、收割等系列耕作环节。通过对客家梯田的文化传承，使当地人更直观地了解本地区的农业历史，认识到客家梯田在可持续发展理念上的独特贡献，从而增强自己的文化自豪感和自信心。这些来源于长期梯田耕作中积累的生产经验存在于人们的日常生活中，崇义客家梯田整个农耕系统中的技术与经验、知识与制度均以活态的形式传承至今，符合可持续发展理念，符合人与自然和谐共生理念。

崇义客家梯田文化是崇义民族文化中最具代表性的文化类型。特别是在农耕农谚、民情风俗、饮食居住、服饰歌舞、宗教信仰等方面都逐渐形成了不同于其他农区的文化习俗，无不以梯田为核心，处处展现出浓郁的客家乡村风情，渗透着梯田文化的精神。它是前人勤劳和智慧的结晶，是前人留给我们的宝贵财富。

崇义客家梯田文化中，山歌民谣、农耕农谚、宗族思想都是梯田文化内涵的抽象体现，它们构成了客家梯田文化的精髓和核心，对客家人生产、生活起到了指导和精神支撑作用，推动着梯田耕作社会的更替和发展；而饮食建筑、农业工具、灯彩服饰是其文化价值的具体载体，承载着客家人生产、生活的全部，传承和丰富着客家的梯田文化内容，维护着梯田文化系统的稳定和乡村文化体系的生存发展。

当面临工业文明带来的一系列环境问题时，传统的农耕文化中所蕴含的智慧和"人地和谐"的思想都值得我们去探索、去学习，进而反思现代农业与传统农业的关系，从传统农耕文化中汲取生存与发展的智慧。因此，探索和保护传统文化是保护传统农业系统的重要内容之一。

第三节　江西崇义客家梯田系统保护与发展存在的问题

历经千百年的梯田系统，承载着客家人的过去、现在和未来。但是，由于传统农业比较效益低，农民从事耕作的积极性受到影响。另外，在城镇化进程中乡土文化与传统农耕文化也受到了较大冲击，使得当地传统农业系统保护工作亟待加强。在此背景下，遗产地如何保护这一具有重要历史价值、科研价值、生态价值、经济价值的农业文化遗产，带动区域经济社会和自然协同发展，就显得尤为重要。江西崇义客家梯田在保护和发展过程中面临着诸多挑战。

一、现代技术推广造成传统品种濒危

作物品种是农作物增产的内在因素，是最基本的农业生产资源。对于以水稻为主要作物的崇义县来说，水稻品种的优劣影响着农业生产的发展。梯田系统在水稻品种发展方面，中华人民共和国成立初期主要以当地品种为主，然后逐步推广高秆品种，更换品种的面积达80%；1963年引进矮秆品种开始，由于该品种具有耐肥抗倒伏、增产潜力大等特性，该类品种得以大面积种植；1975年开始，崇义县引进杂交水稻品种；到1980年，全县中、晚稻80%以上种植了杂交品种。

与杂交水稻品种相比，传统水稻品种普遍产量低、成本高，且传统种植模式生产集约度不高，缺乏市场化、组织化的运行，尽管可以在某些民俗活动、地方饮食上满足当地居民对传统水稻的需求，但影响范围与力度有限，不具备规模优势，很难与现代化农业展开竞争。同时，由于日常管理相对简单，许多当地农民开始选择种植可高产增收的杂交稻替代传统水稻，也开始大面积种植红薯、花生等经济作物。这就使得传统水稻种植面积明显减少，传统稻谷品种消失严重。除了红米、大禾子等极少数品种外，其他传统高秆、矮秆水稻品种几乎已经无人种植，生物多样性受到严峻挑战。当前由水田改作旱地，由种植传统农作物变为种植经济作物，甚至田地荒芜等现象日趋严重。另外，随着农业现代技术的推广，化肥农药成为农民"省心省力"的选择，这不但破坏了当地环境，还影响传统农技的传承。

二、传统农技与农具逐渐消亡

在农技与农具方面，崇义客家梯田素来十分注重精耕细作，二犁二耙，甚至三犁三耙，还要将田坎上的嫩草铲尽，把田里的杂草捡净作为肥料。近年来，大多数农田都是一犁一耙，有的浸冬田干脆不犁不耙就插秧。近年来已很少铲田坎上的草，也不全田塍，大多用除草剂除草，现代耕作比传统耕作粗疏化。传统梯田耕作中主要依赖人力和畜力，机械化程度低，但目前传统农具有的已经消亡，有的正在消亡，有的还在使用（表4-2）。

表4-2　传统农具的发展现状

农具使用状态	农具种类
已经消亡的农具	脚踏水车、手推的独木轮等
正在消亡的农具	辘轳、桶缸、风车、石臼、谷砻、石磨等
还在使用的农具	犁、耙、阔板锄、条板锄、田刀、竹刀、禾镰等

三、农业比较效益低造成部分耕地撂荒

崇义县耕地面积不大，山多林广，后备耕地资源有限，一旦有限的耕地资源得不到保护，就有可能因粮食问题而引发对生态环境的破坏。随着社会经济发展速度的加快，城镇化和工业化对土地的需求量较大，并且需求的土地主要分布在小型山间盆地，而这些地区正是耕地的集中分布区，故非农占用的压力很大。同时，农业结构调整也必将伴随着耕地由农田向各类园地的转移，应更重视耕地资源的保护和合理利用。

由于农产品无法在产量上形成比较优势，同时其价格相对较低，从事农业生产不如从事非农产业的效益高，作为以种植业为主的乡村，遗产地核心区的3个乡共26个行政村，当地农民人均纯收入1 664元，远低于城镇居民收入；同时农业生产付出的体力劳动量相对更大，导致部分农民从事农业生产的积极性降低。在此情况下，"弃耕务工""弃田经商"成为农民的首选，方便耕作的田地由亲戚朋友代种，一些离家远、耕作不方便的田地只能任其荒弃。此外，个别村还存在年轻人外出，老人与儿童在家留守，从而无法承担本户责任田耕作，导致部分田地撂荒的情况。当前，遗产地核心区撂荒梯田面积达529.23公顷，其中上堡乡保护情况相对较好，尚有64.4公顷的梯田撂荒。

四、传统乡土文化受到冲击

乡土文化起源于农业社会，是中国传统文化的重要组成部分，其本质是农业文化。同质化给乡土文化带来了相应的冲击，一直以来与人们息息相关、具有浓郁地方特色的乡土文化却因承载和适应不了现代社会急剧转型时期的城镇化发展格局而面临消逝。城镇化带来的最大变动还是人的变化。人员流动、身份转换、社区聚落的打散与重聚、重新择业、接受新商业模式、接受城市文化价值和伦理等，最终都关联到人生活方式的剧变和文化习俗的嬗变。在更多人眼里，乡土文化在城镇化发展环境下，就应该是被抛弃和否定的，实质上乡土文化乃城镇化进程系统中的一个子系统，它与城镇化中的政治、经济、教育进程有着不可分割的联系和相互依存的关系。

随着社会经济的发展，传统乡土文化受到现代化的冲击。在现代化的背景下，比较效益相对较低的传统农业生产方式逐渐被现代生产方式替代，包括饮食习惯、风俗信仰、节庆礼仪等农村居民的生活方式也逐渐发生改变。青少年受到现代文化影响超过了传统文化。因为城镇化带来的文化冲击，使各种乡土民间风俗活动被简单地贬斥为陈旧、保守、落后、封建的东西，并被禁止。同时，在农村人口大量向外迁移的过程中，其身上附着的众多乡土文化传统、文化活动、观念等也随之淡化。农业生产力的提高改变了当地农民的生活方式，认同传统文化的老一代人与年轻人之间出现了文化传承的断层，许多文化形式出现后继无人的情况。

五、农业农村发展中的其他问题

除上述面临的挑战外，当地农业农村在发展中还面临着经济总量不足、产业结构单一、交通基础设施落后、现代服务业和文化产业发展缓慢等诸多问题。随着经济社会的发展，围绕现有旅游资源的现代服务业和文化产业是崇义经济的一个主要增长点。但由于受地形等条件的制约，崇义县基础设施依然十分薄弱，且配套服务设施不够健全，配套功能欠完善，吃、住、行、游、购、娱等服务体系发育也不够成熟，无法满足县外、省外游客的需求，致使部分游客进不来或者逗留时间短。

第四节　江西崇义客家梯田系统保护与发展对策

随着对农业文化遗产价值认识的不断提升，当地政府和群众逐渐意识到，对农业文化遗产的发掘与保护是发展农业经济、实现农业振兴的重要途径。一方面，传统的梯田稻作系统从五个方面充分利用自然条件，从而形成良性水土资源利用模式；另一方面，"森林－竹林－茶园－村庄－梯田－水流"山地农业体系有利于农业生态系统稳定性的维持。同时，地处崇山之中的客家梯田相对封闭，依附于梯田的社会体系较为独立和完整。客家人在梯田边出生、成长，他们熟悉梯田耕种管理中的每一个环节，也掌握了景观周边环境的自然节律和社会特征。对梯田的保护也维系着客家乡村社会秩序的和谐，传承着客家传统的农耕文化。

崇义客家梯田蕴含着丰富的生物资源，除珍稀野生动植物外，还有大量可以食用和用作经济来源的资源，如森林中的木材与菌类，竹林中的竹子与竹笋，茶园果园中的茶果，梯田中的稻米和（田埂）大豆，河流中的水产等。传统的农耕技术与方式能够有效地减少农药、化肥的使用，提升农产品的品质，为农产品绿色化、有机化奠定基础。崇义客家梯田除了种植业和食品加工业外，其秀美壮观的梯田景观和良好的生态环境是发展休闲旅游业、餐饮、住宿等相关配套产业的重要基础，这些资源优势的充分挖掘有利于打开周边市场，增强对周边游客的吸引力，综合体现了崇义客家梯田的巨大发展潜力。

崇义客家梯田系统保护工作的主体是当地的农民，农户的行为与意愿是开展农业文化遗产保护传承工作的基础。当前在梯田耕作的农民已逐渐意识到，自己守望的这片土地正是客家先民留给后代的宝贵财富，是客家文化的根源所在。

为应对遗产地发展所面临的问题和挑战，当地政府开展了一系列的工作。

一、制定相关政策

2009年，江西省崇义县委办公室、崇义县人民政府办公室发布了《关于加快推进农村土地承包经营权流转，促进规模经营的实施意见》（崇办发〔2009〕4号），以减少土地撂荒、优化农村土地资源的配置，促进农业增收、农民增收和农村发展；2013年，崇义客家梯田系统申报成功并被列入第二批中国重要农业文化遗产；2018年4月，中国南方山地稻作梯田系统——江西崇义客家梯田系统被FAO正式认定为全球重要农业文化遗产；2018年9月，中共中央、国务院印发了《乡村振兴战略规划（2018—2022年）》[8]，提出"实施农耕文化传承保护工程；完善非物质文化遗产保护制度，实施非物质文化遗产传承发展工程。"2019年7月，江西省农业农村厅发布了《江西省乡村振兴战略规划（2018—2022年）》[9]，该规划提出要加强赣南客家文化等文化生态保护实验区建设。2020年5月，崇义县县委办公室、县政府办公室印发了《加强赣南乡村建筑风貌特色保护与传承的实施方案》的通知，该通知指出要尊重历史、传承文化、保护优先、融合环境[10]。

二、打造梯田品牌

当前，崇义县有绿色食品认证1个、有机食品认证6个，"崇义高山茶"正在申报国家地理标志产品。据统计，当地农业"三品一标"认证的产品产值达4.33亿元，占农业商品产值的57%以上。另外，2012年，上堡梯田被上海大世界基尼斯评为"最大的客家梯田"，2014年被农业部认定为首批"中国美丽田园"，2013年上堡乡水南村入选了农业部"美丽乡村"创建试点乡村；告圣、米酒酿制技艺、黄姜豆腐制作技艺、舞春牛等6个崇义客家民俗文化已成功申报为江西省省级非物质文化遗产保护项目。

三、发展多功能农业

引导和鼓励返乡农民工从事农田产业，流转承包地100亩以上，按照农业龙头企业相关政策，给予一定的授信额度，解决其季节性、临时性资金不足的问题；返乡农民工创办企业，从事二三产业，按照有关政策规定给予优惠；合理布局、因地制宜，充分发挥能人、大户、科技带头人和合作经济组织的示范作用；鼓励发展茶叶、大棚蔬菜、葡萄等经济效益好、市场前景广阔的特色农业产业，如2011年引入"千亩生态大米"项目，在上堡乡等乡镇种植生态大米；进一步加大梯田生态旅游招商引资的优惠政策，响应国家旅游扶贫试验区建设，加快上堡乡梯田核心景区的开发，2014年已启动上堡梯田景区旅游公路改造。目前，崇义县共有省级休闲农业示范点1个——上堡梯田，赣州市十大"优秀乡村游示范点"1个——龙勾梦园橙乡，具有代表性的休闲农业景点9个，农家乐旅游点53个。

四、开展宣传教育工作

各乡（镇）组织多次开展农业文化遗产保护、农村土地流转有关政策的宣传活动，着重宣传了《关于开展中国重要农业文化遗产发掘工作的通知》《中国重要农业文化遗产管理办法（试行）》《土地承包法》《农村土地承包经营权流转管理办法》等文件；自2010年起每年举办十余期培训班，如举办了有机稻生产技术培训班等，针对生产经营型农民，主要开展全产业链技能教育培训，侧重生产管理与市场营销，重点培训农业知识技能与法规，提高群众种田的积极性与科学性。

第五节　崇义客家梯田乡村生态旅游的SWOT分析

一、崇义客家梯田乡村生态旅游开发的意义

一是使农业文化遗产在合理开发中得到永久保护。崇义客家梯田系统以传承、

发展和创新的形式存在，它保护的是当地居民正在使用并赖以生存的生产和生活方式，同时也保护着这些方式的演化过程[11]。因此，需要在合理开发中更好地保护崇义客家梯田系统中的各个要素；二是转变崇义客家梯田核心区经济增长方式。崇义客家梯田旅游业的良好发展将会带动上下游产业链中相关企业的发展，以及转变当地的经济增长方式。近年来，当地旅游业的发展存在基础差、规模小、水平低等问题，所以依托企业和民间资本优势，大力发展崇义客家梯田乡村生态旅游可以有效带动相关产业的发展。三是推动崇义客家梯田核心区的产业化发展。崇义客家梯田的乡村生态旅游要坚持以在保护中合理开发和传承为宗旨，依据"保护优先、统一规划、科学管理、永续利用"的原则[12]，满足游客的个性化需求。因此，建立健全的产业化服务模式至关重要，逐渐改变单一型农业生产方式，形成有品牌、有特色、有内涵的新型农业产业发展模式。

二、崇义客家梯田乡村生态旅游开发的PEST—SWOT分析

崇义客家梯田地区降水丰富、植被茂密，上堡有着海拔高、落差大、阳光足、污染少的自然条件优势，且土壤有机质含量高，富含有益于人体的微量元素，灌溉水源来自天然山泉。因此，崇义客家梯田所生产的高山有机稻享誉海内外。自2014年以来，崇义客家梯田旅游产业迎来了前所未有的发展契机，同时也面临着严峻的挑战。但是这些优势与机遇、劣势与挑战并非是静止不变的，而是一个动态的过程，在一定条件下可以互换。因此，使用PEST—SWOT分析法，分别对崇义客家梯田系统旅游发展中所依赖的政治（P）、经济（E）、社会（S）、技术（T）等因素进行SWOT分析，进一步了解梯田旅游发展的环境条件，探讨影响其发展的主要因素，从而寻求崇义客家梯田系统发展生态旅游的最佳战略决策，促进旅游业的进一步发展。

（一）崇义客家梯田具有乡村生态旅游开发的优势

1. 政策优势。在2016年国家发展改革委与旅游局联合印发的《全国生态旅游发展规划（2016—2025年）》中指出，我国到2025年将成为"世界生态旅游强国"；2018年5月，在省委、省政府出台的《关于全面推进全域旅游发展的意见》中特别强调，要大力推进农业、林业、水利、气象与旅游的农旅融合[13]；2017年10月，赣州市委、市政府颁布了《赣州市发展全域旅游行动方案（2017—2019年）》，提出建设红色旅游区、生态休闲度假旅游区、客家文化旅游区[14]。在国家、省、市的利好政策下，崇义县充分利用崇义客家梯田独特的旅游资源，大力

发展乡村生态旅游产业，出台了《崇义县支持鼓励全域旅游发展的若干政策意见（试行）》[15]等文件，以实现对崇义客家梯田的有效保护和合理开发。

2. 经济优势。崇义县始终坚持以"产业生态化"为发展理念，以乡村生态旅游带动发展康养和食品两大产业集群。在结合国家、省、市、县关于发展生态旅游和乡村旅游政策后，崇义客家梯田抓住自身发展乡村生态旅游的优势，开发了"高山梯田"牌有机大米和有机粥米以及"富硒茶叶"等多个品牌，这些优质农产品以其绿色有机的高品质畅销海内外。同时，将独具特色的黄元米粿、笋干、苦菜干等客家美食与旅游业发展相结合，符合人们"寻味乡村"的口味和当下绿色消费理念。通过提供独具客家风情的旅游服务和售卖原生态的乡村旅游商品，促进消费增长，让当地政府、企业和农民都得到实惠。截至2018年，崇义客家梯田景区内的民宿、摄影基地和农家乐已发展到60余家，使进入乡村生态旅游产业链的当地居民人均年增收5 000余元。

3. 社会优势。崇义县拥有丰富的旅游资源，包括国家4A级风景区阳岭国家森林公园、华仙峰庵、亿年冰川遗迹、"上堡整训"旧址和水南"全国生态文化村"等自然景点。同时，崇义县还有"舞春牛"和"告圣"等省级非物质文化遗产保护项目。景色宜人的自然风光和历史悠久的文化底蕴，形成了崇义客家梯田独具区域性的客家"梯田文化"[16]。此外，崇义县位于湘、粤、赣三省交界处。随着我国赣粤高速、京珠高速和105、106国道的先后贯通，拉近了崇义与赣州、南昌以及珠三角的距离。近年来，县域内交通的可通达性也有了较大提高，崇义客家梯田到县城已贯通高等级的旅游公路。

4. 技术优势。崇义客家先人为躲避战乱而被迫迁徙至齐云山区，他们在如此严峻的自然环境下，最先考虑的是如何生存发展。基于此，他们通过合理的聚落选址、原始的农耕方式、合理的水资源利用和对森林的精心爱护，创造了崇义客家梯田系统极具特色的农耕文明，其"稻鱼鸭"综合种养模式是有机农业的代表，它内部丰富的生物多样性可解决现在农业技术难以实现的一些问题。崇义客家梯田种植的有机大米一年一季，且产量不高，当地居民为满足其生存发展需要，因地因时制宜，发展了作物套作等复杂精密的一体化农耕技术，使其成为中国乃至世界同类型农业系统的借鉴经验。

（二）崇义客家梯田在乡村生态旅游开发中的劣势

1. 政策劣势。为了推动崇义客家梯田地区经济和旅游业的快速发展，中央和地方出台了多个文件，但遗产地在实施过程中缺乏具体的执行措施。由于当前遗产地的旅游开发依靠多个部门管理，这样的管理模式导致效率低下，很难做到将

独特的旅游资源整合与利用。同时，虽然县级层面出台了一些保护办法，但在进行旅游开发的过程中，景区内的一些居民为了谋求更高的经济效益，没有注意当地生态环境的保护和农耕技术的传承，导致政策与实际的契合度大大降低，这就使国家和地方出台的相关利好政策难以发挥其潜在优势。

2. 经济劣势。崇义客家梯田核心区所在的上堡乡曾为省定贫困乡，贫困人口较多且致贫原因多样，该地经济发展落后且生活压力较大。加之当地世代以农业为主，工业和服务业起步相对较晚，旅游经济底子薄弱，旅游六大要素发展较滞后。并且由于当地自身财政比较紧张，从县级层面来看，无法提供充足的经费投入到遗产地保护和旅游开发中。因而崇义客家梯田的旅游开发主要依靠招商引资、国家拨款和世行贷款等外来资本，虽然在一定程度上和一定时期内能够有大量的财力支撑并活跃当地市场，但是所带来的风险也会增加，资金安全性较低。如果过多依赖外来资本，政府在对遗产地生态保护和技术传承上的管理难度将会加大。

3. 社会劣势。首先，遗产地附近分布着相对丰富多样的旅游景观，但由于自然条件差，部分景点离县城较远，导致这些景观没有被很好地开发。同时，由于当地一些居民文化水平较低，对于乡村生态旅游相关知识了解不足，大大降低了其参与服务业发展的兴趣。其次，崇义客家梯田与云南哈尼梯田和广西龙脊梯田同为中国南方梯田代表，但其旅游业发展与其他两者相比仍存在较大差距，如旅游业起步晚、服务质量不高、景点规模较小、品牌意识薄弱、配套设施不足等，导致崇义客家梯田系统在国内外知名度远不及其余两者。

4. 技术劣势。虽然崇义县有着较丰富的旅游景观，但是由于缺乏有效的整合和必要的引导，且存在着旅游线路不循环、通村公路弯多狭窄、停车场配套设施不足等现象，导致县域内旅游景区相对分散，难以产生集聚效益。从文化内涵上看，各景区之间的文化品牌关联度不高，难以形成有效竞争合力和竞争优势。另外，崇义客家梯田旅游专业人才相当缺乏，主要由当地缺乏旅游服务技能的百姓充当导游角色，影响了游客的旅游体验。加之宣传力度不够强，宣传覆盖面较窄，又尚未建立一个优质的宣传平台，最终陷入引客难、留客难和再来难的恶性循环。

（三）崇义客家梯田乡村生态旅游开发的机遇

1. 政策机遇。崇义客家梯田景区所拥有的特征和价值将会更加符合国家对乡村生态旅游发展的要求，同时也将会享受到国家和省、市的更多优惠政策，将会使遗产地旅游业有更明确的发展定位和更清晰的发展前景。此外，中央和地方出台的引才政策和宣传号召，将会吸引更多有能力、有担当、有技术和有才干的专业人才积极投身到崇义客家梯田乡村生态旅游的发展中，有效推动遗产地旅游业可持续健康协调发展。

2. 经济机遇。随着乡村生态旅游投资规模的不断扩大，旅游业的良好发展将大力带动周边其他产业的发展。崇义特殊地理区位将有利于湘、粤、赣三省的生产要素在此汇集和广泛流动，促进当地的经济发展。这样，既能够吸引外来游客观赏梯田景观、体验乡村生活，又能把梯田的特色产品带到全国各地，双向经营、双向受益，让更多国内外游客和投资商走进崇义客家梯田、了解崇义客家梯田、宣传崇义客家梯田，让他们住在梯田、吃在梯田、玩在梯田、购在梯田，更要投资在梯田。

3. 社会机遇。近几年，中国科学院地理科学与资源研究所、江西农业大学等科研院校合作对崇义客家梯田系统进行了农耕技术保护、旅游开发等研究，各个单位利用自身优势促进遗产地的保护和发展。因为高校有着较为丰富的科研资料、独特的学科建设，以及拥有较强学术意识和理论水平的科研人才，所以科研部门通过联合高校大力培养关于农业文化遗产保护的专业人才，建设研究平台，对遗产地进行创新性保护研究。同时，实行乡村人才培育计划，这样既能活态的保护农业文化遗产，又能提高农民收入，从而间接地提高崇义客家梯田的旅游服务水平。

4. 技术机遇。在今天，随着我国科技的不断进步，互联网在乡村生态旅游中得到了较好地应用，为游客提供持续性的营销和全程化的服务。目前，游客在出行前选择目的地时，主要依靠电脑和手机等工具，网络媒体平台的作用远远超过以往传统的传播媒介。崇义客家梯田可以利用网络直播、抖音小视频分享等方式展示风景宜人的梯田风光、经典的旅游路线和特色的农副产品。同时，借助当地的购物网站，让游客通过网络就可以购买到崇义客家梯田的各种有机食品和土特产品。

（四）崇义客家梯田乡村生态旅游开发面临的挑战

1. 政策挑战。上堡乡曾为省定贫困乡，在发展乡村生态旅游时享受到了国家和地方的政策优惠，这在一定程度上使遗产地政府部门缺乏自我发展的动力，进一步导致自身"软件"和"硬件"得不到及时更新。另外，崇义客家梯田地区农民生活的现代化和农业生产的传统化在物质、精神以及社会意识上都存在巨大差别。随着崇义客家梯田地区旅游业的发展，当地居民将会选择现代化的生活方式，然而游客想体验的却是乡村自然淳朴的生活和生产方式，农业文化遗产的特性要求当地居民必须保持传统的农耕技术，这三者之间的矛盾将是其发展的一大挑战。

2. 经济挑战。乡村生态旅游是当地经济、社会、文化等多个现象的综合反映，旅游业的兴旺发达与当地经济的健康发展息息相关。所以，行业内的无序竞争、旅游产品雷同、特色产品核心竞争力弱、缺乏创新意识和创新机制、市场运作体制机制不完善等都会阻碍崇义客家梯田旅游业的健康发展。随着游客对景区交通、基础设施和公共服务的要求越来越高，当地在旅游设施建设方面投入的人力、财力和物力也会加大，但由于当地政府自身的财政吃紧，如果这方面的资金增加可能会造成其他行业的资金投入减少，因此无力在旅游业方面增加更多的资金投入。

3. 社会挑战。随着我国城乡一体化的推进和乡村生态旅游业的快速发展，崇义客家梯田周边地区也相继开始发展乡村旅游，且由于遗产地旅游发展主要依靠梯田这一"元素"，就会不可避免地与云南哈尼梯田和广西龙脊梯田进行比较，后两者在某些方面拥有比崇义客家梯田还要优越的条件。因此，如何在时代机遇中找准自身定位、打造特色的旅游品牌、加快本土文化优质资源的推广、提高旅游的核心竞争力，是当地政府及企业所必须解决的痛点问题。

4. 技术挑战。由于梯田的水稻种植具有季节性，对于景区的旅游业发展来说，四季可观性较弱，淡旺季划分比较明显，一年当中夏秋季节游客较多，冬春季节游客相对较少。同时，旅游要素中的"娱"和"购"是游客体验过程中的必要环节，但"娱"和"购"却是崇义客家梯田发展乡村生态旅游的一个薄弱环节。此外，由于受到现代化农业的冲击，导致部分居民放弃了传统农耕技术。旅游景点的季节性限制和被抛弃的农耕技术给崇义客家梯田旅游的发展带来了巨大的挑战。

三、崇义客家梯田乡村生态旅游开发的策略研究

（一）在开发中进行保护，在保护中实现传承

随着旅游产业的迅速发展、研究的进一步深入和观念的不断改变，传统农业技术依托的生态环境随着旅游业的快速发展也在不断恶化，需要找到一种平衡有效的方法，让崇义客家梯田系统在活态保护中进行合理开发，在合理开发中得到有效传承。首先，各相关主体要持之以恒地保护崇义客家梯田的生态系统，提高当地居民的综合素质，严禁乱扔生活垃圾、乱排生活污水、乱搭活动场地、乱建经营场所。其次，政府要加快遗产地旅游公共基础设施的建设，为游客提供更加丰富多样的服务产品。最后，还可以设立公益性岗位和生态保护基金，对遗产地独特的农业文化景观进行活态保护，在确保客家梯田原始生态系统的基础上，使

现代化、智能化的技术有机融入梯田的原生态系统。

（二）加强政府主导地位，以规划先行带动投资

一是加强当地政府的领导，不断增强旅游地重点项目在政策、土地和资金方面的扶持力度。完善生态补偿价格机制，做到合理补偿，实现梯田复耕，使世界上最大的"最美客家梯田"得到长久保护和合理利用。同时，保护当地客家传统民居也是实现乡村生态旅游发展的一项重要举措。二是加大外来资金的投入。现阶段，我国农村的金融体系并不完善，乡村生态旅游发展缺少金融市场的配套服务，崇义客家梯田发展乡村生态旅游更是面临着农家自身资金缺乏、政府资金落实不到位的问题，导致旅游产品档次较低。因此，要积极合理引进外资，通过引进各类民营企业，促进产品开发，开拓旅游市场，带动经济发展，打造"传统农耕文化＋扶贫旅游开发＋城市价值兑现"的上堡梯田新模式。

（三）挖掘梯田农耕文化，创新特色旅游产品

崇义客家梯田乡村生态旅游开发要注重对系统内特色农耕文化的发掘，突出乡村乡土特色。乡村生态旅游对旅游地的原始生态环境、特色民俗文化和地域明显特征具有较强的相互依附关系。在开发中坚持以梯田特色农耕文化为核心，不断提升乡村生态旅游独特的梯田文化及其衍生出的美食、民俗文化的内涵，使其具有独特的文化品位和较高的艺术格调。同时，修复太平天国古跑马场；创新开发"梯田康养"旅游模式，打造具有特色客家梯田文化的康养旅游小镇示范点；加快上堡整训旧址的修复工程，努力建成国家红色教育基地。

（四）完善旅游管理体系，提高从业人员素质

当地政府相关部门要积极引导涉旅乡镇和村委会建立行业协会，形成县、乡、村旅游管理服务三级体系，对当地农家乐和民宿等经营机构进行合理的指导和定价，维护游客利益，提升服务水平。同时，通过多形式、多渠道加强对当地从事旅游服务人员的培训，这是发展乡村生态旅游的一个重要环节。当地相关部门要组织从业人员学习相关政策法规、完善旅游知识结构、提高服务操作水平，使他们具备从事相关旅游服务工作的基本知识和技能。通过提供优质的旅游服务和增强游客的旅游体验，树立知名的旅游品牌和良好的旅游形象。

（五）运用网络平台优势，打造全国知名品牌

品牌创新盈利模式将会给旅游地带来巨大的收益和宣传价值，并提高旅游

地知名度。崇义客家梯田的有机稻米、富硒茶叶和毛竹制品等已经有了自己的品牌，但由于名气相对较小，社会影响力不高，因此必须在品牌创新、产品质量、包装规格、市场份额方面加大投入，逐渐打造具有崇义客家梯田乡村生态旅游独特魅力的全国知名品牌。此外，随着我国互联网技术的兴起，具有新创意、新策略的"互联网+旅游"已成为各乡村生态旅游目的地推介发展的创新驱动。基于此，崇义客家梯田可以通过举办客家美食节、梯田春耕节、农民丰收节等丰富多样的品牌旅游文化节来吸引国内外游客，通过网络直播、微博转发、微信公众号推送等新媒体平台进行大力宣传，从而提升崇义客家梯田在国内外的知名度。

第六节 小 结

依据FAO和我国农业农村部提出的全球重要农业文化遗产与中国重要农业文化遗产的管理理念，江西崇义客家梯田系统的总体目标是建设成为生态农业的示范基地、梯田文化景观旅游点、农耕文化的展示窗口、农业文化遗产管理的优秀示范。力争通过规划编制与实施，最终实现崇义客家梯田传统农作物品种的多样性和传统家畜品种的多样性，从而积极地保存现有物种资源，尤其是当地的水稻品种资源；通过环境治理，恢复崇义客家梯田系统的原有生态环境，以及与之相关的农业文化与农业景观；在保护好农业文化遗产的同时，将崇义客家梯田打造成为一个专门输出高山梯田富硒有机大米、高山富硒有机茶等高端、无污染且能满足多种口味需求的优质农业产品供给基地；充分发掘江西崇义客家梯田系统的旅游观光价值，并将其打造成中国农业文化遗产的重要观光地；通过系统培训，进一步增强地方政府管理农业文化遗产的综合能力。通过崇义客家梯田农业文化遗产地的建设，带动整个地方政治、经济与文化的全面发展，为地方带来生态、经济和社会多方面的效益。

一、生态效益方面

通过生态农业技术的推广和大规模生态农业基地的建设，确保重点保护区内农田逐步实现有机化、生态化。在遗产地范围内设立示范区和实验区，引导农民按照传统耕作方式进行栽培和耕种，包括沤肥、整地、育秧、播种、田间管理、病虫害防治、收获等；制定水稻传统耕作技术操作规程，总结并推广水稻传统耕作技术和绿色高效生态循环农业栽培模式。耕地保护措施的实施，可以保护农田生态环境、改善农田水土质量、保证农业初级产品的产量和质量。促进农业生物多样性的保护，包括不同特性水稻品种的培植和对各类动植物的保护，从而实现江西崇义客家梯田系统生态农业的可持续发展，以及梯田景观的维持与可持续利用。

二、经济效益方面

利用全球重要农业文化遗产的品牌效应，借助气候、土壤、生态优势，通过发展以生态农产品种植为核心的多功能农业，保障高质量农产品的供给，提高农产品深加工程度，从而切实提高农民收入。一方面生态农产品品牌得以强化；另一方面可以通过提升农产品质量来提升稻米价格，提升当地农民的生计水平。同时，充分开发梯田系统内部竹林、其他农作物和林下经济以及各种家畜品种，综合开发农村经济。在促进农民增收的基础上，促进农村经济开发，有效应对市场波动，增加了经济系统的稳定性。此外，农业文化遗产的发展还将带动农产品加工业的发展，推动遗产地范围内基础设施建设，促进全县经济的发展。通过农业文化遗产地旅游的发展，发挥梯田系统的多功能性，将其与休闲旅游业有机结合；通过产业结构升级促进地方经济的发展；通过农村休闲旅游、农业文化遗产旅游、观光度假旅游的融合发展，带动地区第三产业发展。

三、社会效益方面

江西崇义客家梯田系统蕴含着丰富的生产经验、传统技术和人与自然和谐发展的思想，其中有许多先进的理念可以为现代农业发展提供借鉴和参考。崇义客家梯田系统的保护与发展，将促进当地民众更好地掌握传统知识和管理经验，并运用这些知识和经验来应对现代发展所面临的挑战，使传统文化的传承与创新相结合，增强崇义现代农业发展的全面性、协调性和可持续性。

未来，崇义客家梯田的知名度将进一步提升，梯田所在地的居民的文化自觉与自信，以及对梯田文化传承的责任意识和整个社区的凝聚力也将进一步增强，从而保障社会的和谐稳定。此外，农业文化遗产的发展将带动地方企业的发展，促进劳动力在三次产业内部再分配。同时，通过农产品加工、生态旅游等项目的开展，促进妇女参与其中，可以有效提高妇女的社会地位和自信心。

[1] 陈桃金，刘维，赖格英，等．江西崇义客家梯田的起源与演变研究 [J]．江西科学，2017，35（2）：213-218，257．

[2] 黄国勤．江西崇义客家梯田系统的特征、价值与保护 [J]．古今农业，2019（4）：81-93．

[3] 农业部国际交流服务中心．中国的全球重要农业文化遗产系统（GIAHS）项目点增至15个 [J]．世界农业，2018（3）：210．

[4] 杭宏秋．皖赣毗邻山区古梯田考略 [J]．农业考古，1992（3）：179-181，194．

[5] 严丹，赖格英，陈桃金，等．GIAHS视角下崇义客家梯田系统景观空间格局特征分析 [J]．江西科学，2018，36（6）：970-978，1003．

[6] 缪建群，王志强，杨文亭，等．崇义客家梯田生态系统服务功能 [J]．应用生态学报，2017，28（5）：1642-1652．

[7] 钟俊昆．农业文化遗产的旅游开发路径 [J]．江西广播电视大学学报，2018（3）：35-40．

[8] 中央农村工作领导小组办公室.乡村振兴战略规划（2018—2022年）[EB/OL]．（2018-09-26）[2022-09-01]．http://www.gov.cn/zhengce/2018-09/26/content_5325534.htm.

[9] 中共江西省委江西省人民政府．江西省乡村振兴战略规划（2018—2022年）[EB/OL]．（2019-07-18）[2022-09-01]．http://nync.jiangxi.gov.cn/art/2019/7/18/art_27789_1597980.html.

[10] 加强赣南乡村建筑风貌特色保护与传承的实施方案 [EB/OL]．（2020-06-02）[2022-09-01]．http://gzjkq.ganzhou.gov.cn/jkqxxgk/c110018/202006/ 4177b9c3c1ed4e9b965a12f1b7c3bc6d.shtml.

[11] 闵庆文．农业文化遗产的动态保护途径 [J]．中国乡镇企业，2013（10）：86-91．

[12] 周华．浅谈客家山歌文化的传承及保护 [J]．南宁职业技术学院学报，2012，17（1）：74-78．

[13] 关于全面推进全域旅游发展的意见 [OL]．（2018-05-04）[2024-02-19]．http://www.jxdpc.gov.cn/rdzt/ydyl/zcwj_8967/jx_8969/201806/t20180611_219262.htm.

[14] 赣州市发展全域旅游行动方案 [OL]．（2017-10-13）[2024-02-19]．http://www.ganzhou.gov.cn/c100024/2017-10/13/content_d38901c36b4f4211a3bf7d4c9b743ed2.shtml.

[15] 崇义县全域旅游引领绿色崛起 [OL]．（2017-10-23）[2024-02-19]．http://www.chongyi.gov.cn/xxgk/ztbd/qmshgg/201710/t20171023_694703.html.

[16] 《崇义年鉴》编纂委员会．崇义年鉴 [M]．北京：方志出版社，2017．

第五章　江西湖口大豆栽培系统[1]

---

[1]　本章执笔人：杨文亭（江西农业大学生态科学研究中心）。

第一节　江西湖口大豆栽培系统概述

湖口县位于江西省北部，隶属江西省九江市，位于东经116°8′—116°25′、北纬29°30′—29°51′。湖口县东邻彭泽县，西与濂溪区、柴桑区、庐山市隔鄱阳湖相望，南接都昌县，北与安徽省安庆市宿松县以长江为界。截至2023年，湖口县下辖5乡7镇，县政府驻双钟镇，辖区总面积达673平方千米，总人口30万人。

湖口县位于赣、鄂、皖三省交界，因地处长江与鄱阳湖交汇口而得名，素有"江湖锁钥、三省通衢"之美誉，是中国戏曲之乡、中国民间艺术之乡、中华诗词之乡、国家卫生县城、国家园林县城、全国渔业健康养殖示范县、江西省旅游强县、江西省旅游发展十佳县，2020年荣获全省"农村人居环境整治工作综合先进县"称号。

一、基本情况

江西湖口县是我国大豆种植的起源地之一。湖口具有悠久的农耕文化历史及丰富的农业文化积淀，早在旧石器时代晚期向新石器时代早期过渡阶段，湖口先民就开始了原始稻作农业，并使用手斧、石耜、石镰、石磨盘、陶臼等原始农业生产工具；遗存中的石犁是犁头的原始祖形，表明在新石器时代中期湖口的原始稻作农业已开始由耜耕向犁耕农业过渡，这种文化形态在鄱阳湖地区尚属首次发现，在长江流域同类遗址中也不多见；遗存中大量的稻谷壳和稻草痕迹，以及陶网坠、石球、石镞等渔猎工具和陶纺轮等纺织工具，表明在新石器时代晚期湖口原始先民的经济形式不仅有渔猎，同时还有同期相对较为先进的较大规模的农业生产技术。

中国是世界上栽培大豆的故乡，但栽培大豆具体起源于中国何地尚无定论。庄炳昌等[1]发现在指纹图谱相似性方面，南方野生大豆和栽培大豆高于北方野生大豆和栽培大豆。许东河等[2]的研究表明，南方野生群体与栽培群体遗传距离最近。张雪梅[3]对野生大豆与栽培大豆遗传关系的研究发现：与6个生态区栽培大豆遗传距离最近的野生大豆居群间的是来自江西南昌和九江、湖南临湘和湘潭的野生大豆居群，并由此推论南方的原始野生大豆，特别是江西和湖南一带的原始野生大豆最有可能是栽培大豆的原始祖先。章梦颖[4]选取135份来源于我国东北、黄淮、长江、中南、西南、华南6个地区的野生大豆和60份栽培大豆地方品种为试验材料，对栽培大豆和野生大豆中DNA序列变异及其在大豆驯化过程中的变化进行研究，其中代表长江地区的13个供试野生大豆样品中，有3个分别来自江西湖口县、江西九江县和江西都昌县（这3个县均隶属于九江市，位于鄱阳湖下游入江水道附近，直线距离不足60千米）。研究还发现，栽培大豆特征性功能基因*Glyma.01G198100*在栽培大豆中的主要来源中心是长江地区，基因*Glyma.08G051600*在栽培大豆中的次要起源地也是长江地区。国家首席大豆专家——中国工程院盖钧镒院士于2018年10月率全国大豆产业专家团队前往湖口县流芳乡，参加"豆-油"模式夏大豆南农99-6高产试验示范现场观摩会、国家大豆产业技术体系南昌综合试验站"豆-油"模式流芳座谈会等活动，明确表示湖口是我国大豆栽培的起源地之一。

我国栽培大豆的起源地虽无定论，但大量的科学研究表明，湖口野生大豆最有可能是栽培大豆的原始祖先，并可推论出湖口是我国大豆栽培的起源地之一。保有我国大豆种质资源遗传基因的原真性是江西湖口大豆栽培系统的价值及意义。

湖口县是我国豆文化的遗产高地。湖口大豆栽培具有1 600年的悠久历史，在长期的栽培过程中，湖口先民积累了丰富的大豆种植知识和技术，形成了一套独特的知识体系和技术体系，具有旱地种植的土地利用方式、充分利用自然资源及多样的套种、间作等复合生态农业种植模式、生态化利用的传统产品加工制作技艺等突出特征。此外，湖口还有广泛分布的原始野生大豆，且拥有优质的大豆种质资源和丰富的大豆品种。近十几年来，国内众多学者包括院士的科学研究都指向湖口是我国大豆栽培的起源地之一[5]。

因此，江西湖口大豆栽培系统遗产要素多元、层次多样，具有农业文化遗产的完整性及原真性，是我国豆文化的高地。2023年9月，湖口大豆栽培系统获批了农业农村部第七批中国重要农业文化遗产[6]。

二、核心保护要素

1. 大豆品种

（1）湖口"六月爆"［*Hukou-liuyuebao Glycine max*（Linn.）Merr.］。湖口"六月爆"是江西湖口大豆栽培系统核心农业物种的核心保护要素，有黑豆和黄豆之分（图5-1和图5-2）。

（2）湖口"八月爆"［*Hukou-bayuebao Glycine max*（Linn.）Merr.］（图5-3）。

（3）野生物种——湖口野生黑豆［*Glycine soja* Sieb. and Zucc.］（图5-4）。

图 5-1　湖口"六月爆"黑豆

（湖口县农业局　提供）

图 5-2　湖口"六月爆"黄豆

（湖口县农业局　提供）

图 5-3　湖口"八月爆"

（湖口县农业局　提供）

图5-4　湖口野生黑豆

（湖口县农业局　提供）

2. 大豆种植的传统知识。湖口位于鄱阳湖平原，当地人民在长期的劳作之中总结了大豆种植的传统知识。

（1）地块选择与整治。大豆种植地选择。基本条件是排水通畅，不渍水，土壤肥力中等以上，不重茬。湖口大豆种植地靠近鄱阳湖，昼夜温差大，有利于大豆蛋白质的积累，培育种植高品质大豆。

湖口靠近鄱阳湖，地下水位较高，利用浅耕，下接地阴，湿润耕作层土壤，可为作物种子的发芽生长提供必需的水分。整治土块既可以破坏土壤板结层，熟化土层，使土壤保持良好的透水、保水性能及优良的通气吸热保温能力，又可以为根系发达的大豆突破表土层，向深处、甚至心土层吸取营养，为调剂养分创造条件，增强保墒抗旱能力。

（2）播种。选种育种。筛选大豆品种，应该从选地、施肥、灌溉等多方面考虑。为了保证豆种播种前的质量，要求豆种在播种前20天取出，晾晒干燥后再种植。

播种时间选择。大豆是属于播种期和成熟期都较早的作物。湖口县属于长江流域春夏大豆种植区域，春播大豆3月上旬至4月上旬播种，夏播大豆5月下旬至6月上旬播种，夏播大豆由于生长季节较短，适期早播很重要。另外，播种期也可根据品种生育期类型、地块的地势等加以适当调整。晚熟品种可早播，中、早熟品种可适当后播。春旱，地温高、地势高的地方，可早些播种，土壤墒情好的地块可晚些播种，平岗地可以早些播种。

播种期抢晴早播，日平均温度稳定在12℃以上时即可播种，湖口地区在3月中旬至下旬播种。大豆种植适时早播。第一，春大豆适时早播，有利于第二造、第三造作物按时抢上季节，不违农时。第二，春大豆适当早播，可以相对早收，

能避开第二代豆荚螟为害高峰期。第三，春大豆早播可以相对早收，避免与水稻"双抢"在季节上产生矛盾。夏大豆可适当早播也可相对早收，对避免或减轻秋旱危害有利。第四，适当早播的春大豆，前期气温较低，植株生长稳健、矮壮节密、花荚多、产量高。夏大豆适当早播可适当延长营养生长期；植株生长繁茂，"骨架"长得壮、花荚多，产量自然较高。

播种量。在大豆播种量上，采取因时因地制宜的方法。根据土壤肥力水平、品种特性和种子发芽率确定种植密度和播种量，高肥力地块，植株高大、分支多、籽粒大的品种，种植密度2万～3万株/亩，播种量6千克/亩；低肥力地块，植株矮小、分支少、籽粒小的品种，种植密度3万～5万株/亩，播种量7.5千克/亩。

播种方式。条播：人工播种，行距30～40厘米，播种要均匀、深度一致、盖土要细致。清沟播种后，清通畦沟、腰沟、围沟等，并与田块连通。点播：由于既省牛力又便于耘锄，在南方山陵较多之处，使用频繁。

（3）田间管理。湖口大豆的田间管理措施不仅历史久远，而且经验丰富。

查苗：补缺出苗后及时查苗，缺苗断垄的要雨后带土移密补稀。严重缺苗的应浸种2～3小时后再补种。

间苗、定苗：第一片真叶平展后进行间苗，拔除病苗、弱苗后，按种植密度定苗。

中耕、培土与追肥：植株封行前，进行1次中耕与培土，培土高度应超过子叶节。大豆虽在幼苗时期，本身就有肥美的养料，能增进土壤肥力，但仍需适当施肥。

清沟排渍：及时清理畦沟、腰沟与围沟淤泥，排水防渍。

除虫：虫害，是随着农业生产而出现的。面对数量庞大的大豆虫害，湖口人民有自己独到的防虫害技术，利用间作、轮作等方式避害。

除草：对农作物进行中耕除草，既可以疏松土壤，减少水分散失，又可以给作物培土壅根，促进作物扎根生长，阻止杂草争田地。

整枝：主动摘除作物主枝头，阻止作物徒长，降低株高，调整株型，增加产量。南方雨水充沛，适宜直立矮生的有限结荚大豆生长。大豆整枝不但能控制豆苗生长过快、抑制枝叶过于繁茂、防止豆苗倒伏，而且能使豆苗之间疏密适度，合理分配阳光、水、肥等养分，使大豆产量得以提高。

灌溉：大豆在种植中需水量较多，但大豆的不同生育期对水分的需求量是不同的，谚语有"大豆干花湿荚，亩收石八"之说。大豆种子萌发时，要求土壤有较多的水分，满足种子吸水膨胀萌芽的需求。但是在少雨季节或干旱季节，灌溉便是唯一选择。一是在播种时灌溉，二是在大豆生长期内适时灌溉。大豆在初花期到鼓粒初期长达近两个月的时间内，植株生长最快、需水量较大，要求土壤保持足够的湿润。

（4）轮作、间作与套种。湖口县在长期的演化与发展过程中，根据自然环境和大豆自身特点发展了多种种植模式，农户采用冬油菜与夏大豆进行轮作，实现用地与养地相结合，不仅有利于均衡利用土壤养分和防治病、虫、草害，还能有效改善土壤的理化性状、调节土壤肥力，最终达到增产增收的目的。针对旱地间套多熟种植习惯，湖口人采用小麦、红薯、油料作物、经果幼林与大豆进行带状立体复合种植，在油茶树间隙种植大豆，并与其他农作物进行套种，大幅度提高大豆的综合生产能力，促进农业可持续发展。

小麦套种大豆。一般比麦后播种提早15～20天，既延长了大豆营养生长期，充分利用了温、光、水资源，也缓和了收麦种豆的"三夏"期间的劳力、畜力之间的矛盾，播种回旋余地大。同时，还能利用麦黄水或麦田的良好墒性，足墒播种，保证全苗，躲过麦收后6月初干旱的不利影响。选择适宜的套种品种，小麦套种大豆主要是为了提早播种，延长大豆生育时间。适期套种时间是否适宜是小麦套种大豆成败的关键。套种过早，小麦对大豆影响时间长，大豆易形成高脚瘦弱苗；套种过晚则失去套种的意义。套种时期的掌握应根据小麦长势而定，一般在麦收前7～15天。足墒套种，确保全苗大豆籽粒大又富含蛋白质和脂肪，发芽出苗需水量较多；若墒不足，则出苗不齐。因此，当套种田的最大持水量不足70%时，要浇水造墒，先浇后种。为确保全苗，可在田边地头育部分苗，以备缺苗时、收麦后补栽之用。掌握适宜套种方法，密度套种方法有按穴点种和条播，按穴点种较好。下籽集中易出苗，节省种子，密度易掌握，对小麦伤害小。

收麦后，及早管理麦垄套种大豆。由于受小麦遮盖，根系被小麦根系封锁，加上土壤板结，大豆幼苗生长瘦弱，因此收麦后要及早管理，早灭茬、中耕，及时查苗补苗，早施提苗肥，干旱时浇保苗水，促苗早发快长，为丰产打好基础。

红薯与大豆间套作。红薯套种大豆是在红薯不少收的情况下，在垄沟内种植大豆。红薯地套种大豆2.6米一带，4行红薯间种1行大豆。红薯起埂栽，埂宽1.3米，高25厘米，一埂双行。红薯窄行50厘米，株距30厘米，每亩种植3 500株。红薯栽齐后，隔2垄（4行红薯）在垄沟内种1行大豆。大豆穴距30～50厘米，每穴3、4粒，亩留苗2 500株左右。

经果幼林与大豆复合种植。根据果树种植的行距合理安排大豆种植行窝距，可沟播或穴播，与果树苗四周距离保持60～80厘米，以防相互影响。大豆出苗整齐后，及时进行匀苗、间苗、定苗。在播种后40～50天进行中耕1次。

油茶幼林套种大豆。在集约高产油茶幼林套种大豆的栽培模式中，为了能够

取得比较理想的种植效果，首要任务就是选择优良的大豆品种，从而为油茶套种大豆提供保障，保证油茶幼林套种大豆模式得到理想的效益，使油茶与大豆的产量均得到有效提升。栽培之前需要合理进行各个方面的准备工作。主要就是合理整地，清除林地中遗留的害虫及杂草，并且要施用适量的基肥，从而保证油茶种植与大豆栽培有理想的环境，为油茶及大豆生长提供更好的条件与基础。油茶林套种大豆的种植时间一般可选择在1～5年生油茶幼林内套种大豆，大豆种植应离油茶植株1米，以免大豆生长过旺而影响油茶的生长。对于种植密度也需要加强重视，密度不可过大、也不能过小，保持适当的行距及株距，使油茶林和大豆均能够得到充足的通风及日照。在管理方面，主要包括水分管理、肥料管理和病虫害防治。

总之，大豆种植通过充分合理利用土地、讲时抓早、勤耘粪溉等措施，争取丰收，是融会贯通天时历法、土壤水文、动植物知识、岁时风俗等后而形成的系统农业经验知识。

3. 大豆相关产品

（1）湖口豆参。2019年，流芳豆参制作技艺已被列入第七批九江市非物质文化遗产代表性项目名录[7]。"流芳豆参"制作有近600年的历史，据《刘氏族谱》记载，明朝末年"市内商铺百家，商品齐备""豆参工匠技艺相传，名师百人"。每逢岁末年初，流芳村垒灶架锅，火旺油香，炸制出数万斤豆参，供应本县，且畅销九江等地。

流芳豆参是以当地盛产的黄豆为原料，通过浸泡、磨浆、冲浆、滤浆、煮浆、点卤、压榨、切坯、油榨而成。流芳豆参长约三寸*，色泽金黄，体形溜圆，清香可口，味鲜独特，富含人体所必需的13种氨基酸，品相好、口感佳，可烹制各种美食佳肴，是老幼咸宜、优质健康的食中珍品。

（2）湖口豆豉。2016年，湖口豆豉制作技艺已被列入第三批江西省非物质文化遗产代表性项目名录[7]。同年，"石钟山"品牌被商务部授予中华老字号称号。2018年7月，国家知识产权局认定"湖口豆豉"为国家地理标志保护产品（2018年第277号）。

湖口豆豉是以优质纯黑豆为原料，采用传统工艺制作而成。它起源于明朝万历年间，以其独特的传统手工技艺和"味美香幽、香而不腻，肉松皮酥，入口即化，久煮不烂，久储不霉"之独特风味闻名于世，屡获市、省、国家级多项殊荣。

"中华一绝——湖口豆豉"的制作，保持着古老传统食品的风格和乡土气息，

---

* 寸为非法定计量单位，1寸≈0.03米。——编者注

体现了民族饮食文化的内涵，展示了九江地方饮食文化的特色，保留了历史传承的手工技艺。"湖口豆豉"的制作所蕴含的传统科学技术和中华特色食俗文化是手工制作技艺的结晶，是现代化生产工具无法代替的文化遗产。

（3）湖口豆酒。秋收冬藏，豆酒流芳。湖口流芳酿酒已有500多年的历史，其传统技艺活态传承至今，豆酒是在传统的酿酒技艺中将绿豆按比例掺入到高粱、糯米中，酿出的"流芳豆酒"清醇爽口不上头，清澈透明，散发着淡淡的豆香。"喝酒要喝纯粮的，要喝就喝流芳豆酒。流芳豆酒，好喝不上头！"是当地人流传的一句顺口溜。

（4）湖口豆豉糟鱼。湖口豆豉酒糟鱼是江西省九江市湖口县的传统名吃。据史学家考证，传统豆豉糟鱼起源于原始社会晚期的鄱阳湖与长江交汇地区，故称"湖口豆豉糟鱼"。

湖口豆豉糟鱼自明朝万历年间就作为湖口地方贡品被送选朝廷，其选用亚洲第一大无污染的淡水湖鄱阳湖所产的活鲜青鱼、草鱼、鲤鱼，以及上乘糯米、小磨麻油为原料，再加湖口特色产品——湖口豆豉，辅以十多种天然香料，经科学腌制、糟制、煮蒸、真空包装、高温杀菌精制而成，是天然绿色食品。湖口豆豉糟鱼富含蛋白质、钙、铁等营养成分，曾获得中国星火计划国际研讨会金奖，并被全国新产品推荐委员会评为"国家特产精品"。

（5）湖口豆粑。豆粑是湖口粑的俗称之一，它的原材料由天然的绿豆、红豆、豌豆、黄豆、蚕豆等多种豆类掺和着大米、荞麦等制成。从古至今，制作豆粑都是湖口农村冬季一件很隆重的事。新鲜豆粑既可烩可炒，也可冷却后晒干留存，待下次食用时，可直接用开水煮熟而食，鲜香软糯。

（6）湖口霉豆腐渣粑。湖口霉豆渣粑也称霉豆渣，是湖口的传统名吃。它是以豆腐渣为原料，在一定工艺条件下发酵而制成的一种副食品，其发酵菌是稻草上的毛霉菌。霉豆渣中游离氨基酸含量高，味道鲜美，是营养丰富的风味豆制品。食用时将霉豆渣切成1厘米见方的小块，置热油锅中煎炒，适当蒸发水分。然后，按食用习惯加入佐料，配上食盐或辣椒等，炒后即可食用。

第二节　江西湖口大豆栽培系统的历史渊源

一、历史渊源

中国是大豆的故乡。据出土文物考证，在3 000多年前我国就已有大豆种

植，古代典籍《诗经》《左传》《史记》等著作都有关于"稷、黍、稻、麦、菽"和"中原有菽、庶民采之"以及"周子有兄而不慧，不能辨麦菽"的记载，此中"菽"字即大豆。

湖口种豆、产豆的历史最早可以追溯到东晋时期，距今已有1 600多年的历史。位于湖口舜德乡造湖东的长安寺始建于东晋年间，该寺僧人食素，遂种植大豆于寺庙周围，代代相传，生生不息，至今在长安寺遗址处仍多见野生大豆生长。清康熙年间，《湖口县志》记载："谷之属有六，曰：稻、粱、菽、麦、粟、黍。"可见那时大豆已成为湖口县的主要粮食作物。

二、发展历程

（一）东晋时期

东晋时期，湖口地区已有大豆种植。时慧远高僧舍俗出家，卜居庐山。公元384年，慧远高僧知命之年，创莲花寺于湖口五柳乡（今湖口县武山镇王朝常村旁），以为云游驻锡处。其弘扬净土法门，缁素高人，云集川赴。陶渊明出任彭泽县令时，与慧远往来怡然，探讨佛理，悟彻真谛。陶渊明，东晋义熙元年（405年）为彭泽令，时县治柳师德昭村（今属湖口均桥镇）附近小凤山下。其酷爱美食，尤情钟于豆，其平日种豆食豆，增添情趣；以豆赋诗，流露情感，亦多有名篇名句传世，如《归园田居·其三》："种豆南山下，草盛豆苗稀。晨兴理荒秽，带月荷锄归。道狭草木长，夕露沾我衣，衣沾不足惜，但使愿无违。"潜心研习民间种豆制豆技法，循典籍制食黑豆豉之记载，遂将"幽菽""豆嗜"正名为"豆豉"。

（二）唐宋时期

大唐名相狄仁杰亦有于湖口植豆的经历。天授二年（691年），狄仁杰任地官侍郎，同属阁鸾台平章事，为来俊臣构陷，贬彭泽（今湖口）令，为官五年，其心系民生，居庙堂之上，以民为忧，奏请朝廷减免租税；将囚犯免除死罪，留下"纵内墩"遗址。其向来崇尚清淡素食，时县邑多处种豆，民间多有豆腐作坊。其"三餐豆点"，早炒、中炖、晚煎，清廉一生。

（三）明清时期

由于独特的地理位置，明清时期的湖口大豆与战争相关。明朝皇帝朱元璋亦与湖口大豆有不解之缘。朱元璋元至正二十一年（1361年）、至正二十三年（1363年）两次率舟师莅湖口，指挥20万大军与陈友谅六十万大军大战鄱阳湖，朱元璋完胜，是役堪称中世纪规模最大水战，是以少胜多的著名战役，一举奠定大明王朝的宏伟基业。朱元璋年幼以讨饭为生，念念不忘凤阳白菜豆腐汤，更知豆贮、食之性，战前广为筹集，为随军补给；战后休整，泊屏峰河，寺前庵除淫赋，往若时湾，题"福星高照"匾于祠堂；至流芳市，品尝豆类美食。坐拥江山后，朱元璋尝尽宫中珍馐百味，然每天早饭，"只用蔬菜，外加一道豆腐"，勤政廉洁，彪炳千秋。

清朝晚期的彭玉麟是著名的军事家，咸丰七年（1857年）10月，海口战役打响，彭玉麟率湘军大败太平军精锐之师，终夺石钟山。其驻守湖口石钟山多年，巡阅江海，亦常驻石钟山。其铁血寒梅，"无补时艰深愧我，一腔心事托梅花"；六辞高官，"不通权贵，而坦易直亮，无倾轧倨傲之心"；廉洁奉公，"未尝营一瓦之覆，一亩之殖以庇妻子"；疾恶如仇，"彭公一出，江湖肃然"。其崇俭之极，多食安庆油炸豆腐、翡翠豆芽（多由湖口大豆烹饪制作），亦爱湖口豆豉。

（四）民国时期

民国时期，湖口豆豉逐渐发展成为品牌。民国二十年（1931年），瑞州（今高安市）有一个卢姓名茂生的小皮匠，制做木屐（古时一种套在布鞋外面的雨鞋）谋生，因家乡遭受洪涝，生意清淡，外出谋生，几经辗转，来湖口定居，靠修鞋补靴勉强度日。一日茂生在集市发现黑豆有售，顿生用黑豆制作豆豉之意，遂买来一筐黑豆，仿照当地农家制作豆豉之法，细心挑拣、漂洗、蒸煮，后盖草、上衣、洗霉、发酵、翻晒、装盆，生产出乌黑油亮、味美香幽的豆豉。其上街叫卖，被抢购一空，从此，茂生豆豉声名鹊起、生意渐兴。

1936年，茂生在湖口县城东门口繁华地段置店面两间，店后的房屋改造成豆豉作坊，取店名"卢茂生号"。店里生产的"五香卫生豆豉"精品，包装讲究，用马粪纸卷成筒，外贴印有"石钟山"标志的红蜡光纸和"卢茂生号精制"字样。店铺面积100平方米，作坊面积500平方米，员工学徒共数十人。茂生注重管理，立下"不准嫖、赌，不准斗殴，不准窃拿，不准偷懒""晨起打扫不马虎，上工时间不偷懒，下班时间勤捡点，夜间熄灯不出门"的店规；立下了"诚信咸享，仁爱利贞"的店训；提出"为人讲良心，待人有佛心，做事有潜心，出门要小心"的格言。"天道酬勤，德正业兴"，卢茂生号生意风生水起，产销越加兴旺发达。

1938年，日军侵占湖口，"卢茂生号"店铺被炸毁，卢茂生携家眷逃离湖口，后患病去世。1945年9月，其弟卢泰生传承其兄卢茂生豆豉的生产技艺，再回湖口，创办豆豉作坊，店名为"卢泰生号"。

（五）中华人民共和国成立后

中华人民共和国成立后，"石钟山"牌豆豉制作工艺，通过晏大巴、王永元、杨学奎等工匠的传承，产品质量与品位不断提升，销路越来越广，成为供不应求的产品。而今九江石钟山豆制品有限公司在"中华老字号"石钟山品牌的掌门人和湖口豆豉第五代传承人周江林先生的带领下，秉承石钟山品牌湖口豆豉传统制作技艺，弘扬其"非遗"文化二十年如一日，默默坚守、孜孜不倦，苦干实干、拼搏奉献，打造石钟山品牌的亮丽名片，开启"传承、弘扬、提升、发展"这一特色文化品牌的新篇章。

2002年，湖口豆豉正式注册了"石钟山"牌商标；2004年，石钟山牌豆豉被列为九江申报"中国魅力城市"名特产第一品牌；2005年、2006年，石钟山牌豆豉先后荣获中国名优产品和中国驰名品牌称号；2010年，石钟山牌注册商标被商务部认定为"中华老字号"，同年又被省人民政府列入江西省"非遗"保护名录，并入选为上海世博会参展的江西名产，且获第六届江西名优农产品（上海）展示展销会最畅销产品金奖；同年企业按照"公司+农户+合作社"的产业化发展模式，创建原料（黑豆）种植基地，被认定为九江市农业产业化龙头企业；2011年，石钟山牌豆豉获九江地方农产品"十佳产品"；2012年，企业被中国绿色食品博览会评为"最佳参展企业"；2013年，石钟山牌豆豉被中国"中华老字号"精品博览会授予"最受消费者喜爱产品奖"，石钟山牌湖口豆豉被省工商局、省著名商标认定委员会评为江西省著名商标；2014年，石钟山牌豆豉荣获全省著名商标九江市前十强。公司办理了对外贸易登记，领取了《中华人民共和国海关进出口货物发货人报关注册登记书》，获得了自主出口权。2018年，石钟山牌豆豉被国家知识产权局审定为地理标志保护产品。

第三节　江西湖口大豆栽培系统的农耕文化与习俗

中国大豆种植历史悠久，大豆在秦代以前被称为"菽"，西汉以后称为大豆。目前，我国至少在11处考古遗址中发现了栽培大豆遗存，时间大致从龙山时代（距今4 000～4 600年）至周代（前1046年—前249年），且商周时期出土炭化大豆遗存的遗址和大豆数量逐渐增多，这说明大豆栽培在商周以前已经相当普遍。

湖口大豆栽培具有1 600年的悠久历史，在长期的栽培过程中，湖口先民积累了丰富的大豆种植知识和技术，形成了一套独特的知识体系和技术体系，并形成了区域特色的豆文化。

一、大豆加工文化

湖口利用传统制作工艺，使当地滨湖地带的大豆化身成为人们口中的多重味道，湖口不仅赋予了大豆新的生命，更让大豆承载了多样的文化特色。

（一）湖口豆豉

1. 古代：与佛结缘。据《湖口县志》记载，湖口豆豉源于明朝万历年间。相传有一丐娘，携儿带女沿鄱阳湖口的湖滨村落乞讨，当地农民常以熟黑豆相济，丐娘儿女久食生厌，便瞒娘倒入篓中，并采路旁黄荆柴枝叶遮盖。若干天后，篓内溢出醇香气味，尝其已经发霉的黑豆，味道鲜甜酥香，口感甚佳。渐渐家喻户晓，将其作为烹饪调料。

2. 近代：形成品牌。1936年，卢茂生在县城石钟山下繁华地段买下两间店面，改造成豆豉作坊，取名为"卢茂生号"。作坊开业后，卢家人攻学豆豉制作技艺，精工巧作，其豆豉产销渐旺。后又把上品命名为"五香卫生豆豉"，用黄板纸卷成筒，外贴印"石钟山"标记，并用"卢茂生号精制"字样的红蜡光纸做包装。从此，精制"石钟山"豆豉在港口码头及各商号供不应求，"石钟山"品牌初具雏形。抗战全面爆发后，1938年6月，日军炸毁了卢茂生号豆豉作坊。卢茂生只得携家眷逃离了湖口。日本投降后，郁郁寡欢的卢茂生带着无限的遗憾告别了人世。抗战胜利后，卢茂生的弟弟卢泰生带着哥哥的期望回到久别的湖口，招募了以晏大巴为首的十几名工人，把豆豉作坊重新开了起来。卢泰生不仅继承了哥哥卢茂生的事业，也继承了哥哥的人脉和品行，生意很快兴旺起来。他成为"石钟山"豆豉制作的第二代传人，并以自己的名字作字号，即"卢泰生号"。此后，卢泰生又将核心技术传授给了徒弟晏大巴，晏大巴成为第三代传承人。卢泰生另一位徒弟叫王永元，由于勤奋好学和悟性极高，成了继晏大巴之后当之无愧的豆豉制作第一师，成为名副其实的第四代传人。1954年公私合营后，湖口县原有的卢泰生号、卢正兴号、卢永生号都一起并入了湖口县食品厂豆豉车间，以王永元为首的技师将豆豉制作工艺传授给生产一线的工人。石钟山豆豉也成为供不应求的九江地区名优特产品。

3. 现代：远销各地。自晚清以来，虽战乱不断，百业凋敝，而湖口豆豉的生产却一直未停滞。开始时是一家"卢泰生号"，后来发展到六家生产作坊，年产豆

豉一千余石（古代计量单位，清代时1石≈28千克）。如今，当地政府十分重视开发生产湖口豆豉，商业部门还专门设立了豆豉生产厂，组织青工学习老师傅的技艺，使豆豉产量、质量得到大大提高。不仅供应江西本省，而且远销湖北、湖南等十多个省份。湖口豆豉已成为名扬大江南北的土特名产。

（二）湖口流芳豆参

湖口流芳大豆种植历史悠久，流芳港东西两岸土地因受鄱阳湖支流水系冲积而成，土壤肥沃，其地形又是天然的一块"暖盆"，而且这里山清水秀，气候非常适宜大豆生长。因豆参对大豆的需求，大豆种植面积有千余亩。据《周氏族谱》记载，当地"农者稻、豆劳作，油菜、芝麻兼作之"。

每逢岁末年初，湖口县流芳乡方圆数里的地方，村村垒灶架锅，火旺油香，炸制出数万斤豆参，供应本县，且畅销九江等地。流芳豆参长约三寸，色泽金黄，体形溜圆，清香可口，味鲜独特，富含人体所必需的13种氨基酸，品相好、口感佳，可烹制各种美食佳肴，具有"生韧熟软，口感稠劲，味道鲜香"的独特风味。由于豆参保留了大豆中的蛋白质、脂肪、无机盐和多种维生素，且熟食绵软，是老幼咸宜、优质健康的食中珍品。豆参可以单独成菜，口味独特；也可以与鸡、肉、鱼等一同煮，饱吸高汤浓汁，一口咬下，汤汁四溢，豆参绵软如絮，鲜香满口，令人不愿辍筷。

二、大豆美食文化

使用不同的技艺可以将大豆制作成多种产品。湖口人民将豆及豆制品与湖口的特产相结合，制作成餐桌上的多种美食，如豆豉烧肉、辣味凤尾鱼、豆参烧鲇鱼等菜肴，现已成为湖口传统风味名菜，名动大江南北，堪称江南名产。

（一）湖口豆豉爆肉

选用大蒜若干，洋葱、韭菜、五花肉，姜片适量，尖椒切片、拍平，调料。锅热后，不放油，放入尖椒，爆干，加盐，即虎皮青椒；锅内放油，热后加入大蒜、姜片、花椒，炒香。加入事先吸干水分的水豆豉，颜色变深后，加入豆瓣酱。将五花肉洗净切块（片），盖上锅盖，爆干，听到锅内油爆的声音渐小后，加入糖和几滴醋，老抽上色、生抽调味，再加入洋葱和韭菜，断生后，加入尖椒，焖烧片刻后即可食用。满满一盘豆豉爆肉，夹着蒜苗的清香，其味香而不腻，肉松皮酥、入口即化，久煮不烂、久储不霉，常温下留置多日也不会变质变味。如今湖口豆豉爆肉已成为名扬大江南北的特色菜肴，颇受中外客人的青睐。

（二）辣味凤尾鱼

凤尾鱼是湖口的特产之一，每年深秋，凤尾鱼群由长江洄游至鄱阳湖口入江处产卵，从而形成鱼汛。凤尾鱼体型较小，体长且侧扁，向后渐细，颇像一把刀，湖口俗称"毛花鱼"，属名贵的经济鱼类，因其尾部分叉形状像凤凰的尾巴，故称凤尾鱼。用湖口豆豉和凤尾鱼一起制作的辣味凤尾鱼既开胃又养生。

（三）豆参烧鲇鱼

准备鲇鱼头、鱼尾各一个，豆参若干，姜适量、切丝，调料（生抽和盐）。锅内添油烧热，下部分姜丝稍煸一下后；放入鱼头、鱼尾，略煎，将剩余的姜丝放入锅内，添水。大火烧开，将豆参对半切开放入，急火熬煮几分钟，看汤色有些转白，转中火，加入盐和几滴生抽，煮10～15分钟关火即成，喝时可撒小葱花、白胡椒粉。鱼汤最好一次加足水，中间不要再加水以免影响汤的浓度及口感；煎一下鱼，是让鱼汤熬出奶白色的关键，不过微煎1～2分钟即可，翻面后就可以加入姜和水。熬汤要有耐心，熬得时间不够，火候掌握不好汤色也不会是雪白的。

（四）豆参三杯鸡

三杯鸡是中国江西省传统风味名菜，属于赣菜客家美食，因其烹饪时使用一杯米酒、一杯酱油和一杯猪油而得名，米酒清香去腥解腻，猪油在增香的同时增加了食材的光泽，酱油提鲜增色。豆参三杯鸡以鸡肉、豆参为主料，搭配米酒、青椒、红椒等辅料，通过炸鸡肉、炒糖色后进行煮焖，最后浇汁就制作完成了。

（五）银鱼豆腐羹

银鱼豆腐羹是一道以银鱼、嫩豆腐为主料的汤品。洗好的银鱼加白胡椒和少许盐，腌制5分钟左右，去腥味；将腌好的银鱼用开水焯一下，去掉鱼身上的黏液，只需过一下水就可以了，银鱼是非常容易熟的，不需要煮很长时间；把嫩豆腐切成丁，越小越好。准备锅，加少许油将豆腐稍微炒一下，再加入开水，将胡萝卜丁、木耳碎放进锅内随豆腐一起煮3分钟左右，加盐、鸡精、白胡椒，之后放入银鱼，煮大概1～2分钟就可以了。为了使汤菜不分离，在出锅前可用淀粉勾芡。

三、民风民俗

大豆的文化风俗，是各地区的劳动人民在长期的生产中形成的文化习惯，既是民生民情的指南针，反映了大众的文化诉求，也是大豆历史文化的"活化石"。以大豆为主题的节日的出现，也表现出了人们对大豆的热爱。

在大豆风俗浓郁、大豆文化资源丰富的一些地区，也适时地建起了大豆博物馆、大豆文化村、大豆文化城等。湖口县将流芳乡打造为豆香小镇，全方位地向游人展示了湖口大豆及其相关制品的历史文化和未来价值。历史传说与当前风俗相结合，以及对大豆文化风俗的集中挖掘和展示是实现大豆文化和大豆经济联动发展的有益尝试。

同时，湖口也开展了多种文化活动，举办豆文化美食节。热情好客的湖口人民在流芳豆香小镇举办豆宴，喜迎八方来客，共同欣赏乡土文艺节目，品尝各色豆制品美食；并且开展摄影大赛，用镜头展现豆产品，传播豆文化。

广袤的神州大地，拥有丰富多彩的物产，科技发明多如繁星，这些共同构成了华夏文明的历史长河。大豆正是这璀璨星河中的一颗明星，数千年来照耀着神州沃土。在漫长的历史岁月中，大豆被华夏先民不断驯化、栽培、改良、创新和利用，已融入先民的生活之中，与中国的历史与文化息息相关。在不同时期，大豆又通过陆地上和海上丝绸之路，被多次引种传播至世界各地。大豆对中国乃至世界农业的发展、文明的不断进步，都起到了十分重要的作用。大豆的文化价值也应被继续挖掘，让古老的大豆在新时代闪烁耀眼的光芒。湖口县充分发掘大豆的价值，加工制作出具备自身特色的湖口豆豉、流芳豆参、流芳豆酒等产品，这些产品的风味不仅成为了湖口人民的家乡味道，更吸引了海内外的食客，让大豆文化的内涵更为丰富、更加璀璨。

第四节　江西湖口大豆产业概况

湖口县充分利用优势资源，加快现代特色农业发展步伐，推动脱贫攻坚成果同乡村振兴有效衔接。湖口县流芳乡以豆产业为主导，提出"一粒豆，一个产业，致富一方百姓"的发展思路，建设集大豆科研试验、品种繁育、种植、加工、销售、文化旅游于一体的流芳豆文化产业园，走"生态化种植、标准化加工、品牌化营销、豆文化传播"的"四位一体"新路，形成"龙头企业引领带动、科技创新动力推动、党委政府组织促动、创业大众参与联动"的"四轮驱动"格局，以豆文化产业园为平台，引进各类企业，开发特色豆类产品，逐步形成"1+N"的抱团发展模式。实行豆产业一二三产业融合发展，着力建设豆产业"一业三园百场"（豆文化产业园、现代农业示范园、水生态湿地公园和百个家庭农场），走上奋"豆"之路。

一、生态化种植

1. 品种繁育。湖口县贯彻落实国家大豆产业战略，以流芳乡为引领，稳定大豆种植面积，提高大豆单产水平，共调动村集体和种植大户种植大豆8 000余亩。流芳乡位于鄱阳湖支流皂湖腹地，是湖口县的"暖盆"，昼夜温差大，种植地块近湖边，土地有机质含量高，水肥、气热条件好，土壤富含硒元素，适宜大豆生产。独特的地理条件造就了优质的流芳大豆品质，其蛋白质、糖等成分含量均高于同类大豆。2021年进行的国家大豆产业体系品种测产，流芳乡种植的华春6号亩产达263.2千克，创造了南方红壤丘陵旱地春大豆种植亩产新纪录。华春6号是华南农业大学选育的高蛋白品种，2009年通过国家审定、2014年通过江西审定，其蛋白质含量45.80%、粗脂肪含量19.20%。测产按照《国家大豆产业技术体系大豆高产创建验收办法（试行）》的要求，认为在湖口县种植的华春6号具有株型紧凑、高产稳产、耐密抗倒等特点，对促进江西及华南地区大豆生产发展具有十分重要的意义。

2. 规模化种植。流芳乡大豆种植面积5 000余亩，核心试验基地面积约1 000亩，基地开展大豆品种试验种植100余种，进行大豆品种繁育500余亩。通过大豆品种对比试验，筛选出优质、高产、高效、抗性好、适应性强的大豆品种在全县乃至全省推广。大豆种质资源保护品种有440个，旨在对江西省各地大豆品种进行资源保护，为今后大豆品种选育提供材料。

二、标准化加工

1. 豆制品加工产业形成"豆立方"发展模式。湖口县流芳乡以豆产业为主导，提出"一粒豆，一个产业，致富一方百姓"的发展思路，鼓励各村开发和销售豆制品，推进豆制品加工产业的发展。流芳乡积极探索"豆类产业、跨村联动、村企联营"发展模式，进一步壮大村集体经济，增加群众收入。目前，流芳乡已形成流芳豆酒、沙港豆参、联合豆皮、青年豆花、红山豆酱等多产业齐头并进的格

局。"流芳豆谷"与南昌大学食品工业系合作，制定"流芳豆参"行业标准。进一步加快"三品一标"创建，申报"流芳豆参"国家地理标志商标，注册"品味流芳"集体商标。豆参、豆豉、豆腐花、豆芽等，每个单品都成就了一家企业，流芳豆花、流芳豆卷、流芳豆酒等多种特色产品广销市场，好评如潮。流芳乡已逐渐形成完整的"豆立方"发展模式，开启乡村振兴的"N次方"。

2021年流芳乡6个行政村的集体经济收入均在20万元以上，流芳乡的财税收入从2016年的7 931万元增至2021年的1.08亿元；农村居民可支配收入从2016年的1.3万余元增至2021年的2.03万元。

豆工坊。农业农村部办公厅公布的《全国农村创业园区（基地）目录(2021)》中，湖口县流芳豆工坊光荣登榜。流芳豆工坊占地面积约7亩，林木环抱，东邻产业园、西面街道、北边豆酱坊、南边豆酒坊。豆酱坊为该乡六村联合体，生产间、罐装间、包装间、冷藏库等依次排开，以黄豆、银鱼、鱼干、豆参、火腿、生姜、大蒜、小米辣等为食材，天然无添加，小火慢熬，纯手工制成豆酱、银鱼酱、鱼干酱等，每产一批鲜酱，均留样待检。豆酒坊酿制豆酒，主要以糯米、高粱、绿豆为原料，酒分高度、中度、低度三种，随市场需求而定。酿酒作为村集体经济发展产业，成效显著，已带动大户种植糯谷100亩、绿豆50亩、高粱40亩，为低收入家庭安排就业岗位9个，将酿酒的尾料提供给养殖户用于养鱼、养鸡、养牛羊。2021年，村集体经济收入仅酿酒一项已入账40多万元。

沙港豆参。沙港村为流芳乡的"北大门"，交通便利、生态良好，大豆产量高、品质优，所加工的豆参绵软可口、老幼皆宜。2021年，沙港村种植大豆600亩，年产量9 000千克，生产豆参4 000千克左右，村集体经济收入增收15万元左右。

2. 龙头企业引领豆产业形成"1+N"抱团发展模式。2019年，湖口县出台《推进村级集体经济发展壮大的实施意见》，流芳乡抢抓机遇，整合各方资金6 000余万元，建设集大豆科研试验、品种繁育、种植、加工、销售、文化旅游于一体的农创综合体——流芳豆文化产业园，占地42亩。2020年10月，2.6万平方米的综合楼和厂房完成建设并投入使用，按照"一园三区十景"布局，规划建设试验种植区、生产加工区、旅游商贸区，成功引进落户鑫农康食品、江西芳洲、流芳豆业、江西创谷、美翻科技、江西芳源、美泉莹、杭州火石、"豆天蛾"等16个项目，鑫农康芽苗菜、豆乃康豆皮、豆参加工等项目已经建成投产。产业园提供就业岗位200余个。

2021年11月，豆参加工项目和豆渣培育菌菇项目落户流芳豆文化产业园，项目分别投资5 000万元和3 000万元。流芳豆参生产加工项目入驻园区标准化厂房，占地2 000余平方米，实现年产值2 500万元，年利润1 000万元，年税收200万元。豆渣培育菌菇种植项目由江西鄱湖农夫生态农业发展有限公司投资，占地面积约6亩，将流芳乡豆文化产业园豆制品生产加工企业产生的豆渣与菌菇培育种植创新结合，提高菌菇的口感和产量，该项目使流芳乡成为湖口县最大的菌菇培育种植基地。

三、品牌化销售

流芳乡以豆香小镇、豆文化产业园IP运营为契机，以乡村振兴平台为切入点，重点打造"豆文化"核心品牌。着力打造招引百家豆类规模企业、开发百种特色豆制单品、培育百家电商经营主体、输出百家流芳豆品专营店、引进百名豆类科技人才、打造百家特色豆品工坊、发展百家豆主题民宿、培育百家特色家庭农场、达成年百万人次游客流量、实现豆产业百亿元产值的"十百工程"，最终实现百花齐放、百家争鸣的发展态势。

（一）线下实体销售模式

豆制产品的销售主要是以单位、企业以及上门销售为主，辅以美食节等特色文化销售渠道。

（二）线上电商销售模式

湖口县出台《关于大力推进大众创业 万众创新的实施意见》，为支持电商企业发展、助力乡村振兴，对新认定的省级电子商务示范基地和示范企业，分别给予一次性10万元和5万元奖励，对年销售收入突破1 000万元、2 000万元、3 000万元的电商企业分别给予1万元、2万元、3万元的奖励。对电子商务孵化器、电商企业给予资金支持，激励老百姓积极投身、电商直播、电商创业。2021上半年，湖口县完成网络零售额1.37亿元，同比增长28.73%；电商企业总数达到211家，累计培训168人次。流芳乡通过发展直播带货的新消费模式，使加工后的农产品附加值提高10倍以上；直播每天2场，每场2小时，主要销售湖口本地的笋干、土鸡蛋、干黄花以及流芳乡自产的豆参、豆豉、豆腐花、凤凰卷等。电商基地利用数字技术实现线上线下融合发展的新商业模式，每月可实现销售收入100多万元，其中本地产品占销售总额的80%以上，有效拓展了全市特色农产品的线上销售渠道，提升地域品牌转化率，促进电商企业集聚发展，推动企业数字化转型升级。

（三）融合"乡村旅游＋销售模式"

举办豆文化美食节。在乡村振兴的大背景下，乡村旅游已经成为城乡居民日常和节假日的常态消费方式，农旅融合是乡村发展的大势所趋。近年来，湖口县立足于自身特色产业基础，积极整合优势资源，提出产业振兴的发展战略。2021年10月，江西省"百县百日"文旅消费季"中国·流芳豆香小镇特色旅游暨首届豆文化美食节"活动在湖口县流芳乡豆文化产业园广场举办，美食节活动对豆制品起到了很好的宣传作用，为期三天的活动吸引游客超7万人次，豆制品销售额超200万元，销售3万余杯豆浆，线上销售订单爆增。豆文化美食节活动，让群众在家门口体验到集吃喝游购娱于一体的服务，极大地推动了商贸旅游消费升级。

创建国家级豆香小镇[8]。流芳乡以豆文协成立为契机，以豆为媒、以文会友，整合政府资源、集聚社会资源、引领市场资源，推进创新链、产业链、资金链、人才链深度融合，为相关豆产业销售提供全过程、全要素、全方位服务。以资本运作为手段，开展投资业务及其他业务，围绕流芳豆文化产业园发展，融合豆文化内涵于豆产品，对豆产品项目进行包装孵化。以"流芳豆谷"国家级星创天地、院士试验站、乡村振兴学院、创业孵化基地、电商中心等为载体，延伸豆产业销售链条，打造集科研种植、产品加工、观光体验、网红直播、亲子研学、旅游购物等功能于一体的产销链，建立豆产业销售生态圈，增加产业集群效益。流芳豆乡小镇通过一二三产业联动开发产业、民俗与人居环境改造，打造集豆农业科技与文化展示、主题展览与购物、特色演艺、"非遗"特色产业小镇民俗、豆产品生态康养体验、豆产品加工体验于一体的农文旅产业小镇。精心打造小镇客厅、小镇未来社区、豆乡之街、豆乡学院、全豆宴席5个子项目，全方位展示豆文化，扩大豆制品销售渠道，延伸豆产品销售链，全面推动大豆产业销售。

（四）产业融合发展

近年来，流芳乡大力发展豆产业，坚持科学规划、创新引领，成功创建流芳豆文化产业园，以二产加工带动一产种植、三产研学旅游。在大力发展豆制品精深加工的同时，加快发展农村电商等现代农业服务业，促进农业"接二连三"融合发展，发挥龙头企业引领作用，实现产业高质量发展。流芳乡承办各类教育培训、研学旅游考察等活动200多批次，有10万余人参加，成为生态美农、产业强农、旅游旺农的乡村文旅综合体和产业特色鲜明的创新创业文旅示范基地。2022年，流芳乡服务业增加值达到82亿元，增长6.5%；文旅产业强力发展，2022全年接待游客730万人次，旅游总收入突破80亿元；商贸产业持续发展，网络零售额持续增长，2022全年完成网络零售额4.05亿元，保持30%的增幅。湖口县以"旅游+"为融合路径，结合流芳乡及周边乡镇的旅游资源，联结自然和人文资源，挖掘山地种豆、水塘养莲的农耕文化，传承豆参、豆豉等豆制品加工技艺，发展乡村农耕体验游、文体休闲和民宿经济新业态，打造4条"沿路是景、移步换景"的乡村旅游风景线，为实现产业深度融合打下基础。

湖口县与南京农业大学、华南农业大学、南昌大学、江西省农业科学院、九江学院等院校加强合作，与中国工程院院士盖钧镒合作建立院士试验站，开展大豆高产高效病虫害绿色防控；建设有机大豆试验基地，并获得大豆有机转换认证，入选全省大豆产业发展试点县，纳入国家大豆产业技术体系。流芳乡推进大豆资源利用关键技术创新与产业化，有效提升豆制产品的技术含金量，使大豆种植技术成熟化、标准化。"九江大豆试验站"落户湖口流芳乡，为高产、高蛋白、耐阴大豆新品种及其配套的间套作技术提供支持，积极引导农民种植方式转型，积极推行"棉改豆"油-豆轮作和水旱轮作等种植模式。通过新品种的引种鉴定、专用品种的筛选鉴定，流芳大豆生产得到提质增效，为流芳豆参、湖口豆豉、流芳腐竹等传统豆制品加工提供了优质的大豆原材料。湖口县依托乡村振兴学院、创业孵化基地等平台，举办高素质农民培训班，通过"理论+实践""外训+拓展"双促进的模式，采取参与式、互动式、分段式、重实践的培训方法，组织学员到特色种植养殖基地进行观摩学习，目前累计开设各类培训班48期，共培训1 467人，通过产、学、研相结合，实现科技资源的有效整合，大力促进豆产业发展。

四、生产组织方式

（一）"土地开发+豆产业"流转经营形成新兴助农模式

流芳乡积极整合优势资源，土地开发新增耕地主要采取"豆工坊企业+大豆专业合作社+种植大户"的流转经营模式，豆酱、豆酒工坊、豆民宿已成功入驻流芳乡，用产业带动本地农户增收，带动种豆大户致富，积极助力乡村振兴。2022年，流芳乡实施7个土地开发项目约1 100亩，其中水田约300亩，涉及流芳村、沙港村、青年村、红山村4个村。农民或种植大户在旱地上每种1亩大豆，每亩产出纯收入可达1 000元左右，乡政府对种大豆的农民进行奖补150元/亩，县财政旱地耕种奖补每年400元/亩，以"大豆+油菜"耕作模式种植，可得到县农业部门150元的补贴，每亩纯收入增收1 700元左右。

（二）"四轮驱动"联合政、银、企三方构造立体发展格局

流芳乡实施"龙头企业引领带动，科技创新动力推动，党委政府组织促动，创业大众参与联动"的"四轮驱动"产业发展模式，着力建设豆产业"一业三园百场"（豆文化产业园、现代农业示范园、水生态湿地公园和百个家庭农场）。2021年，湖口县流芳豆文化产业园成为金融支持乡村振兴示范区，是乡村振兴的样板。通过政、银、企共同的努力，切实让园区不断增产、增效。政府充分利用乡村振兴的相关政策，加大招商力度，引入豆产品深加工、附加值高的企业，不断完善园区豆文化产业链，加强信用环境建设，确保信贷资金的良性循环；金融系统根据园区企业的需求，不断扩大融资规模，改善融资结构，支持园区不断发展壮大；人民银行充分利用支农再贷款、支小再贷款等货币政策工具，对地方法人金融机构进行窗口指导，解决融资难、融资贵等问题；地方法人金融机构在支持园区企业发展的同时，适当让惠、让利于企业。

（三）"幸福豆田"建立脱贫户与豆产业的利益联结机制

近年来，流芳乡精准扶贫，让脱贫户参与到豆产业的发展中。"幸福豆田"搭建脱贫户勤劳致富平台，通过产业资金支持，建立起脱贫户与豆产业发展的利益联结机制，增进脱贫户的内生动力，使其通过劳动增收。"幸福豆田"发动认领的对象是驻村工作队、社会爱心人士和爱心企业，认领价格为1 200元/亩，产出的有机大豆归认领方所有。通过组织认领方参与体验式劳动，拉近社会各界与脱贫户的距离，这种"生态定制+脱贫户"的模式有效巩固了当地脱贫攻坚成果。

"幸福豆田"基地由该乡豆产业发展专业合作社牵头，经过高标准农田改造后的100亩农田被划分为一块块地块，用于种植优质夏大豆。100亩"幸福豆田"短时间内被26户有种植意向的脱贫户抢种。

第五节　江西湖口大豆栽培系统的保护与发展对策

农业文化遗产是中华文化的重要组成部分，农业文化遗产的保护工作对于中华文化的传承振兴具有重要意义。同时，我国也是一个农业大国，农业文化遗产是我国的重要财富，保护农业文化遗产、挖掘传统农业价值、促进现代生态农业的发展，对于我国农村生态文明建设和美丽乡村建设，无疑具有十分重要的意义。因此，保护农业文化遗产应该在我国文化遗产保护工作中占有一席之地。

树立基本的保护意识是农业文化遗产得以有序保护的基本前提，保护意识程度的高低在一定程度上与农业文化遗产保护工作的顺利开展有着直接联系。湖口现有各种大豆文化历史遗迹遗存，相当一部分位于村镇，而群众往往缺乏对传统文化的保护意识。随着我国经济的快速发展和城镇化建设的推进，一些大豆文化历史遗存正在逐渐消失，因此必须增强群众对农业文化遗产的保护意识，做好农业文化遗产系统的保护工作。

一、保护农业文化遗产

（一）发挥政府主导作用，增强公众的农业文化遗产系统保护意识

湖口大豆农业文化遗产是湖口县的宝贵财富，政府部门应充分发挥在农业文化遗产保护工作中的主导作用，明确政府部门在农业文化遗产保护中的职责，不断完善和强化农业文化遗产保护的管理机制，确定分管领导和片区责任人，为遗产保护工作有序开展提供制度保障。

在农业文化遗产保护工作中，应通过多种渠道和形式进行宣传，提高公众对农业文化遗产的认知度和重视程度。可以利用媒体、网络、展览等多种方式，展示农业文化遗产的价值和魅力，增强公众的认同感和保护意识，积极引导群众参与到农业文化遗产的保护工作中来。

（二）坚定传统文化自信

传统并不意味着落后，遗产不代表只能锁在箱底。随着国力提升，那些曾经被视为阻碍现代化步伐的文化传统，应该被重新审视、予以重视。在书本上、课堂中、生活里，用全新的叙事方式，重新描写、刻画凝聚了民族智慧与生存哲学的农业文化遗产。实践证明，农业文化遗产与文字、建筑一样，是民族繁衍、文明存续的关键，通过这些多样化的农业生产方式，我们可以感知全国各地的风土人情和地域文化。

我们要保护好湖口古老传统的大豆品种，传承好传统的豆制品制作技艺，收集并研究湖口的野生大豆生长情况。越是古老传统的东西，在现代日新月异的社会越显得弥足珍贵。

（三）与现代农业相结合

农业文化遗产蕴含的农耕智慧是推动农业现代化的重要参考。现代农业发展不仅是生产工具和生产过程的现代化，更是生产理念的现代化。从过去追求吃得

饱，追求产量，到如今强调吃得好，讲究生态、健康、特色，而各地因地制宜传承下来的农业文化遗产实际上就代表了农业生产的地方特色。大力提高大豆农产品品牌附加值，深入挖掘、打造湖口地域特色，从而形成品牌价值，在保护中提高农产品收益和农民收入。

（四）坚守生态文明底线

农业文化遗产践行的人与自然和谐共生理念为农业绿色发展带来启示。过去数十年，以化肥、农药为主要生产投入品的农业生产，造成了环境污染、土壤肥力下降、地下水资源骤减等问题，这也是以工业化思维发展农业的弊端，而农业文化遗产将生态系统保护、资源持续利用贯穿于生产过程中，是综合利用、循环利用、绿色利用的生态循环农业，是"绿水青山就是金山银山"的典范。

在保护生态环境的前提下，加大农业文化遗产系统保护与旅游开发的融合。湖口县山明水秀、风光旖旎，拥有丰富的旅游资源，将农业文化遗产与当地旅游资源相融合，规划好合适的旅游线路，继而大力宣传。发展"文旅+产业"，老百姓日子越过越好，就会真真切切地体会到保护农业文化遗产所带来的好处。

二、发展湖口的大豆产业

湖口县地处江西省北部，长江中下游南岸，为江西省九江市下辖县，山地面积占辖区面积的22.01%、水域面积占20.8%、耕地面积占25.1%，山丘起伏，港汊纵横，为显著的丘陵地貌。湖口县属于北亚热带湿润性气候区，常年平均气温17.4℃，雨量充沛。由于本地土壤肥沃、气候适宜，较为适合大豆生长，其大豆种植已有近千年的历史。湖口大豆以其色泽黄亮、颗粒饱满、香气浓郁、豆粒均匀为特色，以其豆味鲜香、蛋白含量高而享誉省内外，成为当地农民重要的经济来源之一。此外，由湖口大豆衍生而来的附加产品种类繁多，如湖口豆豉、流芳豆参、豆腐、豆油、豆花、豆卷等。

（一）发展机遇

我国是全球第一大大豆生产国和消费国，同时也是全球最大的大豆进口国之一，因此湖口大豆也面临着前所未有的机遇与挑战。

1. 政策支持。近年来，国家大力支持粮食生产和粮食流通，2019年出台了《大豆振兴计划实施方案》[9]，指出要完善玉米大豆生产者补贴政策，完善耕地轮作试点补助政策，加快大豆高标准农田建设。2025年中央一号文件提出，要"多措并举巩固大豆扩种成果""完善玉米大豆生产者补贴、稻谷补贴政策""推动扩大稻谷、小麦、玉米、大豆完全成本保险和种植收入保险投保面积"。

2. 科技支撑。早在2000年就成立了国家大豆改良中心，近年来，实施的国家科技重大专项和重点研发计划等重大项目都有涉及大豆的课题，并取得了一系列重要科研成果。随着我国实施的种业振兴战略，越来越多的科研机构、院校在大豆上投入了大量精力，推进了技术研发和成果转化，着力解决了产业发展中的技术难题。

3. 市场需求。近年来，大豆深加工产业的发展壮大为当地大豆产业发展提供了广阔的市场空间。随着人民生活水平的提高和健康意识的增强，高质量、低成本、绿色大豆日益受到消费者的青睐。在城乡居民消费结构升级的过程中，大豆需求量逐年增加，尤其对营养价值高、口感好、绿色环保的优质大豆需求不断增加。在绿色食品认证的过程中，有机大豆逐步成为消费者青睐的高端农产品。

（二）主要问题及挑战

近几年，随着农业供给侧结构性改革和农村产业结构调整的不断深入，湖口大豆产业在县委、县政府的正确领导下取得了长足发展，农民收入得到了有效保障。但是由于受自然条件和技术因素的制约，湖口大豆在生产过程中仍面临着一些情况和问题。

1. 本地大豆品种匮乏。首先，虽然湖口大豆种植历史悠久，但尚未发掘适宜本地种植的品种，农户种植的多为自留种或省内外引进品种，导致大豆产量波动。其次，湖口大豆缺乏专用型大豆，目前豆豉、豆参等产品加工所用的豆种多为外地购买或者本地收购，无专用型大豆。因此，挖掘本地适宜的大豆品种以及专用型大豆极其重要，保证大豆产品质量是提高大豆产业价值的根本。

2. 栽培技术需进一步提高。首先，农户在种植大豆时仍采用传统的耕作方式，这导致大豆的产量和品质较低。其次，湖口县主要推广"油菜－大豆"轮作种植技术，而在间作和套作等方面尚未得到广泛开发利用。最后，湖口县丘陵较多，可利用的优良土地面积较少，土地配置效率低下、农村人口稀少、人力资源紧缺，过去的人力资源依赖型种植方式已无法跟上现代生产的步伐。湖口县部分田块使用农业小型机械作业，但是推广率不高，制约了大豆产业的发展，提高了人工成本。因此，加强土地流转，提高高标准农田建设水平，提升土地资源利用效率，可有效降低大豆生产成本。

3. 产业品牌形象需要进一步提升。目前，湖口大豆产业繁多，如湖口豆豉、流芳豆参等附加产业。但大多数大豆品牌由于保护意识和品牌宣传力度不够，导

致湖口大豆知名度低、市场认可度不足，最终导致销售渠道不畅，仅在九江范围内销售。

（三）发展策略

要实现乡村振兴，产业兴旺是关键，结合湖口农业发展实际，今后湖口大豆的发展策略建议如下。

1. 挖掘和培育大豆新品种。为适应当地气候环境变化以及大豆加工产品的新需求，成立大豆育种专项小组，联合国内大豆研究有优势的科研院所（中国农业科学院作物研究所、南京农业大学、华南农业大学等）及省内相关大豆研究机构，充分挖掘本地大豆的资源优势，开展联合育种攻关，培育专门制作豆豉、豆参等特色产品的大豆新品种。

2. 扩大大豆种植规模。2023年中央一号文件指出，要深入推进大豆和油料产能提升工程，要积极发挥比较优势，进一步加强品种选育与种质创新，以良种提升品质，提高大豆的产量与质量。同时在现有土地资源的情况下，开发利用荒地和坡地，积极引导乡村土地流转，通过对大豆生产者补贴等多种途径扩种大豆，保障优质原材料的供应。

同时，发展现代设施农业，打造高标准农田，有效应对干旱、洪灾等自然灾害，保证大豆优质高产。

3. 调整优化结构。坚持政策引导，加大大豆补贴扶持力度，扩大规模经营。培育新型农业经营主体和社会化服务主体，实施家庭农场、农民合作社等新型农业经营主体的培育工程。

4. 强化品牌建设。建立健全大豆产品质量追溯体系，确保大豆产品的质量和安全，从而赢得消费者的信任和好评。加快构建湖口大豆全产业链发展体系，助推大豆产业振兴发展。大力实施"湖口大豆"及相关产业品牌战略，打造具有湖口特色的大豆产业全链条品牌体系。同时，还要鼓励企业参加各类农产品展览会和交易会，展示湖口大豆产品的特色和优势，以拓展市场空间、扩大影响、提高知名度。

参 考 文 献

[1] 庄炳昌，惠东威，徐豹，等. 中国不同纬度不同进化类型大豆的RAPD分析 [J]. 科学通报，1994，39 (23)：2178-2180.

[2] 许东河，盖钧锰，北岛俊二，等．中国野生大豆与栽培大豆等位酶、RFLP 和 RAPD 标记的遗传多样性与演化趋势分析［J］．中国农业科学，1999，32（6）：16-22．

[3] 张雪梅．黄河长江中下游地区野生大豆自然居群的遗传特征、群体分化及其与栽培大豆遗传关系研究［D］．南京：南京农业大学，2009．

[4] 章梦颖．栽培大豆特征性功能基因的单核苷酸多态性与起源进化［D］．南昌：南昌大学，2016．

[5] 赵团结，盖钧镒．栽培大豆起源与演化研究进展［J］．中国农业科学，2004，37（1）：954-962．

[6] 农业农村部．关于公布第七批中国重要农业文化遗产名单的通知［OL］．（2023-09-21）［2024-09-12］．http://www.shsys.moa.gov.cn/xcwhzd/202309/t20230921_6436986.htm.

[7] 九江市文化广电旅游局．九江市非物质文化遗产代表性项目名录［OL］．（2023-06-08）［2024-09-12］．https://wgxl.jiujiang.gov.cn/zwgk_216/zdly/ggwhty/ssml/202401/t20240110_6363045.html.

[8] 曾毅，卢丹，龚辛孙，等．千年豆业 香飘九江：流芳豆香小镇纪实［J］．新型城镇化，2023（11）：86-93．

[9] 农业农村部办公厅．关于印发《大豆振兴计划实施方案》的通知［OL］．（2019-03-20）［2024-09-12］．http://www.moa.gov.cn/nybgb/2019/0201903/201905/t20190525_6315395.htm.

第六章 江西广昌莲作文化系统①

① 本章执笔人：缪建群（江西农业大学生态科学研究中心）。
注：本章部分数据资料源自黄国勤教授《江西广昌传统莲作文化系统的特征与价值》. 中国农学通报，2021，37（10）：48-53.

农业文化遗产是中国文化遗产的重要组成部分，具有历史悠久、品种繁多和价值丰富等特点[1]，蕴藏着中华祖先繁衍生息的大智慧[2]。珍惜并不断发掘、研究、保护和传承农业文化遗产，对于当前正在实施的乡村振兴战略、巩固拓展脱贫攻坚成果同乡村振兴有效衔接，以及促进经济社会高质量发展等均具有重要的理论与实践意义[3-4]。

自2013年农业部（现为农业农村部）发布第一批中国重要农业文化遗产名录（19个）以来，截至2023年，已发布了7批188个项目，分布在31个省（自治区、直辖市）[5]。江西省是中国南方地区重要农业省份，农业文化遗产数量多、分布广，且价值独特[6]。江西广昌传统莲作文化系统是2017年发布的第四批中国重要农业文化遗产（29个）之一，也是江西现有8个中国重要农业文化遗产之一，8个农业文化遗产分别是江西万年稻作文化系统、江西崇义客家梯田系统、江西南丰蜜橘栽培系统、江西广昌莲作文化系统、江西泰和乌鸡林下养殖系统、江西横峰葛栽培系统、江西浮梁茶文化系统、江西湖口大豆栽培系统，值得深入发掘和研究。

当前，江西广昌莲作文化系统尚存在面积缩减、产量下降、品种减少、品质退化，以及土壤污染、病虫害加剧、可持续发展能力降低等诸多突出问题[7-8]，亟待采取有效对策和措施，如加强宣传、提高认识，扩大莲作面积、强化生产管理，改善生态环境、保护生物多样性，夯实基础、增加投入等。

从国内外发展形势来看，农业文化遗产的保护、传承与发展已成为当今农学界、农史学界、生态学界、地理学界和环境科学界等诸多科技工作者研究的热点与重点之一[9]。保护农业文化遗产，确保农业文化遗产的可持续发展，已成为推动新时代农业绿色发展、高质量发展的重要内容和主要路径之一[10]。进一步加强对江西广昌莲作文化系统等各种农业文化遗产的挖掘、研究和保护，将有利于实现江西乃至全国农业文化遗产的传承和可持续发展。

第一节　江西广昌莲作文化系统概述

广昌县，隶属江西省抚州市，位于东经116°6′49″—116°34′25″，北纬26°30′00″—26°58′40″。东邻福建省建宁县和宁化县，南连赣州市石城县，西临赣州市宁都县，北接南丰县。南宋绍兴八年（1138年）置县，因"道通闽广，郡属建昌"而得名，是江右民系重要聚居县。全县总面积1 600平方千米，下辖11个乡镇。

一、自然资源

广昌县土壤主要分为红壤、黄壤、紫色土、潮土和水稻土5种类型。广昌县耕地总面积12 300公顷，耕地土壤类型分为水稻土、潮土、红壤3种，其中水田面积11 300公顷、旱地1 000公顷。土壤有机质含量高，氮素中等，磷钾偏缺。林地面积114 700公顷，森林覆盖率达65.9%。活林木蓄积量347万立方米。林木有51科185种，主要品种有马尾松、杉木、木荷、枫香、樟树、栲木、槠木等，其中红豆杉、竹柏、樟树属珍稀品种；动物有狼、野猪、野山羊、穿山甲、蛇等近百种。县内河流众多，流域面积5平方千米以上的大小河流共有84条，总长901.5千米。多年平均流量50.09立方米/秒，径流总量15 000万立方米。水能理论蕴藏量53 000千瓦，其中可开发水能量38 000千瓦。境内有中、小（Ⅰ）、小（Ⅱ）等型水库共36座，另有塘坝895座。地下矿藏有锂辉石、钽铌、萤石、云母、高岭土、硅藻土、钨、金银矿等。其中，锂辉石储量位居全国第一，硅藻土储量位居全国前列。

二、社会经济

2023年，全县常住人口20.06万人，其中城、乡人口分别为11.84万和8.22万人，城镇化率59.02%。人口出生率6.48‰，死亡率7.4‰，自然增长率呈现负增长。人均可支配收入2.49万元，同比增长率为7.3%。其中，城、乡居民人均可支配收入分别为3.54万元和1.69万元，同比增长分别为4.8%和10.2%。城乡居民可支配收入比为2.09∶1，比2022年差距缩小了11%。人均消费总支出1.64万元，同比增长率为7.5%。其中，城、乡居民人均消费总支出分别为1.84万元和1.49万元，同比增长率分别为6.8%和8%。全县生产总值（GDP）112.23亿元，同比增长率为5.7%；其中，第一、第二、第三产业产值分别为13.55亿元、38.52亿元、60.16亿元，同比增长率分别为4.4%、9.5%、3.6%。完成财政总收入11.88亿元，同比增长5.1%；其中，税收总收入9.62亿元，同比增长率为0.5%。一般公共预算收入6.06亿元，同比下降了3.2%；地方税收收入3.79亿元，同比下降16.1%。全年一般公共预算支出32.55亿元，同比增长率为5%[11]。

三、教育科技

2023年，全县拥有职高学校、民办高中和特殊教育学校各1所，完全中、小

学 15所，普通初中 5所，九年一贯制学校 10所，以及幼儿园 28所。各级各类学校拥有教职工 0.15万人，招生人数约 0.89万人，在校生人数 3.52万人，毕业生人数约 0.90万人（表 6-1）。

表6-1 2023年各类学校招生、在校生、毕业生人数和教职工人数

单位：人

指标	教职工人数	招生人数	在校生人数	毕业生人数
职高学校	140	718	2 164	458
普通高中	337	1 976	5 865	1 695
初中学校	650	3 395	10 144	3 461
普通小学	420	2 782	17 059	3 384
合计	1 547	8 871	35 232	8 998

2023年，广昌县有高新技术企业 14家，较 2022年同比增长 7.7%；有 41家中小型企业入库国家科技型企业，较 2022年增长 28.1%；共有 127件专利被授权，其中被授权发明专利 4件；拥有有效发明专利 42件，每万人拥有有效发明专利量 2.06件 [11]。

四、生态文化

广昌县具有丰富的文化遗产。人文方面，既有"一门俩尚书"的明朝何文渊、何乔新父子，又有著兵书之瑰宝《揭子兵法》的明末清初著名天文学家、数学家、军事家揭暄。古迹方面，有唐代定心寺、宋代雁塔、明代古寺龙凤岩、明代雯峰书院、国家级历史文化名镇驿前镇，以及被列为"中华之最"的恐龙化石。非物质文化遗产方面，有起源于明初的国家首批非物质文化遗产"广昌孟戏"；有流传 2 200多年的省级非物质文化遗产"塘坊木偶戏"；还有与白莲有关的生产与加工技艺。广昌白莲始种于唐朝仪凤年间，距今已有 1 300多年历史，被誉为历代"贡品"，是国家地理标志保护产品。现阶段，广昌县已成为全国最大的白莲科研、生产、集散和价格形成中心，被誉为"中国白莲之乡"和"中国莲文化之乡"。其中姚西莲海景区成功挑战"世界最大莲池"吉尼斯世界纪录，广昌莲作文化系统也被列入全国第四批重要农业文化遗产 [12]。

第二节 江西广昌莲作文化系统的特征

一、历史性

起源古老、历史悠久是众多农业文化遗产的共同特征，江西广昌莲作文化系统也不例外。据明正德《建昌府志》和清同治《广昌县志》记载 [13]，广昌白莲的种植历史悠久，从唐仪凤年间至今已有 1 300 余年的历史。

二、区域性

江西省白莲种植区主要分布于广昌、石城和宁都 3 县。作为"中国白莲之乡"的广昌县，白莲种植面积连续多年稳定在 7 333.3 公顷以上，产值超过 7 亿元 [14]；石城县 2023 年白莲种植面积 5 869 公顷，年产鲜莲 3 万吨 [15]；宁都县有莲田面积 0.31 万公顷，且实行莲田养鱼的生态种养模式，在该模式下莲子可增产 10% ～ 20%、鱼可增产 20% ～ 30% [16]。

三、复合性

江西广昌莲作文化系统，实际上是由莲作生态系统、莲作经济系统、莲作技术系统、莲作文化系统和莲作社会系统组成的复合大系统（表6-2）。

表6-2 江西广昌莲作文化系统的复合性

系统类型	系统本质特征
莲作生态系统	莲作生态系统由莲田生物与环境组成，具有能量流动与物质循环的基本功能，这是江西广昌莲作文化系统中最重要、最基础的系统，也是其他4个系统（莲作经济系统、莲作技术系统、莲作文化系统和莲作社会系统）存在与发展的基础和前提。如没有莲作生态系统，就没有能量流动和物质循环，其他系统也将不可能存在
莲作经济系统	莲作经济系统由莲的生产、交换、分配、消费等各环节构成，其本质和核心是系统具有经济功能和经济价值，能解决生产者的生计问题，这也是广大群众千百年来种植莲的根本原因
莲作技术系统	莲作技术系统包括莲的种植技术、种养结合技术、加工技术、贮藏技术，以及莲食品、药品、工艺品等各种莲系列产品的制作技术（工艺）等

系统类型	系统本质特征
莲作文化系统	莲作文化系统是在莲的生产、加工、消费过程中形成的习俗和生活方式，以及其中蕴含的文化、传统和精神。总体来看，"莲文化""莲精神"是积极向上的，具有教育意义和正能量的作用
莲作社会系统	莲作社会系统是由以"人"（主要是农民）为主体，包括莲（以及与莲有关的整个农田生物）、莲作技术、莲文化，以及与之相关的村规民约、伦理、道德、法律、法规和各种人文层面上物质和精神等所组成的整个系统

四、生物多样性

江西广昌莲作文化系统的生物多样性体现在以下3个方面，见表6-3。

表6-3　江西广昌莲作文化系统的生物多样性类型

生物多样性类型	多样性内涵
品种多样性	从中华人民共和国成立至今，广昌县共选育和推广应用的白莲品种主要有广昌白花莲、广昌百叶莲、赣莲85-4、赣莲85-5、赣莲62、赣辐86、赣莲OA、太空莲1号、太空莲2号、太空莲3号、太空莲7号、太空莲9号、太空莲36号、舒广袖、星空牡丹、广莲1号等[17]
物种多样性	如上所述，江西广昌莲作文化系统是一个生态—经济—技术—文化—社会的复合大系统。在该系统中，人既是系统的组成者，又是管理者、调控者；除人之外，由莲以及莲田生态系统的植物（如杂草）、动物（如昆虫及其天敌）和微生物（如土壤微生物）等物种构成
模式多样性	广昌白莲品种的多样性和莲田物种的多样性，促发白莲种植模式、种养结合模式的多样性。广昌县白莲种植模式如"子莲—晚稻"（"—"指接茬复种，下同）、"子莲/水生蔬菜"（"/"指套作、套种，下同）、"子莲/泽泻"等，白莲种养结合模式如莲田养鱼、莲田养泥鳅、莲田养鳝鱼、莲田套养甲鱼、莲田养鸭、莲虾共作，以及"藕×鳅×蛙"（"×"指混作、混养，下同）综合种养等

五、先进性

（一）成立技术研发机构

第一，成立白莲科学研究所。1984年，全国首家白莲科学研究所（广昌县白莲科学研究所）成立，该研究所集中了全县乃至全国白莲科技力量开展白莲科技研发。第二，建立科技博览园。从2008年开始，广昌县建立了以子莲科研为主题，集子莲科研、良种繁育、科普培训、莲文化展示、旅游观光等多种功能于一体的莲花科技博览园，极大地促进了广昌白莲的科技研发。第三，建立白莲院士工作站。2017年11月28日，广昌县白莲科学研究所院士工作站揭牌仪式举行，这标志着该县首个院士工作站正式成立。广昌县为进一步做大做强白莲产业、推进广昌白莲全产业链发展，大力实施科技创新驱动、人才发展驱动、特色产业驱动战略，依托全国首家县级白莲科学研究所平台，积极开展柔性借智引才行动，重点开展白莲种质资源与新品种选育、高产栽培、优化施肥、病虫害防控等方面的研究，为广昌白莲产业发展注入强劲动力和提供技术支撑。

（二）开展高科技育种

从1994年开始，广昌县先后进行了5次白莲航天育种和离子注入育种研究，培育出的"太空莲"系列品种已成为国内子莲的主栽品种，累计推广面积达66.67万公顷，成为全国最大的白莲引种基地[14]。

（三）制定国家标准

目前，广昌拥有白莲系列产品企业20余家，负责白莲深加工，并已开发出20余个白莲系列产品。"广昌白莲"获得国家地理标志保护产品认证和中国名牌农产品称号，获得相关产品认证证书16个，制定并颁布国家标准《地理标志产品广昌白莲（GB/T 20356—2006）》[17-18]。

六、影响广泛性

（一）推广面积大

据统计[14]，广昌县选育的赣莲85-4、赣莲85-5、赣莲62、太空莲等白莲优良品种，在全国累计推广面积达到20万公顷以上；全国有80%的白莲产区引种广昌太空莲品种。

（二）获得奖励多

广昌县白莲科学研究所培育的赣莲62白莲新品种获得全国首届农业博览会金奖、第五届亚洲及太平洋国际贸易博览会金奖；太空莲3号白莲品种获得昆明世界园艺博览会的室外蔬菜类银奖和室内干菜干果类铜奖。太空姣容、星空牡丹分别获得第18届全国荷花展一等奖、二等奖。2008年"广昌白莲"获得中国名牌农

产品称号。2011年，"广昌白莲"被列入农业部农产品地理标志保护产品[19]。

（三）获得广泛赞誉

如上所述，广昌县是闻名遐迩的"中国白莲之乡"，是全国最大的通芯白莲生产县[19]。广昌县盛产的白莲色白、粒大、味甘、清香、营养丰富，被誉为"莲中珍品"，历代被称为"贡莲"。县委、县政府自2006年起连续举办9届"国际莲花节"，使广昌县白莲影响越来越大，极大地提高了广昌白莲之乡这一农业文化遗产的知名度和影响力。"莲不过广昌不香"之说，已被越来越多的人认可。

第三节　江西广昌莲作文化系统的价值

一、食用价值

广昌白莲的重要食用部位是莲子和地下茎莲藕，其实，莲叶、莲须、莲心等的食用价值也都很高。广昌白莲品质特优，具有色白、粒大、味甘清香、营养丰富，且炖煮易烂、汤清肉绵等特点，含有丰富的高蛋白、低脂肪，氨基酸，还含有多种维生素及钙、磷、铁、锌、钼、锰、钛等多种营养元素，是日常生活中极佳的食物。莲藕是荷花的肥大根茎，又称为藕节。早在周代人们就已将莲藕作为蔬菜食用。研究发现[20]，每100克莲藕中含有可溶性固形物5.62克、维生素C 35.63毫克、脂肪0.2克、碳水化合物15.2克、胡萝卜素0.02克，具有热量313.94千焦，此外还含有钙、铁等多种微量元素。莲叶（荷叶）含有丰富的荷叶碱、柠檬酸、苹果酸、琥珀酸等，有清热解暑的功效，是亦蔬亦药的保健食材。莲叶可鲜用，也可晒干、煎汤、泡茶、煮粥、煮饭等；莲叶还可烹制美食，取其清香之味，比如荷叶茶、荷叶粳米粥、荷香东坡鱼、荷叶粉蒸肉等。莲须、莲心也都是很好的食材。可见，扩大广昌白莲生产，对增加食物供应、维护人们营养健康、确保全县食物安全具有积极作用。

二、药用价值

广昌白莲是药食同源的产品，除了具有食用价值外，还具有广泛的药用价值[21]，是传统的滋补保健食品。广昌白莲的全身都是宝。莲子具有养心、益肾、补脾、涩肠等功效，《本草纲目》中记载莲子"交心肾，厚肠胃，固精气，强筋骨，补虚损，利耳目，除寒湿，止脾泄久痢、赤白浊、女人带下血崩诸病。"《神农百草经》记载："莲补中养神，益气力，除百病，久服健身耐志，益寿延年。"中医认为通芯白莲有强胃健脾，润肺养心，滋阴补血，固精益肾的功能。莲植株的各部分，如藕、藕节、藕粉、莲梗、莲叶蒂、莲叶、莲花、莲须、莲房、莲衣、莲心等，也可入药制成滋补或疗效食品。现代研究表明，广昌白莲富含莲睐和氧化黄心树宁碱等具有药用价值的成分。

三、经济价值

（一）农民增收

在广昌县129个行政村，基本实现了白莲种植的全覆盖，尤其是"太空莲"品种的种植，大大提升了白莲的产量和质量。种植白莲已成为全县农民致富的一条重要途径。

（二）企业增效

2017年12月，由省级农业产业化龙头企业致纯食品股份有限公司牵头，在融合2家家庭农场、6家白莲农民合作社、7家莲产品深加工企业、3家莲产品废弃物利用企业、2家莲产品加工机械企业、2家莲文创产品生产销售企业、2家莲文化休闲旅游企业的基础上，成立了广昌白莲产业化联合体。该联合体是一家以广昌白莲产品生产、加工、销售、文旅开发为经营业务的产业联盟。联合体自成立以来，形成了一条完整且不断延伸的绿色白莲产业链。联合体有效整合各方资源，发挥成员优势，充分发掘和利用白莲资源，很大程度上提高了白莲产业的附加值。联合体不仅实现了企业增效，还带动了农民增收。通过基地建设、订单农业，联合体带动莲农（种植）走上增收致富路，莲农户均增收0.41万元。联合体成员还安置了146名农民进厂务工，年人均增收3万元。2018年，联合体带动莲农6521户，人均增收0.20万元。联合体还与4500户非成员农户签订合同，为其创收0.60亿元。

（三）县域经济发展

广昌县白莲产业年总产值已超过7亿元。白莲产业已成为广昌县域经济的支柱产业之一。

四、社会价值

（一）增加就业

据统计[14]，目前广昌全县从事白莲种植的职业农民有2万余人，白莲流通经营人才6 000余人，白莲深加工产业人才5 200余人，莲花旅游服务人才500余人。广昌白莲产业在人才培养、增加就业方面发挥了重要作用。

（二）巩固拓展脱贫攻坚成果

针对部分脱贫农户、脱贫人口，广昌县依靠发展千年白莲产业，实施产业精准帮扶政策，使脱贫户户均年增收0.3万元以上[22]。

（三）促进和谐发展

广昌县以白莲产业为龙头和牵引，发展有机白莲、富硒白莲，发展"莲乡人家"特色民宿，评选表彰"最美莲乡人"，使社会风气大为好转，讲诚信、孝老人、爱集体的家庭随处可见。

五、生态价值

江西广昌莲作文化系统的生态价值可简要概括为优化地上环境（优化、美化地上部农田小气候环境）、净化地下环境（净化水体和土壤环境）（表6-4）。

表6-4　广昌莲作文化系统的生态价值

类型	内容
吸碳释氧	莲叶硕大，光合作用效率高，能够吸收利用空气中大量的二氧化碳，并产生氧气，对调节农田生态环境、缓解气候变暖具有积极作用
调节气温	在夏季高温季节，广昌白莲叶片通过蒸腾作用有效降低环境温度，从而调节农田及周边环境的小气候
净化水质	广昌白莲对农田水体及土壤中的氮、磷等营养物质及有关的有毒、有害物质（包括土壤重金属）均具有吸收、转移和转化能力，从而起到净化土壤和水体的作用，保持农田优良水质
培肥土壤	在江西广昌莲作文化系统中，农田不仅种植广昌白莲，还养鱼、养鸭、养泥鳅等，将白莲的枯枝落叶和鱼、鸭、泥鳅等的排泄物等排入农田，对提高土壤肥力具有重要作用

类型	内容
节肥减药、绿色发展	在白莲农田种养系统中，各种"废弃物"是最好的有机肥，可大大减少化肥施用量；莲田生态系统中，各种生物（白莲、鱼、鸭、泥鳅等）之间共生互补、相互协调，可达到绿色防控、生态减灾的效果，做到少用甚至不用农药，而农田病、虫、草害可得到有效控制，真正实现绿色发展

六、文化价值

在江西广昌莲作文化系统中，莲文化源远流长、博大精深、内涵丰富，且具有积极向上，向善、向美的特征。首先，莲文化是"美文化"，莲花是"中国十大名花"之一。"接天莲叶无穷碧，映日荷花别样红"就是对荷花之美的真实写照。其次，莲文化是"和文化"，荷花之"荷"与"和"同音，象征人们要追求世界和平、社会和谐、家庭和睦、个人平和，并最终实现人与自然的和谐发展。再次，莲文化是"廉文化"，"莲"与"廉"是谐音，莲花是"出淤泥而不染、濯清涟而不妖"的"君子莲"。告诫人们，要做到品德高尚、正直、廉洁。广昌莲文化的丰富内涵在广昌莲花古镇、驿前镇的建筑群上的莲花图案中得到充分显现和印证[23]。

七、旅游价值

在江西广昌莲作文化系统中，由于莲的"美"和极大的观赏价值，每年到广昌县旅游、观光的游客络绎不绝，如以广昌莲作文化的发源地——广昌县驿前镇为例。近年来，驿前镇旅游业发展迅速，其主要原因有以下几点。

（一）大面积的太空莲种植

广昌县驿前镇姚西村有全国最大的太空莲种植基地，866.67公顷的"莲田带"在每年夏季竞相开放，是一个不容错过的旅游目的地。

（二）莲文化繁盛

驿前镇作为广昌莲文化的发源地，每年夏季莲子成熟时节人们三五成群地围坐一圈剥莲子、顶莲心，气氛热烈。农历六月二十四日，在离驿前镇不远的赤水

镇会举行莲神太子庙会，驿前人也会积极参与，酬莲神、祈福祉、庆丰收。每年的大小节庆或者红白喜事人们都喜欢用一碗莲子汤来犒劳来宾。

（三）千年古镇文明

驿前镇是千年古镇，2003年7月被江西省人民政府授予首批历史文化名镇，2014年被评为"国家级历史文化名镇（村）"。驿前镇古建筑气势雄浑，密布于圩市中心，一直延伸至抚源梅溪岸边，是江西省保存较完整、规模较大的民居古建筑群之一。其间石雕、木雕、砖雕等堪称江南古文化之佳作，莲花、荷叶、莲蓬等吉祥图案随处可见，形成了丰富的莲文化。2006年驿前镇接待游客总量1.6万人次，到2014年驿前古镇年接待游客数量达9.12万人次[24]。2018年，《中共广昌县委、广昌县人民政府关于推进旅游业发展升级的实施意见》（广发〔2018〕7号）发布，明确提出打造"中国莲乡·醉美广昌"旅游品牌，其主要任务就是要将广昌县打造成一座"国家莲文化名城"，打响"中国白莲之乡""中国莲文化之乡"等品牌。这预示着江西广昌莲作文化系统的旅游价值将进一步展现出来。

八、科普价值

2008年5月，中共广昌县委、县政府开始兴建白莲科技博览园，2009年初夏建成并投入使用[25]。广昌白莲科技博览园的建成，充分展现了该县白莲文化的历史渊源与独特魅力，成为全国一流的白莲专业类博览园。该博览园建成后，吸引全县乃至江西全省和全国的大中小学生，以及相关专业的硕士生、博士生前来参观学习，起到了良好的科学宣传和科普教育作用。可以说，江西广昌莲作文化系统已成为名副其实的白莲科普基地。

九、科研价值

作为中国重要农业文化遗产，江西广昌莲作文化系统在促进科学研究、推动科技进步方面具有重要价值，并发挥着积极作用。其科研价值具体表现在3个方面。第一，江西广昌莲作文化系统作为科研对象、科研材料、科研基地或"天然实验室"，有许多科学"秘密"或先人"智慧"值得探究、发掘。第二，江西广昌莲作文化系统之所以入选成为中国重要农业文化遗产，其在白莲科学研究方面取得的显著成效和积极进展是重要原因之一，尤其是在白莲太空育种、生产加工技术创新等方面起到了引领作用。第三，为适应新时代发展要求，江西广昌莲作文化系统还有许多科研课题有待研究，如江西广昌成为"中国白莲之乡"的根本原因和内在机制，江西广昌莲作文化系统中各要素相互作用与协调的机理，江西广昌莲作文化系统的结构、功能及其调控途径等。

十、教育价值

江西广昌莲作文化系统还具有重要的教育价值。它以"白"（洁白）、"莲"（廉洁）为鲜明特点，"出淤泥而不染"，教育人们要"清洁为人、廉洁做官"，做一个"诚信、高尚、正直、清廉"的"君子"。实际上，江西广昌莲作文化系统的教育价值远不止这些，"她"其实是一部充满教育意义的"活"教科书、工具书，大有教益。

第四节　江西广昌莲作文化系统存在的问题

一、产能不足

造成广昌白莲产能不足的因素主要有以下几方面。

（一）种植方式单一化

莲农种植白莲通常采用单一的种植模式，少用轮作。长期单一化的种植模式致使白莲病虫害变得越来越严重，且一些病虫害会严重制约白莲的产量，如腐败病、莲叶斑病、莲纹夜蛾、根结线虫病、莲蚜等。其中，莲藕腐败病会促使受害病株的鞭、节、根腐烂和叶、花枯萎。通常情况下，感染腐败病的莲田会减产20%～30%，但若莲田腐败病感染严重则莲田几乎没有收成，因此影响了白莲的产能。

（二）受生产技术制约

虽然广昌县设有白莲研究所，但全所科技人员仅14人[26]，人均所需技术指导面积达数百公顷，导致全县白莲缺乏有效的田间指导与服务，更谈不上白莲优质品种的培育与扩繁等工作。另外，白莲脱毒及组培这样的核心技术受制于人，以及白莲腐败病的防治还没有有效的防治措施，导致不少莲田不能种植，严重影响了莲农的经济效益[17]。

（三）土壤肥力逐渐下降

大部分莲农为了简单增效，在白莲种植过程中施加化肥，很少有人采用冬季种植紫云英、肥田萝卜等绿肥作物这样的复种方式实现莲田增肥。由于缺乏科学有效的施肥方法，莲田没有得到有效的增产。调查表明，冬季种植绿肥作物后的莲田比不施用任何肥料的莲田白莲产量能够增加1/3左右，比施用化肥的莲田增产1/4左右，并且增肥周期一般不少于4年。然而，随着新农村建设进程的加快，大量农村劳动力外流，全县未开展过大规模冬季绿肥种植鼓励政策，土壤肥力逐年下降，莲田酸化严重。近几年，因农业科技人才的缺乏，对莲农种植施肥指导也不足。

（四）缺乏有效的授粉途径

白莲为异花授粉作物，需要借助外界媒质才能授粉结籽，蜜蜂授粉是白莲传播花粉的通常途径。推广白莲蜜蜂授粉技术，能使白莲增产约1/3。同时，蜂农收获莲花粉，实现了莲农和蜂农共同受益。然而，随着新的《食品安全国家标准（花粉）》的实施，莲花粉未能列入全国八大类蜂花粉的普通食品管理，市场上禁止流通和销售莲花粉，导致莲花粉市场价格一路狂跌，莲花粉严重滞销。目前，莲花粉平均售价约每千克30元，比正常时期的价格低了将近1/2。蜂农在白莲授粉花期没有收益，因此他们对白莲蜜蜂授粉也缺乏热情。

二、未形成高效产业链条

（一）精深加工力度不足

广昌白莲开发还是以子莲为主，经营模式基本上还停留在个体分散经营模式上。由于受机械设备、加工场地的限制，大部分经营个体在自己周边进行白莲加工，降低了加工效率，也导致无法扩大基地向精深加工方面发展。目前，广昌白莲还处于初加工阶段，产品基本是以通心白莲为主[27]。进一步深入加工的产品系列名目少、规模小、档次低，对白莲在食用、药用、美容、轻工和外贸加工等方面挖掘不够，没有充分发挥白莲所蕴含的优势和特点。没有形成规模性产业链，产品附加值低、自身消化能力弱，抵御市场风险的能力弱[10, 29]。每年都有大量的干莲因缺乏市场竞争能力，导致经营个体经济效益受到影响。

（二）缺乏有效的保鲜技术

莲子的色泽、水分、口感等对气温有较高的要求。一般情况下，采摘新鲜莲

子后在 −5℃～0℃ 的条件下冷藏，其品质大致在 2～5 天内能保持不变；而速冻莲子要保持其口感和色泽不变，最佳保存温度是 −40℃～−18℃。其他温度条件下保存的白莲的口感、色泽、水分等方面都会发生改变，从而对白莲的定价和销售都会产生影响。目前，广昌县冷链物流中心主要有老曾冷链物流中心和江西省云莲农业发展有限公司，无法满足白莲加工销售的需求。

（三）产业融合发展缓慢

目前，广昌县农户大部分还是以种植水稻、白莲为主，对于未来白莲种植产业规划，约64.4%的种植户不愿改变现有的种植模式。同时，由于白莲生长周期长，产值有限，白莲种植个体户所获利润低，因此有约21%的种植户想缩小白莲种植规模[28]。虽然当前广昌县白莲产业链与以往相比有了较长的延伸，产业融合也呈现雏形，但还是存在部分以家庭为单位的个体种植户，他们的生产规模小、经营方式相对独立，造成土地碎片化，不便于集约化管理。同时，受生产技术所限，他们的产业化程度不高，白莲生产仍停留在白莲初级销售上，产品附加值低。近年来，随着"乡村振兴"概念的提出，以文化促发展的思想悄然兴起，合理开发传统农业文化资源已成为区域经济发展的一条有效途径。然而，广昌县在传统农业文化资源与旅游业的产业融合方面没有发挥其优势，2023年广昌县的游客数量和旅游收入均不如同市的安乐县[29]。

三、种植人员技术认知薄弱

（一）文化程度偏低

当前，全县白莲种植以中老年人为主，大约74.7%的白莲种植者年龄在40岁以上，人员年龄偏大。这些人虽然种植经验丰富，但容易受传统思想束缚。在文化程度方面，大部分白莲种植者的文化水平不高，约有87.1%的白莲种植户文化水平在高中及以下水平，甚至有20.9%的种植者的文化水平没超过小学。种植户的文化水平偏低，致使他们对白莲的病虫害认知不足，有84.4%的种植户遭受过各式各样的病虫灾害[28]。

（二）机械化程度不高

白莲从田间走向餐桌需要经过采摘、脱粒、剥壳、去皮、去芯等一系列工序，每个工序对时间有较强的要求，每道工序完成后需要尽快实施下一道工序，时间过长会影响产品的品质。机械化的使用主要限于剥壳去皮，在广昌白莲种植户中，

使用机械的人员占全体种植户的72%，仍有20%的种植户采用纯手工方式[28]。在乡村劳动力流失的情况下，白莲机械化加工的实施无论是在规模发展还是效益方面都会得到较大的提高。

四、新型经营主体缺乏带动能力

新型经营主体缺乏带动能力主要体现在以下三个方面。第一，全县与白莲产业相关的龙头企业相对较少且规模不够大、综合实力不强，大多数的企业在科技助力方面不足，辐射带动效果仍然不够明显，有的企业和新型经营主体才刚刚起步，自身在抗击市场风险冲击、融资方面的能力都不足，更不用说拉动经济发展和带动其他农户增收。第二，部分新型经营主体仍然还是缺乏与白莲种植个体户的利益联结和共享机制，种植户在"共同投资、共担风险、共享利益"的意识方面也有所欠缺，不能真正做到双向互动的利益联结。第三，一些新型经营主体出于害怕自身利益受损的顾虑，在一定程度上不愿意协助种植白莲的农户一起致富，与农户的利益分割不够合理，农户没有真正与企业形成利益共同体[28]。

第五节　江西广昌莲作文化系统保护与发展对策

一、优化生产资源，提高系统产能

（一）优化种植结构

基于广昌白莲深厚的农业文化，以"广昌白莲"优质种质资源为依托，打造"广昌白莲"高精品牌，做大做强优质特色产业。鼓励和引导农民采用"秧-藕-稻""藕+鱼虾"等复合种养模式。"秧-藕-稻"模式具有良好的经济效益和社会效益，亩产收益远高于普通种植方法[27]。"藕+鱼虾"复合种养模式，既能做到一田多用，又可以有效防治藕田病虫害，还能保持农田的生态平衡，与传统的白莲种植模式相比，"藕+鱼虾"模式每亩可为农民增收5 000元左右[30]。

（二）积极培育科技创新人才

努力培养青年科技工作者，为人才的培育和成长提供良好的环境，在分配制度、用人机制、奖励制度等方面向广大青年科技工作者倾斜，以调动他们工作的积极性，使他们能够充分发挥创造性。在乡间积极开展各种形式的技能培训，培育出一批熟练掌握白莲生产技术的技术能手。鼓励培育种植大户、合作社、龙头企业，以开展基地建设为重点，通过新建、扩建，以及对现有种植栽培基地进行整治、改造、提升，全面提高白莲生产能力和标准化、规模化种植水平。

（三）改良土壤质量

以测土配方施肥技术成果为指导，引导白莲种植户种植紫云英、肥田萝卜等冬季绿肥作物，并制定相应的补助措施对规模性种植紫云英、肥田萝卜等冬季绿肥作物的种植户给予一定奖励。向种植户传授并推广"莲-烟"轮作技术、"莲-稻"套种技术、"莲田养鱼、养虾"技术等，以达到恢复土壤肥力的目的。经常性组织农业科技人员下乡开展白莲种植技术培训，并亲临现场指导白莲种植；引导白莲种植户种植绿肥、施有机肥等。

（四）加强授粉管理

白莲开花季节，通过补贴蜂农，积极引进蜜蜂授粉。根据"每5亩白莲需1箱蜂"的原则，通过政府、乡村和种植户共同筹措资金，积极引进蜜蜂为白莲授粉以提高白莲产量。

二、打造高端产业链，为创新型白莲产业提供保障

（一）加快白莲深加工研发、延长产业链

充分运用新型技术升级白莲产品，大力发展有机产品；开发与白莲生产有关的农副产品；积极拓展白莲的加工、流通业；以白莲文化为主体发展生态旅游业，从而改变传统的以初级产品为主的生产结构，以提升产品附加值。

（二）探索白莲保鲜技术

近年来，子莲采摘后保鲜与加工技术有了较快的发展，但因鲜莲采摘后不耐贮藏且现有保鲜技术相对比较单一，且存在贮藏成本高、有化学药剂残留等缺点[31-32]。因此，政府部门需要开展与高校、科研机构合作探索绿色安全的采后保鲜技术，并保持其营养品质，同时研究全程冷链物流技术。

（三）创新生产运行机制

政府部门需要努力培育白莲产业新型主体，推进白莲产业化经营。积极打造

"龙头＋基地＋农户"的生产模式，坚持以点带面、以面成片，规模经营，全面推进白莲标准化生产。

三、加强技术培训，提高白莲种植人员认知水平

（一）提升种植户的文化素养

一般情况下，文化素养高的种植户对新技术、新产品更容易接受，也更容易种植出品质优良的白莲。因此，政府部门需制定相应的措施引导大学毕业生参与白莲的种植。同时，与农业院校开展合作，定期选派种植户到合作院校学习，或邀请相关专家开展现场技术培训。

（二）提高信息化与机械化水平

搭建智能信息化管理平台，应用一站式操作管理系统对白莲生产进行智能化管理。建设统一的白莲加工服务中心，采购与白莲加工有关的机械设备，实现莲子脱壳、去皮、通芯、烘干等"一条龙"服务，实现白莲加工规模化、集中化。

四、加强品牌建设，打造信息共享机制

运用科技手段改造传统的白莲产业链，提高白莲生产的科技含量。着实抓好白莲生产的标准化、产业化和品牌化工作；营造良好的投资环境，加大招商引资力度并制定财政扶持政策，大力培育有发展前景的白莲生产企业。积极发展"龙头企业＋公司（基地/合作社）＋农户"等经营模式，推动企业、公司和种植户三方信息共享，以点带面、以面成片，在全县打造一批白莲产业区。

综上所述，江西广昌莲作文化系统作为中国重要农业文化遗产之一，具有深厚的历史底蕴、丰富的文化内涵和重要的经济、生态、社会价值。然而，当前该系统面临着种植面积缩减、产量下降、品种减少、品质退化、土壤污染、病虫害加剧等一系列问题，严重影响了其可持续发展。为此，本文提出了以上对策和措施。

江西广昌莲作文化系统的可持续发展不仅需要政府和科研机构的支持，还需要广大种植户、企业和社会各界的共同努力。通过多方协作，广昌白莲产业有望在未来实现更大的经济、生态和社会效益，成为乡村振兴和农业高质量发展的重要推动力。

参 考 文 献

[1] 李文华．农业文化遗产的保护与发展 [J]．农业环境科学学报，2015，34（1）：1-6．

[2] 徐旺生．中国重要农业文化遗产的由来及其价值 [J]．农民科技培训，2019（9）：32-35．

[3] 汪烨．农业文化遗产赋能乡村振兴 [J]．农经，2020（7）：42-46．

[4] 张欣．农业文化遗产为县域经济高质量发展赋能 [J]．经济，2020（Z1）：111-112．

[5] 农业农村部新闻办公室．农业农村部公布第七批中国重要农业文化遗产 [OL]．（2023-09-26）[2025-06-03]．http://www.moa.gov.cn/xw/zwdt/202309/t20230926_6437345.htm．

[6] 黄国勤．江西农业文化遗产研究 [M]．北京：中国农业出版社，2018．

[7] 姚连京，段琨，陈烈辉．浅谈广昌白莲产业的发展方向与策略 [J]．中国农业信息，2016（21）：149．

[8] 崔峰，尚久杨．中国农业文化遗产研究的文献计量与知识图谱分析：基于中国知网（CNKI）和 Web of Science 数据库 [J]．中国生态农业学报，2020，28（9）：1294-1304．

[9] 闵庆文，张碧天，刘某承．加强农业文化遗产保护研究助推脱贫攻坚和乡村振兴战略："第六届全国农业文化遗产大会"综述 [J]．古今农业，2020（1）：92-100．

[10] 广昌县统计局．广昌县 2023 年国民经济和社会发展统计公报 [EB/OL]．广昌县人民政府网，（2024-06-27）[2025-06-03]．http://www.jxgc.gov.cn/art/2024/6/27/art_2485_4189919.html．

[11] 广昌县政府办．广昌县情 [EB/OL]．广昌县人民政府网，（2024-03-13）[2025-06-03]．http://www.jxgc.gov.cn/art/2024/3/13/art_5193_4152288.html．

[12] 谢克强．广昌白莲产业的发展及其对中国莲产业的贡献 [J]．长江蔬菜：学术版，2010（14）：109-112．

[13] 中共广昌县委组织部．以白莲产业链延伸乡村人才链 [J]．当代江西，2020（2）：56-57．

[14] 石城县人民政府．石城县白莲优势特色产业发展规划（2024—2026年）[OL]．（2024-03-18）[2025-06-03]．http://www.shicheng.gov.cn/scxxxgk/sc91571/202403/342845415a784b1eb72a8d0e7958973e.shtml．

[15] 黄春生，刘强，张燕伟．莲田生态健康养鱼试验 [J]．中国水产，2014（7）：61-62．

[16] 谢克强，邹东旺，徐金星，等．广昌白莲产业现状及发展对策 [J]．中国蔬菜，2007（增刊）：110-113．

[17] 谢克强，谢鸣，杨良波，等．地理标志产品广昌白莲：GB/T 20356—2006 [S]．北京：中国标准出版社，2006：2-4．

[18] 中国农业年鉴编辑委员会.中国农业年鉴（2017年）[M] //地理标志保护产品：广昌白莲.北京：中国农业出版社，2018：91.

[19] 陈庆蕾，武朝菊.荷花的利用价值分析 [J].中国果菜，2019，39（1）：42-44.

[20] 许保海.橘、莲、桑的药用功效源于其自然属性 [N].中国医药报，2014-09-12（2）.

[21] 尚旭东.行业资源整合、生产秩序创设与利益联结强化：农业产业化联合体的成长发育与组织创新优势：基于江西广昌白莲产业化联合体的观察 [J].中国农民合作社，2019（7）：33-35.

[22] 官雯，史术光.乡村旅游对驿前镇精准扶贫分析 [J].农民致富之友，2016（21）：86-87.

[23] 谢鸣.映日荷花别样红：江西广昌县第三批国家农业标准化成果剪影 [J].质量探索，2013（7）：10-12.

[24] 刘冬碧，余延丰，杨良波，等.江西省广昌县子莲生产和施肥中存在问题与技术对策 [J].中国蔬菜，2019（12）：66-71.

[25] 广昌融媒.广昌县白莲科学研究所院士工作站简介 [OL].（2021-05-31）[2025-06-03]. http://www.jxgcrmapp.com/c/Lzdxa0VCVnF4MEdtSFBtdUJPVmFjUT09.html.

[26] 姚连京，段琨，陈烈辉.浅谈广昌白莲产业的发展方向与策略 [J].中国农业信息，2016（21）：149.

[27] 陈卓良，李洪桂."秧、藕、稻"种植模式研究 [J].武汉植物学研究，1992（2）：194-196.

[28] 刘伟琪.乡村振兴背景下广昌县白莲产业发展的现状、影响因素及其对策研究 [D].南昌：江西农业大学，2022.

[29] 王能俊，杜宇蔚.与兄弟县区优势缩小，乐安主官今年如何发力文旅产业 [N].信息日报，2024-03-13（8）.

[30] 王长亮，李密.一样的白莲藕不一样的模式 [J].农产品市场周刊，2014（38）：31-32.

[31] 吕春发，严锐，陈杭君，等.子莲保鲜加工技术研究进展 [J].浙江农业科学，2022，63（8）：1829-1832.

[32] 李梦蝶，谢湘汝，李娟娟.鲜莲子采后保鲜的研究进展 [J].湖北工程学院学报，2022，42（6）：61-67.

第七章　江西横峰葛栽培系统[①]

① 本章执笔人：梁效贵、周微微（江西农业大学生态科学研究中心）。

江西横峰葛栽培系统是中国重要农业文化遗产之一，具有悠久的历史、丰富的文化内涵和显著的经济价值与生态服务功能，对确保我国粮食多样性与粮食安全具有重要意义。横峰葛栽培系统位于江西省东北部的横峰县，其中葛源与黄溪两村是横峰葛栽培系统的核心保护区，横峰葛的种植历史源远流长，早在6 000年前，我国先民就已利用葛纤维作纺织的原料。作为传统药用植物资源，葛已有近2 000年的临床应用历史。横峰葛栽培技术是中国传统农业技术的杰出代表，体现了古代劳动人民的智慧和创造力。通过长期的实践，横峰葛农总结出一套独特的栽培技术，包括育苗、田间管理、病虫害防治等；衍生出一系列与葛文化相关的活动，如斗葛大赛、葛仙院等民俗文化和道教文化，蕴含着横峰人民对葛文化的重视和发扬。在经济价值方面，横峰葛栽培系统同样表现突出。葛的全身都是宝，葛根、葛叶、葛花、葛谷、葛蔓均可用作医疗食疗，具有解肌退热、生津止渴、透疹、升阳止泻、解酒护肝、改善脑微循环等功效[1]。横峰葛与其他地区的葛相比，药用价值更佳。近年来，横峰县的葛种植面积年均在3 000亩以上，占全县种植面积的比例最大。葛的种植和加工已成为当地农民增收的重要途径，对促进地方经济发展具有重要意义。在生态服务方面，葛的种植不仅能绿化荒山、涵养水源，还能防止水土流失、改善土壤结构。葛的根系发达，可深达3～7米，在土壤中密集分布，具有显著的固土作用。此外，葛的茎叶重叠交织，短期内能形成厚密的植被覆盖，对净化空气、调节气候具有重要作用。然而，近年来横峰葛栽培系统也面临着许多挑战，如没有年轻人愿意花时间去学习葛的传统手工艺，导致这些工艺面临失传的风险；葛在我国分布广泛，市场竞争激烈；葛品种保护不力，市场定位不精准等。针对当前横峰葛栽培系统发展问题，当地政府和人民积极应对，采取了一系列应对措施，如健全组织机构、强化领导责任，初步形成葛产业的发展组织领导体系和工作机制，并对葛种植加工进行大力扶持等。保护和传承横峰葛栽培技术，不仅是对历史的尊重，也是对未来的责任。通过加强对传统技术的保护、对年轻一代的培养和品牌建设，横峰葛栽培系统必将在新时代焕发出新的生机与活力，为乡村振兴和文化传承做出更大的贡献。本章内容主要围绕江西横峰葛栽培系统的体系特征、价值与意义、当前保护现状，以及未来发展问题与对策等方面展开论述，期望通过本章节内容，向读者阐述横峰葛深厚的历史文化价值和独特的农业技术经验，揭示其在生态、经济、社会和文化等多方面的显著价值，同时为横峰葛栽培系统的可持续发展提供理论依据和实践参考（图7-1）。

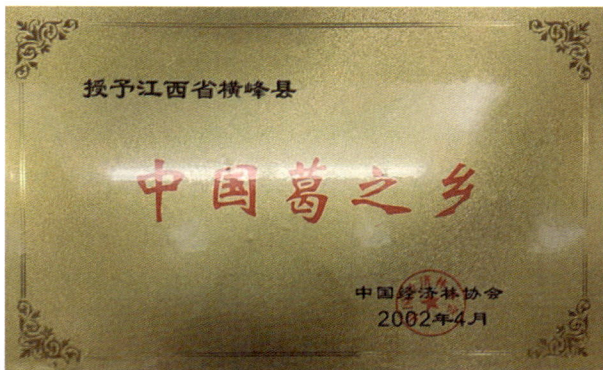

图 7-1　横峰县获得"中国葛之乡"授牌
图片来源：江西横峰葛栽培系统申报中国重要农业文化遗产申报书

第一节　江西横峰葛栽培系统概述

一、起源与演变

　　葛为豆科（Leguminosae）葛属（Pueraria）多年生落叶藤本植物，原产于我国，是食-药-织同源植物。早在尧、舜、禹时期，人们就已经开始利用葛藤制麻织布。1972年，江苏吴县草鞋山发掘出三块制作于新石器时代、在今天看来依然技艺精湛的葛布残片，这三块葛布残片是我国从6 000多年前就已经开始利用葛根和葛藤的可靠凭证。《诗经》是我国最早的诗歌总集，其成书至今也有2 500多年的历史，其中葛及其制品在《诗经》中就出现40多处，这从不同角度印证了葛藤在商周时期已经从野生变为家植，并已深深融入古人的日常生活中，葛衣、葛鞋、葛食，须臾不可离。葛作为我国传统药用植物资源也已有近2 000年的临床应用历史，葛根、葛叶、葛花、葛谷和葛蔓均可入药，是历代清热解毒、通脉醒酒、呵护肝肾的重要药材[2]。在汉代《神农本草经》、宋代《本草衍义》和《严氏济生方》、明代《本草纲目》及至如今的《中国药典》等几十部文献资料中，都有明确的记载。葛后经日本传至世界各国，如亚洲的朝鲜、印度、菲律宾，欧洲地中海地区以及俄罗斯黑海沿岸一带，南美洲的阿根廷、北美洲的美国等国家。FAO曾预言，粉葛在21世纪将成为人类继水稻、小麦、玉米、马铃薯、甘薯之后的第六大食品。不仅如此，现代医学研究表明，葛根中含有的黄酮类物质，在保护心血管系统、降血糖、抗癌、抗氧化等方面亦表现出显著药理活性[3]。此外，葛块根

还富含淀粉、多种氨基酸、无机元素等，粉葛中淀粉含量高达30%[4]，具有良好的食用价值。因此葛根具有"亚洲人参"之称[5]（图7-2）。

图7-2　葛根、葛藤、葛花和葛谷

图片来源：江西横峰葛栽培系统申报中国重要农业文化遗产申报书

横峰葛的起源传说有两个，一个是相传西晋著名的道学家、药物学家葛玄云游至横峰县北部山区，在一处盆地里发现遍布着一种生命力强，既可食用又可入药的植物，于是他便一边炼丹采药、一边研究这种植物的食用价值和药用价值，后来他便以自己的姓氏将之命名为"葛"[6]。由于葛的药用价值给当地的经济带来了很大的影响，后人便将葛玄洗葛之溪称为"葛溪"，取此地名为葛源，后葛源凭葛而闻名遐迩。另一个是相传东晋升平年间我国著名的道教理论家、医学家、养生家葛洪在茅山修道炼丹。炼丹导致空气中整日弥漫着刺鼻的有害气体，时间一长，弟子便出现了不适症状，葛洪解不了丹毒，后受三清教祖在梦中指点迷津，进山寻找"青藤"，用锤敲碎，挤出白浆，煮熟后端给两个弟子喝，没几天，两弟子的病就全好了。青藤能解毒治病的消息一时间传遍大江南北。为纪念葛洪的发现，人们便将这棵青藤取名为"葛"。而在史书中关于横峰葛的记载，主要见于《兴安县志》（横峰古名为兴安）。据《兴安县志》记载，东汉时期道士、药物学家葛玄偶尔云游至横峰的一个小镇上，发现这人烟稀少的盆地里长满一种藤生植物，便一边炼丹采药，一边研究这种植物的根、藤、叶、花等的食用和药用价值，并用葛为周边人民治病。此外，清同治版《兴安县志》还记载了当地出产的葛根产品，曾作为明、清两朝贡品贡奉给朝廷，获得"北参南葛"之美誉[7]。

横峰葛栽培的演变，早在西周时代，葛源就有人类活动的痕迹了；隋末唐初，葛源人用野葛根加工成葛粉，做成营养品和保健品。在这期间，有苏、冯二姓定居于盛产野葛的溪水源头，开始采掘葛粉，并在这里安家生根。葛源，成为他们崭新的家园。至宋代，葛源已成为了繁荣的山区集镇，素有"小小横峰县，大大葛源街"之说。葛源的人口迅速增多。在第二次国内革命战争时期，革命先驱方志敏以葛源为中心建立了闽浙赣革命根据地，成立闽浙赣省委和苏维埃政府等党、政、军机关，由于当时生产力水平不高，加之红军人员众多，又面临国民党的围追堵截和经济封锁，粮食供应十分紧张，于是红军广大指战员把葛根既当食品又当药品，就是这样，凭着这不起眼的葛根，革命先烈们克服了重重困难，粉碎了国民党的第五次围剿，取得了革命的阶段性胜利[8]。中华人民共和国成立以后至改革开放前，党和政府号召人民发展生产，提高生活水平。葛源人积极响应党和政府的号召，利用荒山荒坡、空闲地、田头地角、房前屋后种葛，并利用秋冬上山采收野生葛根，加工成葛粉，增加收入。1978—1980年，全县每年加工葛粉达50吨，通过省外贸销往东南亚各国。但由于受资源的限制，葛的生产、销售一直未形成规模。改革开放以后，农业产业结构不断调整，横峰县委、县政府重新认识到葛的价值，意识到葛在农业结构战略性调整中的地位及其经济效益和社会效益。之后县委、县政府为进一步加快农业结构调整和产业化进程，决定把葛业作为县域经济的主导产业来抓，成立葛业开发办公室，进行葛产业规划，由主管农业的副县长亲自挂帅。1997年，横峰县还聘请了中国农业科学院、同济医科大学（华中科技大学）、南昌大学、江西农业大学、江西中医学院等院校和科研机构的专家，召开了葛业发展的论证会。2000年又召开了葛业发展总体规划和发展趋势研讨会，科技人员从当地的原始品种大花叶葛、小花叶葛、蛇葛这三个品种中优选培育复壮，并重新命名为横葛一号、横葛二号。截至2001年底，全县种葛面积达3.65万亩，产鲜葛根11万吨，是目前全国最大的的人工种葛基地。现在全县有葛产品加工企业10多家，开发了葛茶、葛粉、葛饮料，葛药品，葛饲料等食用、药用、饲料加工三大系列12个品种，鉴定了横葛一号、横葛二号两个新品种，有两个葛产品获得绿色食品证书，葛产品已销往全国各地。并已形成了以横峰县葛业开发有限公司为龙头、各个加工厂家为龙身、广大农民为龙尾的"公司+农户"产业化模式。2011年，横峰县将葛业作为县域经济主导产业来抓，提出打造"中国葛业之都"的目标；2018年，横峰葛被列入国家中药大品种专项、省十大农业产业体系。

二、区域范围与自然条件

葛源与黄溪两村是横峰葛栽培系统的核心保护区，位于东经117.638°—117.687°、北纬28.568°—28.643°，核心保护区面积22.29平方千米，在行政上隶属于横峰县北部的葛源镇。核心保护区位于横峰县北部的怀玉山余脉磨盘山盆地中，

四周环山，气候温和，适于葛的生长，历史上因漫山遍野生长着野葛，且又地处葛溪水源头而得名。其葛的种植有1 800多年的历史且传承至今，这里也是全县种植葛最集中的区域，其葛根品种齐全、品质优良，横峰葛是中国国家地理标志产品。

横峰县地貌轮廓呈菱形，东、西、北三面环山，地势由东北向西南倾斜。北部主要有米头尖、磨盘山、五洋山、黄山等怀玉山支脉，海拔一般在500米以上，其中米头尖的海拔达1 367米，为境内最高峰。中部多为丘陵，海拔一般在100～500米；南部多为低丘岗地，海拔为100米左右。全县的地貌类型可分为4个单元区：一是侵蚀堆积河谷平原区，主要分布在信江的北岸及支流两岸，海拔高度在100米以下，面积为62.2平方千米，占全县面积的9.6%。地势平坦，为近代河流冲积物堆积而成，土层松散，冲积层理明显。可分出河漫滩一、二级阶地的地形。二是受构造剥蚀的低山丘陵区，该区分布在磨盘山、青板、铺前、上坂、莲荷、司铺、姚家、城阳一带，海拔高度在150～1 000米，该区面积较大，有422平方千米，占全县面积的64.8%。三是溶蚀侵蚀低山丘陵区，主要分布在葛源、青板、司铺一带，铺前、港边、姚家等乡镇也有分布，大部分海拔高度在150～1 200米，面积51平方千米，占全县面积的7.8%。其为岩水洞、溶沟、石林、石钟乳等碳酸盐类地貌区的特有景观。四是构造剥蚀的中、低山区，分布在葛源、龙门、港边、山黄、上坑源垦殖场一带，海拔高度在300～1 000米，面积为115.8平方千米，占全县面积的17.8%。

因横峰县地处亚热带季风气候区，所以其整体气候特征呈现温和湿润、四季分明、日照充足、雨量充沛、雨热同季、霜雪期短、生长季节长等特点[9]。该地的辐射量为9.6万～12.17万卡[*]/平方厘米。月辐射最多的是7月，其平均值为1.40万卡/平方厘米，最少的是2月，为0.56万卡/平方厘米。日照时数平均值为1 785小时，日照百分率为40%。其中7—8月日照时数最长，分别为246小时和247小时，平均每天有日照7～9小时；5—6月因正值雨季，云量多，日照时数少，日照百分率分别为29%和34%；而在农作物生育盛期（7—10月）的日照时数则可达854小时，占全年日照总时数的48%；如以日平均气温大于10℃的日照时数统计，可达1 395小时，占全年日照总时数的78%。从气温条件看，平均气温为17～18℃，北部山丘地区稍低于平均气温，在17℃以下。气温在一年中7月最热，平原低丘地区在29～30℃，山区23～28℃；一月份最冷，平原低丘区5～6℃，山区为3～5℃。平均年降水量在1 750～2 100毫米，高于全省年平均降水量

---

[*] 卡为非法定计量单位，1卡≈4.18焦耳。——编者注

（1 350～1 940毫米）8%～9%，但年际变化较大，少雨年可少到1 000毫米以下，多雨年可多到2 300毫米以上，因而出现某些旱年和涝年，影响作物收成。

横峰县土壤母质类型主要包括酸性结晶岩类风化物、中性结晶岩类风化物、石英岩类风化物、泥质岩类风化物、碳酸盐类风化物、红砂岩类风化物、紫色泥页岩类风化物、第四纪红色黏土、炭质泥页岩类风化物、河积物等10种类型。其土壤类型共有8个土类、12个亚类、32个土属、48个土种。境内周围山地到西南的信江河谷，显示出随地形变化而出现不同类型土壤的断面规律。从全县大面积的土壤类型来看，山丘都为红壤，谷地都是水稻土。以西南部信江河平原为起点，地形逐步向东北方向抬升，直至全县最高点的米头尖的土壤分布为：河谷平原为水稻土和潮土、丘陵为红壤、低山区仍为红壤的水平分布。但从低山区向上，由于地势向上抬升，也出现山地土壤的垂直分布规律。

横峰县属信江水系，信江河从横峰境内南端流过，长9.82千米，次一级支流有葛溪、岑港河、港边河、司铺河，以及乐安河的支流篁村河。全县水域面积共计39 255亩，境内河流总长144.6千米，为调蓄、引泄、灌溉提供了有利条件。横峰县地表水与地下水资源较丰富，地表水径流在平水年份为7.4亿立方米，加上外县流入2.5亿立方米，共计9.9亿立方米。

横峰县还拥有丰富的钨、锡、铅、锌等金属矿产资源，已探明的矿种有煤、钽、铌、钨、锡、铅、锌等20多种，其中原煤储量约4 000万吨，钽、铌的储量位居亚洲第一[10]。

三、栽培技术体系

横峰葛的种植技术主要包括育苗、田间管理、耕作模式和收储加工等环节。

在育苗阶段，品种选择最为关键，通常选用含淀粉20%以上、总黄酮1.1%以上的优良品种，如横葛一号和横葛二号[11]。苗圃应选择地势平坦、排水良好、肥沃疏松的中性或微酸性土壤，土层厚度不低于30厘米，pH值在6.0～7.0。育苗前需深翻细耙土地，清除杂草和草根，确保土壤松软。横峰葛的育苗方法主要有压藤育苗和扦插育苗两种。压藤育苗是在夏季大田中，选择生长繁茂、无病虫害的葛藤，每隔1～2节将藤压入土中，促其生根，待第二年早春未萌发前剪成单株移栽。扦插育苗则在早春进行，将种藤剪成段斜插于苗圃地中，尤其在荒坡荒地扦插时，采用斜插法可增加与土壤的接触面，提高生根率。

横峰葛的田间栽培管理技术包括土壤消毒、整地起畦、施肥、定植、栽培方式、施肥技术以及病虫害防治等环节。土壤消毒使用农抗或多菌灵进行初步消毒，

同时每亩再施用生石灰或麸头来改良土壤，从而调整土壤pH并增加疏松性。整地时，第一年在11月清除杂草、石块并耕翻30厘米深，翌年3月再结合施肥精耕细耙。起畦的标准为畦宽100厘米，高40～50厘米，沟宽50厘米；围沟宽40厘米，深60厘米。畦中间建土墩并用黑色薄膜袋覆盖，整个畦面用黑色地膜覆盖防草。施肥以基肥为主，每亩施用土杂肥400千克或生物有机肥100千克，以及高浓度硫酸钾型复合肥15千克，在离种植点30厘米处浅沟施用。定植时间为3月中下旬至4月下旬，选择日均气温15℃左右的天气进行。小苗需选用芽眼强壮、无病菌的壮苗，大中苗则要求块根完整、无病虫害。种植密度为株行距100厘米×150厘米，每亩约450株。定植时将种苗倾斜插入，深度以葛头或葛芽贴地面为准，并浇足定根水。栽培方式有栈式栽培和匍匐栽培两种。栈式栽培是在每株苗30厘米处插竹子或木条引蔓上栈，匍匐栽培则按株行距100厘米×150厘米交错种植。葛的施肥要遵循"苗期以氮肥为主，配施少量磷钾肥；6月中旬后以磷钾肥为主，配施少量氮肥"的原则，促进块根膨大。施肥以有机肥为主，如人畜粪便、土杂肥等；无机化学肥作追肥，忌氯，可使用硫酸钾。葛的病虫害防治以"预防为主，综合防治"为原则，符合绿色食品用药要求[12]。如枯萎病的防治过程包括种苗消毒、土壤消毒和土壤改良，并且要施足有机肥，增施磷钾肥，实行严格的轮作制度。

横峰葛的耕作技术包括葛-稻（或其他作物）轮作、立体生态农业模式和养殖业与种植业结合模式。长期采用葛-稻轮作，可有效防治根腐病，同时葛的根瘤菌能为土壤增肥。立体生态农业模式则是依托横峰县山多地少的地貌特征，发展出坡地种葛、山地种油茶的模式[13]，按照"基本农田播种粮、低丘旱地种葛根、高坡林地育油茶"的思路，重点发展葛业、种业、油茶三大产业，打造"一都两县"。采取养殖业与种植业结合模式，以葛叶、葛花作为饲料喂养家禽牲畜，增强其免疫力，提高肉质。近年来，横峰县发展"葛猪""葛兔"等特色养殖产业，建立种植户、养殖户与相关企业合作机制，形成绿色高效产业循环发展模式。

横峰葛的收储加工技术包括采收期确定、采收方法和储藏方法。葛根为多年生植物，传统采收时间为冬季。规模种植情况下，一般在田间生长18个月后采收，采收期为11月至翌年3月。采收时原株挖起，切除枝节头，注意不要伤及块根表面。鲜葛收获后，最好24小时内送入仓库储藏。储藏场所应通风干燥、清洁、阴凉，温度不超过20℃，相对湿度不超过70%，存放时间不超过一周。长时间储藏可选择洁净场地，用河沙或红壤土覆盖鲜葛，湿度调至35%～65%，定期检查，发现霉腐趋势及时处理，储藏期不超过3个月。

第二节　江西横峰葛栽培系统的特点与价值

一、物质生产

葛全身上下都是宝，如葛枝叶富含蛋白质，是一种很好的青、干饲料，兔、羊、猪、牛特别爱吃；葛叶还富含叶绿素，可用来制作健康饮料对血液有净化作用；葛花可制成葛花汁作为葛花醒酒汤，也可制成葛花茶，还可提取天然植物色素；葛藤表皮富含长纤维，色彩光亮，葛藤茎皮经蒸煮、发酵、漂洗等工艺，可制成洁白的纤维葛麻，可用它织布、造纸和制作精美的工艺品；葛根在春秋两季采挖、切片、晒干，即成中药葛根片，有发表升阳、透疹、生津之功效；除此之外，葛根还是制酒的好原料，每50千克鲜葛可制出65度白酒12～16千克。鲜葛还能提炼出葛粉，粉质洁白有光泽，除主要成分淀粉外，还富含钙、锌、铁、铜、磷、钾等10多种人体所必需的微量元素以及多种氨基酸、维生素等，可加工成纯天然葛全粉、葛果冻、葛糕点、葛饮料，是理想的滋补保健食品和出口创汇农产品。葛块根切片晒干，可制成中草药，冲开水泡茶喝，具有清热解毒、消炎止痛、加速血液循环等功效，或将其粉碎制成小袋装的减肥茶、美容茶。

葛的深加工产品也随着科技的发展变得愈加丰富。为了加大葛根综合系列开发和葛产品的深度加工、提高产品的附加值，横峰县政府为此付出了很大的努力。近年来，横峰县与浙江大学、南昌大学、江西农业大学、江西中医药大学等省内外多家科研单位和高校合作，研究开发了葛花醒酒茶、速溶葛粉、葛根降压片、葛根解毒片、葛根液、葛根黄酮片、愈风宁心片、葛根黄豆苷元片、葛山降脂颗粒、葛根汤合剂和葛根素注射液等十余种具有高附加值的葛系列绿色保健品与中药制剂。目前，以横峰县葛业开发有限公司为龙头的6家葛产品加工企业和10余家个体小型私营企业不断深化发展，已开发投放市场的葛产品有精制葛粉、皇酮葛参茶、葛参片、葛佬凉茶饮料等四大系列20多个品种（图7-3）。

葛的生产方式也变得更有特色，首先是发展坡地种葛、山地种油茶的立体农业模式再利用葛叶、葛花等葛根周边原料发展"葛猪"特色生猪养殖产业，形成养殖业和种植业高效模式。通过葛产业发挥连接作用，将葛、猪、油茶三大农业特色产业发展壮大，并使之成为由横峰县主导的高效农业产业。

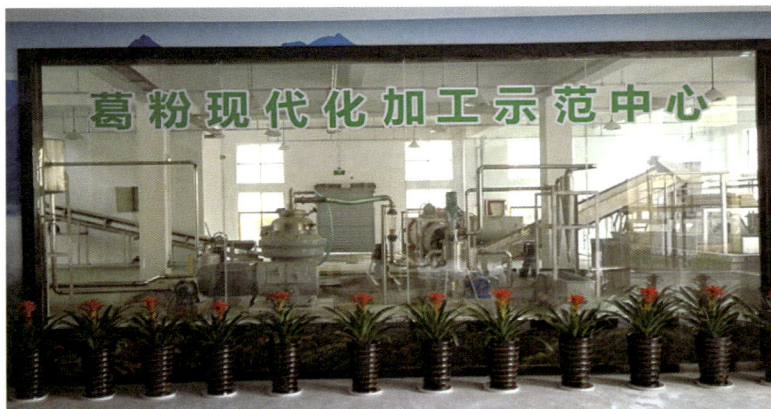

图7-3 横峰县的葛粉现代化加工示范中心

图片来源：江西横峰葛栽培系统申报中国重要农业文化遗产申报书

二、生态服务

（一）生物多样性保护

生物多样性保护包括遗传多样性保护、物种多样性保护和生态系统多样性保护。遗传多样性保护表现在系统内保存了丰富的葛遗传资源，如横葛一号、横葛二号、赣葛一号、赣葛二号等；物种多样性保护表现在横峰葛栽培系统突出的生态服务功能上，为系统的物种多样性保护提供了重要保障，使系统内不仅保存了菜葛、柴葛、粉葛、食用葛等丰富的葛品种资源，而且系统内留存了丰富的其他动植物物种资源，整个系统的物种丰富度达1 892种；生态系统多样性保护表现在横峰葛的种植分布上，从坡地到田间均有分布，总体上呈现出"森林-油茶园-梯田-农田-村落-河流"的立体景观特征，系统内有多种生态系统类型，在平地葛种植和坡地葛种植组成的景观中，包含了森林生态子系统、农田与村落生态子系统、河流与湿地生态子系统等多种生态子系统。景观与生态系统的多样性，为系统的物质迁移、能量交换、生产力水平、物种分布与扩散、动物觅食等提供了重要的保障。

（二）保持水土，净化空气

葛根由于具有生长快、抗逆性与适应性强，耐寒、耐旱、抗病虫、耐瘠薄等特点，适合在山区、丘陵种植，可绿化荒山、涵养水源，有良好的生态价值[14]。葛茎叶重叠交织，短期内能形成厚密的植被覆盖，且葛的根系发达，可深达3～7

米，在土壤中密集分布，在防止冲刷，保护路基、堤岸和坝坡上具有显著作用。由于葛的生物特性，叶、茎表皮密布细毛，能够黏结吸附空气中的沙土、尘埃等沉降颗粒物，可以起到净化空气的作用。此外，葛根含有较高的叶绿素，通过光合作用，产生大量氧气，可以大大改善空气质量。

（三）改良土壤，增进地力

葛的根系含根瘤，根系在土壤中遗留大量有机质，再加上葛叶脱落形成的落叶层在腐熟后溶入土壤，对增进土地肥力、改良土壤具有良好的作用。葛的蔓生茎具有匍匐、坚韧、攀援的特性，是较好的退耕还林还草前茬植物，也可单独作为植被植物用；还可在林地更新的前期进行种植，成为林地更新的保护植被。

（四）生物固氮功能，促进氮循环

横峰葛是豆科葛属植物，葛藤根部的固氮根瘤菌具有较强的固氮能力，能够有效地促进大气中的氮循环。

（五）养分循环

养分循环是横峰葛资源综合利用和循环利用经营模式的重要生态功能。葛根种植过程中，葛根经过研磨、水洗后，一是制成葛粉、葛饮料等供人们食用；二是研磨后残留的葛渣可作为膳食纤维、食用菌，以及葛渣肥料，葛渣肥料可再次用于葛根种植。另外，葛叶、葛花以及葛藤可作为日化用品的原料，如面膜、精华液、手工皂、足浴粉等；葛藤除了作日化用品的原料外，还可作为鸡饲料，在鸡养殖中进行投喂，而在养殖鸡过程中，通过松土、捉虫等活动又进一步优化了葛根种植的土壤环境，鸡粪便也可沤肥再施用在葛根种植地上。由此，整个系统的养分在不同的生物之间进行循环，实现了养分的循环利用以及系统各组成要素的和谐共生。

三、社会价值

（一）对中国文化的影响

在我国古代男耕女织的农业文明时代，葛布纺织及服饰文化渗入生活的方方面面，对华夏文明中包括语言文字、习俗、礼制、姓氏等产生了重要影响。对语言文字方面的影响表现在汉语中的许多词语直接来源于葛，如古汉语中的"絺綌""轇轕"等，现代汉语大量使用的如"纠葛""胶葛""杯葛""瓜葛""攀藤揽葛"

"攀藤附葛"等；而有许多词汇如"纠缠""纠纷""纠偏""纠结""纠察""纠集""纠正"等的起源都与葛或葛布纺织相关。对礼制方面的影响表现在汉语词汇中，与葛相关且对中华文化产生重大影响的莫过于"布衣"一词。"布衣"不仅是葛麻纤维的物理载体，而且更是服饰礼制的文化载体。服饰起源于实用，但在漫长的发展过程中受中国传统思维的影响，形成了象征性与强制性的服饰法度。服饰质料尊贵与社会等级秩序相互呼应，统治阶级通过占有稀缺资源来体现自己的地位，平民穿着来源广泛的葛麻布衣，尊卑贵贱，望而知之，在意识形态上形成了儒家礼乐和谐、等级森严的服饰文化体制。对中华姓氏的影响表现在中华姓氏中，与葛相关的姓氏有"葛""葛伯"和"诸葛"。葛姓是当今常见姓氏，在《百家姓》中排名第44位，在2007年全国姓氏人口排名第126位，人口近140万人，大约占全国人口的0.11%。葛姓在全国分布甚广，以江苏、安徽、河南、河北最为集中，其中葛姓的第一大省为江苏，大约占全国葛姓人口的18%。

（二）对文化传承的影响

1. 精神的传承。长期传承下来的横峰葛文化体现出横峰人对待传统文化的一种精神。横峰县斗葛大赛就是典型代表。为了进一步提高横峰县葛农种植葛的积极性，横峰县于2018年举办了首届横峰县斗葛大赛，广大葛农都积极参加。在该比赛中需评选出"葛王"和"葛后"，最大的即为"葛王"，最美的即为"葛后"（图7-4）。横峰县斗葛大赛的举办体现出横峰人民对葛文化的传承和发扬。

图7-4　横峰县斗葛大赛活动图

图片来源：江西横峰葛栽培系统申报中国重要农业文化遗产申报书

2. 信仰的传承。横峰葛与道教文化密切相关。相传在东汉时期，道士、药物学家葛玄云游至横峰县，发现了葛并给其命名。后人为纪念这位道学家和药物学家，在葛源镇关田村建了葛仙院，如今葛仙院已成为横峰县的道教、禅教圣地。

3. 生活习性的传承。横峰葛的饮食文化传承至今，形成了一些特色鲜明的产品，如葛粉、葛中药饮片、葛饺、葛酥饼、葛酒、葛饮料、葛汁夹子粿、葛粉丝、葛面条、葛片茶、葛花茶等，也形成了一系列与葛相关的菜品，如"桂花葛粉羹""葛根粉粥""葛粉猪胰汤""芝麻五味葛根露""葛根红烧鳗""葛根杜仲鸡""粉葛田七煲"等，均别具风味，体现出浓郁的地方特色和传统饮食文化特征。

横峰在多年种植、利用葛的过程中，综合前人智慧经验，形成了独具特色的传统葛用工具，以此用来搬运、研磨、筛选、过滤。同时，总结了一些农谚俗语，如"理、拔、引、割、锄、剪、施、培"葛根田间管护"八字诀"，以及葛农在长期种植葛中总结和推广种葛"三字经"，并将其口口相传、代代相承。

4. 艺术的传承。横峰在1 800多年的种葛历史中，形成了内涵丰富的横峰葛文化，并且传承至今，融入到当地的现代艺术中，成为艺术作品中的重要表现形式，并形成了一系列很有代表性的艺术品。横峰葛文化发展至今，人们一直在通过诗词歌赋对其进行传颂，出现了众多优美的诗歌作品、散文作品。如在《诗经》中，用植物来表示情感的诗句，至少占了1/3，葛就屡次出现，有《采葛》《葛覃》《葛屦》等诗歌。现代作家陆春祥也为葛撰写了《横峰葛事》一文，刊登在了《人民日报》的副刊版上，他写道"在横峰的几天时间里，喝'葛佬'，吃葛菜，看葛，说葛，折磨我一个多月的咳嗽顽疾，竟然完全好了。"这充分表现了其对葛的赞美。

葛工艺品也发展成了一门艺术，葛藤可编篮做绳、织布制衣、编葛鞋，其制成的工艺品十分精美（图7-5）。

图7-5　葛工艺品

图片来源：江西横峰葛栽培系统申报中国重要农业文化遗产申报书

四、多功能葛栽培系统的发展

（一）标准化规模种植，提供高品质生态产品

横峰在确保粮食生产的同时，以大农业、大食品、大格局的思维谋划农业发展，持续推进农业特色产业基地建设与新型农业经营体系改革，积极推进食品中药主导产业发展，以葛为代表，着力培育发展多元化、多形式农民专业合作组织，统一技术，推行规模化经营、集约化管理、标准化生产，建成原产地核心保护区、江西绿色生态葛研究中心、全国葛种质资源圃、药材基地，横峰葛已被纳入国家中医药大品种重点研发计划和全省中草药产业发展工程，并与中国中医研究院、中国医学科学院、江西中医大学、江西农业大学等科研机构、高等院校展开合作，组建葛业院士工作站，研发新品种，培育科技创新人才，提高选苗、育苗的水平和标准化生产与农业产业化经营水平，充分利用并发挥横峰葛"三品一标"的优势，在做好食用葛的前提下，将做好药用葛的开发与发展。

（二）产业化多元化发展，延长产业链

葛产业多元化发展，将加大对葛附加值的开发力度，一方面，丰富葛产品，包括休闲食品、医药中药、工艺品等，满足各类人群的需要，葛渣、葛叶、葛藤、葛茎、葛纤维等边缘材料也被有效利用，发展葛菇、葛饲料、葛布、葛纸等；另一方面，培育葛佬、葛润等龙头企业，推进葛饮料、葛粉、葛茶、葛三宝、葛米、葛面、葛护肤化妆品等系列葛产品的开发和生产，建立中国葛交易市场、中国葛交易网等平台，打造区域特色品牌。横峰以葛为中心发展"1+N"特色农业，新增一批葛产品深加工企业，促使葛根种植与深加工协调发展，以"一支葛"打通一二三产业，致力打造"中国葛业之都"，使独具特色的葛产业成为横峰绿色崛起的重要产业。同时，以葛的大品种研发为契机，引进食品药品加工企业，带动关联企业，通过企业的大集聚推动产业集群式发展。

（三）促进就业增收，推动地方经济发展

横峰县在做大做强葛产业的同时，吸收了大量的农村剩余劳动力，为农村剩余劳动力就地就业、就近就业提供了条件。一方面，随着葛种植面积的不断扩大，解决了大部分农民的就业问题，农民将通过直接种植和土地流转获得较好的收益，由于资金、技术、政策的扶持，葛农经营收益也在提高，是富民的好项目。另一

方面，葛加工企业的数量和规模的扩大，尤其是葛产业龙头企业的发展，吸纳了一部分农村剩余劳动力为产业工人，完善企业和农民利益联结机制，形成牢固的利益共同体，解除葛农卖葛难的后顾之忧，增强农民的组织化程度，大幅提高农业效益，增加农民经济收入。

（四）改善生态环境，发挥产学研价值

横峰葛产业的发展必然会进一步推动葛的种植，大规模葛的种植，有利于水土的保持、环境的绿化，促使当地农业向可持续农业、生态农业发展。横峰葛除了其作为特色农业的主导产业外，还包含植物学、生态学、农业与农业工程、食品工程、中医中药学、地理学、区域经济学等多学科知识，具有重要的附加教育意义。横峰县不仅建立了葛博物馆、葛文化展示馆、横峰县中小学教育研学基地和江西中医药大学研究生教育创新基地，还与中国中医研究院、中国医学科学院、江西中医大学、江西农业大学等科研机构、高等院校开展科研合作，共同解决在葛种植与葛产品开发过程中所遇到或所提出的大量科学问题和技术难题，如种质资源遗传及优质品种的培养、葛不同部位的核心功效、葛医学成分的有效提取，以及规模化生产、葛栽培的现代生态循环农业模式等具有重要的理论价值和科研意义。将科研、教育、生产等不同社会分工在功能与资源优势上实现协同与集成，使技术创新的上、中、下游能够进行有效对接与耦合。打造好"产学研"一体化的创新模式是多功能农业发展的重要基础，也是遗产功能的具体体现。

（五）开拓国际市场，挖掘功能性作用

随着现代社会人们对健康的追求，葛根经济价值和保健功能逐渐被开发及推崇，一定程度上满足人们对绿色天然食品的增长需求，葛产业正成为"21世纪黄金产业"，横峰葛在汉文化圈具有市场潜力。葛产品在国际市场需求量很大，日本、韩国，以及东南亚和欧美等国家每年从中国进口大量的葛粉进行深加工。葛麻装饰布出口欧洲、日本，葛产品已开始走向世界，由此显示出葛巨大的市场潜力。葛根中含有大量的淀粉、丰富的黄酮类物质以及一定量的氨基酸、蛋白质、纤维素、矿物质和微量元素等，具有多种疗效作用，将其从天然葛根中提取出来，可以用于医药工业，或直接添加到食品中，生产具有功能性作用的功能性食品。

第三节　江西横峰葛栽培系统的现状

一、保护政策与规划建设

（一）健全组织机构，强化领导

针对横峰葛栽培系统遗产保护与发展，当地政府已采取措施健全组织机构，强化领导实行一个产业、一套人马、一套规划、一套实施办法，初步形成了横峰葛产业化发展的组织领导体系和工作机制。

（二）对葛根种植的扶持

2011年7月横峰提出"实施农业稳县，打造中国葛业之都"战略思路，成立葛产业发展领导小组，出台对葛根种植实行"一奖、一免、一贷、一贴"的扶持政策[15]，确定实施葛根最低收购保护价。

（三）对葛产业龙头企业的扶持

为满足企业生产扩建需求，优先为葛产业龙头企业供给土地指标。推进龙头企业改造、提升、扩大企业规模、提高企业层次、加快葛佬葛产业开发有限公司上市步伐，对获上市资格的，按照县有关政策进行奖励。鼓励龙头企业实施品牌战略，增强龙头企业的品牌、名牌意识，鼓励企业开发申报绿色食品和有机食品，提高产品质量和市场竞争力。促进葛产业龙头企业带动农民增收，通过为农民提供良种、技术、资金、销售等产前、产中和产后服务，不断完善龙头企业与农民利益共享、风险共担的利益联结机制。

（四）规划建设产业园区，促进葛产业化经营

横峰县政府已规划建设现代农业产业园、药用植物园、荷博园和葛博物馆的"三园一馆"工程，以现代农业产业示范园和葛源镇为平台，大力推进葛业综合体建设，为葛的教育宣传做出了巨大贡献。与此同时，"秀美乡村、幸福家园"创建活动轰轰烈烈，把秀美乡村建设与葛产业发展紧密结合。

（五）建设文化与科教一体化机构

在文化方面，投资建设横峰葛文化展示馆，文化馆中介绍展示了葛的起源、

文化以及横峰葛的各种价值、发展现状等，还陈列葛的各种深加工产品，展示了葛文化的多个方面。

在科研教育方面，建立了江西绿色生态葛研究所——全国唯一一个围绕葛做专业研究的科研机构。

（六）搭建葛销售平台

在产品销售方面，横峰县积极搭建葛的销售平台，建立了线上与线下的中国葛交易市场。在中国葛市场内建设葛食品运营中心，分为线上交易区、智慧平台区、产品展示区、线下体验区四个功能区。该中心采用政府搭台、市场化运营的模式，运用现代互联网技术，导入产品质量追溯系统、物联网平台和中国葛交易网，对接全县种植基地、休闲采摘基地和食品加工企业，实现葛产品、食品、休闲农业产品与市场有机对接，助推乡村振兴。推进"互联网+"模式，加快发展以葛产品为主要特色的农业电子商务，农户积极涉足以葛为主要特色的农产品电子商务线上销售。

二、发展措施与实践

（一）做好遗产系统的保护工作

明确遗产地的保护对象、保护措施、保护部门及管理人员[16]。在遗产地葛种植核心区，对传统葛的种植基地、传统葛品种及优质葛品种以及各种品种种质资源实施保护；对周边环境实施保护；对遗产地各生态子系统及其生物多样性、种植与经营模式实施保护，重点保护遗产地的珍稀动植物和濒危动植物，建立古树长制度。引导村民合理规范种植葛，减少农药的使用，发挥葛对环境保护的生态作用，整治村落环境、改善周边环境，加强美丽乡村建设，保护横峰县生物多样性和生态系统，挖掘与保护葛栽培的相关传统知识、传统技术及民俗文化。提高群众对横峰葛栽培系统农业文化遗产的认知率，提高农民种葛的积极性。

（二）提高葛的产业化水平

实施"龙头企业+专业合作社+基地+农户"的发展战略，提高葛的产业化水平。以户、村民小组、村、乡为基地，由企业提供资金、技术，通过订立购销合同，使龙头企业与农户、葛农形成利益一致的经济共同体，实现公司得利、基地发展、农户受益的良好局面，建立稳定的农企合作关系。

（三）强化葛产品深度开发，完善葛产业链

整合资源、提升技术及装备，加快研究开发具有自主知识专利权的葛根产品，拓展、延伸产业链，不断提高葛属植物深加工综合利用水平，生产出市场竞争力强的葛产品[17]。

（四）发展生态农业与休闲农业

开发横峰葛栽培系统潜力，因地制宜，发展围绕横峰葛栽培系统相关主导产业和特色产业，提高农业综合生产能力，大力发展节约型农业，积极推广设施农业、有机农业、循环农业、休闲观光农业等新型农业，以及种养结合、轮作套种、林地复合经营等农业创新模式。培养当地农户接待游客的意识和保护葛的意识；整合横峰葛栽培系统的相关旅游资源，形成葛文化特色游线。完善旅游服务设施，形成葛文化休闲农业知名品牌，遗产地成为集生态观光、休闲体验和教育实践于一体的葛园与葛文化休闲体验地，提高横峰葛栽培系统旅游在横峰县乃至上饶市旅游发展中的地位。

（五）积极扩大销售市场，搞好产销对接

牢固树立"小作物、大市场"的观念，采用"讲葛的保健故事，念葛的养生经"的方式，全方位、多角度积极开展葛系列宣传和促销活动，提升全民对葛产品的认知。同时，根据农业供给侧结构性改革、乡村振兴发展等国家战略需求，以及江西特色农产品基地建设的新要求，打造葛产品绿色物流专用通道。政府应扮演好市场信息咨询、金融支持、贸易促进等角色，鼓励企业开展形式多样的市场拓展活动，积极开拓国际和国内两个市场，促进产销对接。

（六）推行标准化生产，实行品牌发展战略

一方面，加快建立、完善特色农业标准化体系，把发展绿色食品和有机食品作为标准化的方向，加强标准的制定和实施，继续推进品种、技术、知识三项更新，引导龙头企业树立品牌意识，加大品牌投入，实施品牌战略和外向型发展战略，增强葛产品市场竞争力，努力打造一批具有横峰特色、有市场竞争力、有发展潜力的葛产品品牌、名牌，推动特色经济又好又快地发展；另一方面，充分发挥政府部门的组织协调功能，加大整合力度，提高生产、技术和管理的组织化程度，加快创建一批新品牌、巩固保持一批老品牌、尽力提升一批好品牌，打造横峰特色农业的品牌优势[18]。

（七）强化科技支撑，提高自主创新能力和应用能力

加大葛的"野转家"种植技术的研究，鼓励科研院所或者科技人员通过技术承包、技术入股、技术转让等形式参与葛业产业化经营，加快科研成果的推广应用。引导葛产业化龙头企业、合作经济组织参与现代农业园区和农业标准化示范区建设，提高自主创新能力，不断研究新技术、拓展新领域、开发新产品，使葛产业化龙头企业、合作经济组织成为农业先进科技的创新中心和推广基地[19]。

第四节　江西横峰葛栽培系统存在的问题、挑战与机遇

一、存在的问题

（一）受科技及品牌影响，产品竞争力不强

目前，横峰县葛粉加工工业仍处于刚刚起步发展的初级阶段，葛粉生产的各个环节缺乏规范化管理，葛粉生产仍采用落后的技术，机械化程度不高，这导致葛粉的提取率低，对水、电、人力资源消耗大，且企业的自主创新能力差，未能很好地与高校和科研机构对接，缺乏对新技术、新机器的引进、利用和对新产品的研发。尽管横峰葛在江西卫视、央视都有广告宣传，但由于资金不足导致宣传力度不足，取得的效益甚微。其广告设计与产品包装也未能使人眼前一亮。品牌宣传的投入不足，是导致产品知名度不高、销路窄的主要原因。

（二）政府扶持力度有限，旅游设施及服务水平不高

横峰县政府对葛产业发展的扶持力度相对有限，基础设施不完善，旅游服务水平不高。尽管横峰县对发展葛产业出台了一系列扶持政策，也起到了一定的促进作用，但相对于葛产业发展需求而言，政策支撑力度十分有限。首先是扶持的范围不广、内容不多，其次是扶持额度小，最后是信贷争取难。横峰县的基础设施不完善：一是葛的种植基地的水利、交通、用电等基础设施不完善，产业基地抗御霜冻、干旱、洪水等自然灾害的能力弱，"靠天收"的现象比较突出；二是旅游基础设施、服务设施和娱乐设施等发展滞后，这也是葛农业系统保护与开发的劣势所在。

（三）规模化程度低，产业链还存在薄弱环节

横峰县葛的种植仍以散户种植为主，农户种植布局分散、规模小，大部分乡镇主导产业不突出，并且由于横峰葛的销路不宽，导致葛产品的加工企业难以形成较大规模。产加销、贸工农等环节存在条块分割、联结松散，规模化、集约化、产业化程度不高；市场和流通仍然是制约农业加快发展的瓶颈。横峰县虽然建立了葛产品的线上线下销售平台，但由于宣传力度不够，产品销路仍未打开。葛产品的产销一体化体系并不完善，葛的废物循环利用模式还不成熟。

（四）缺乏高素质人才，管理水平有限

横峰葛根种植户和葛根加工企业吸收的农业工人多为当地农民，且大多是留守老人和妇女，农民种植绝大部分都依靠祖祖辈辈流传下来的经验，因为没有知识，缺少文化，农民获取农业科技信息的渠道自然而然受到限制。在企业管理方面，横峰县的葛粉加工还处于刚刚起步的初级阶段，再加上横峰县县域经济发展仍不充分，企业对自身的宣传力度不够，无法吸引高素质人才参与到横峰县葛根产业的发展中来，产业发展缺乏可持续的高素质人力资源。而且该县的葛粉加工企业大多属于个人投资兴办，家族式企业特点明显，企业管理层素质不一，缺乏现代企业管理的理念。

（五）易受病虫草害和野猪的危害

葛在种植过程中存在一定的病虫草害问题，主要有锈病、鼠害、虫害和草害等。草害问题尤为突出，尤其是在葛的幼苗时期，需要人工进行除草，加大了种植成本。另外，野猪对葛的种植有一定的破坏作用，但野猪作为国家二级保护动物，人们也不好采取过激行为，只能在低矮山地改种桃林，导致湿地葛的种植面积减少。

二、面对的挑战

（一）传统手工艺传承带来的挑战

随着经济和科技的发展，市场经济的繁荣以及现代人生活方式的改变，使得城乡人民忙于各种经营活动，年轻人不愿花时间学习手工制作，制作技艺无人继承，传承人面临消失断层，如葛粉传统加工技艺的传承就面临着巨大的挑战。传统食品不断受现代食品的挑战与挤兑，如原来历史上有名的横峰葛酥饼，如今已不多见。

（二）保护葛品种多样性带来的挑战

横峰县有野葛、葛麻姆、粉葛三大类，其中粉葛中的淀粉含量较高，鲜葛根含20%～30%的淀粉，是其主要的食用成分。随着社会经济和科技的发展，野生葛的数量逐渐减少，人工葛的数量不断增加，加之人们对粉葛的偏好，使得葛品种多样性的保护受到严峻挑战。

（三）市场竞争激烈带来的挑战

葛在我国分布很广，除西藏、新疆外，全国各省份均有分布，主要产区有江西、湖南、湖北、广东、广西、四川、云南等省。葛适应性强，在荒山林地均可生长，可大面积种植，同时它生长较快、产量高。近年来，由于葛根得到开发利用，经济价值提高，种葛有良好收益，激发了广大葛农的积极性，很多地区葛的种植面积不断增加。在全国范围内，葛根产业如火如荼地发展，但伴随而来的是葛根产业间的竞争加剧。

（四）产品市场化定位带来的挑战

长期以来，企业习惯将葛根定位为一种地方特产，因为这种定位很容易获得一些天然的优势。然而，以土特产作为产品定位的企业，首先是普遍安于现状，舍不得牺牲利润来细化市场、培育消费生态，单体企业的规模提升自然受到很大局限，从而导致整个品类的发展速度一直较为缓慢；其次就是营销思路偏于保守，普遍缺乏宣传力度和整合资源的能力，销售方式也偏于粗放，对市场的细化和精耕不够，没有形成有效的深度分销，甚至连稳定健全的核心渠道都缺乏；最后是缺乏消费频率，产品整体品质档次不高，这直接导致葛根产品的总体销量难以提升。

葛制品企业市场运营能力受制约。纵观葛加工企业，不少从种植到加工、再到销售，做的是全产业链；围绕葛根开发的产品，普遍涉及多个产品形态，处于小而全的状态，"吃干榨尽"做的是"全价值"。有葛根面条、葛根粉丝、葛根素、葛花茶等产品（图7-6），种类非常丰富。从生产葛根粉到生产葛根饮料，看似进行的是相关产品开发，实则是进入保健品、快销品两个完全不同的领域。企业的跨品类延伸，最大的问题便是渠道重建。受到行业属性的制约，进入的企业在原有领域积累的技术资源、渠道资源、人脉资源基本上得不到任何的继承，有的甚至需要建立完全不同的渠道，招聘完全不同行业背景的营销人员，而企业也会因为这其中的资金成本和人力成本等原因，跟不上瞬息万变的市场步伐。

图 7-6　葛的众多品牌以及相关产品

图片来源：江西横峰葛栽培系统申报中国重要农业文化遗产申报书

三、未来发展机遇

（一）农业文化遗产保护项目启动带来的机遇

在农业文化遗产保护呼声日渐强烈的推动下，2012年3月农业部正式启动了中国重要农业文化遗产保护项目。随着这些重要工程的逐步启动，我国对农业文化遗产的关注和保护大幅度提高，特别是对于横峰葛栽培系统这样具有1 800多年历史积淀的农业文化，其中蕴含着丰富的价值。农业文化遗产保护项目的启动为横峰葛栽培系统种植体系的发展与制作工艺的传承带来了巨大的机遇。

（二）国家政策与发展战略带来的机遇

横峰葛栽培系统具有突出的农业绿色发展的生态特征，葛特殊的生长习性和种植条件使其对环境有很强的适应性。栽培技术的提高为葛在山地荒坡的规模化种植提供了支持，横峰葛的规模化种植成功解决了贫瘠土地和荒地的科学利用问题。一方面，葛的种植不与其他粮食作物争地，在丘陵地区可充分利用土地资源，在一定程度上有利于耕地后备资源的开发和利用，解决耕地资源有限的问题，确保我国耕地的生态红线；另一方面，葛本身及其副食产品的开发丰富优化了人们的饮食种类和结构，横峰葛规模化的种植与产品开发，增加了粮食多样性的选择，符合粮食多样化和高质量发展的趋势与目标，为保障粮食安全提供了新经验和新思路。另外，横峰葛栽培系统提振了横峰的葛产业，县政府出台了大量政策，积极发展葛产业，打造集种植、加工、生产、销售、文化旅游、品牌建设等内容于一体的全产业链建设框架，涵盖农业、工业、旅游业、服务业等行业，实现一二三产业融合[20]。国家政策与发展战略为横峰葛栽培系统的保护与发展提供了机遇。

（三）生态文明、绿色发展理念带来的机遇

党的十八大报告首次单篇论述生态文明，把"美丽中国"作为未来生态文明建设的宏伟目标，要实现真正的国富民强，必须守住"绿水青山"。横峰葛栽培系统无论从梯田的山地土地资源利用、"葛-稻"间作与轮作的栽培技术、"葛-猪""葛-兔"绿色循环养殖模式，到"坡地种葛，山地种油茶，平地农田'葛-稻'轮作"的立体农业模式，都折射或体现了遗产系统将有限的资源科学最大化利用，具有绿色循环的生态特点，且遗产系统最主要的元素葛的适应性非常强，具有较强的土壤适应性和气候适应性，能在多种复杂的生态环境下良好生长，适应不同程度的环境变化。栽培葛在生态营建中的作用是保持水土。葛生长迅速，茎叶重叠交织，短期内能形成良好的植被覆盖土壤；并且因为葛的根系发达，可深达1米，并在土壤中密集分布，所以在防止雨水冲刷、护坡固沟上具有显著作用，也可用来保护路基、堤岸、坝坡和防风固沙。栽培葛还具有改良土壤、增进地力的作用。葛的根系含根瘤菌，根系在土壤中遗留大量有机质，再加上葛叶脱落形成的落叶层在腐烂后溶入土壤，对增进土地肥力和改良土壤具有良好的作用。葛的蔓生茎具有匍匐、坚韧、攀援的特性，是较好的退耕还林、还草前茬植物，也可单独作为覆被植物用，还可在林地更新的前期进行种植，成为林地更新的保护植被。因此，横峰葛栽培系统所具有的多种生态服务功能为生态文明的实现提供支持，生态文明理念的提出与实施也为横峰葛栽培系统的保护与发展带来了机遇。

（四）巨大的消费市场带来的机遇

葛根是一种药食两用的植物。随着人们生活水平的提高，膳食结构的改善和对营养保健的重视，葛根产品消费范围将不断拓宽，消费量将不断增加。葛根进行二次加工后可制作成为葛粉、葛汁、葛茶、葛糕、葛花茶、葛粉丝、葛酒等多种葛食品，品种繁多且面向不同层次的受众群体。同时，经过提取后制成葛根口服液、葛根冲剂等一系列保健品，在保健食品日益受重视的今天，葛根所制成的保健品在保健品市场上能占有一席之地。日本将含有类黄酮物质的葛粉作为原料，加工成一系列保健食品、饮料等，大量上市，非常畅销，几乎成为日本老人和产妇的必备食品。美国将葛粉制成葛冻罐头、葛粉红肠、葛根混和制剂等，深受妇女、老人和儿童的喜爱。因此，随着人们对葛根产品的营养保健作用的认识不断提高，加大葛根药物和保健品开发力度，可有效延伸葛根产业的市场空间。葛根是一项前途远大的朝阳行业，在国内外有广阔的市场潜力。这种潜在的消费市场

需求，为横峰葛栽培系统的保护与发展带来了机遇。

（五）食品安全理念带来的机遇

食品安全可以从两个方面理解，一是食品供应充足，不会发生食品供应短缺的情况。二是食品质量有保障，即摄入的食物中不含有对人体有害的污染物。葛的全身都是宝，花、叶、根均能以不同的方式食用。横峰葛加工利用历史悠久，制作工艺纯熟。横峰葛作为食品已有上千年的历史，对于增加我国食品储备量、丰富食品种类具有重要意义。近年来，随着人们对健康的关注，横峰葛作为天然的绿色食品，尤其是对人体具有一定保健功能的营养绿色食品而受到人们的喜爱。

参 考 文 献

[1] 何绍浪，张昆，成艳红，等. 江西省粉葛种植产业发展现状及对策 [J]. 江西中医药，2020，51 (12)：7-10.

[2] 李天星，李新民. 中药葛根的研究进展 [J]. 湖南中医杂志，2013，29 (8)：151-153.

[3] 楚纪明，马树运，李海峰，等. 葛根有效成分及其药理作用研究进展 [J]. 食品与药品，2015，17 (2)：142-146.

[4] 陆建林，肖柳华，彭君，等. 不同粉葛品种的营养品质分析及产品研发进展 [J]. 长江蔬菜，2024 (20)：25-29.

[5] 李臻，赖富饶，吴晖. 葛根的营养成分分析 [J]. 现代食品科技，2011，27 (8)：1010-1011.

[6] 叶辉，龚万民，朱文标. 横峰葛产业三级跳 [N]. 江西日报，2007-11-4 (C2).

[7] 何绍浪，黄欠如，成艳红，等. 江西省葛产业发展现状及对策 [J]. 湖北农业科学，2019，58 (22)：130-133.

[8] 胡水华，高亮亮. 试论赣东北苏区红色文化资源生态性整合：以红色省会横峰葛源为例 [J]. 党史文苑，2017 (10)：70-73.

[9] 黄京平. 合理利用气候资源发展葛业生产：江西省横峰县葛根种植气候条件分析 [J]. 农产品市场周刊，2006 (16)：47.

[10] 张志勇. 江西横峰发现亚洲最大钽矿 [J]. 西部资源，2015 (2)：64.

[11] 江朝福，苏水高，黄琦，等. 横峰县葛根栽培及鲜葛加工技术 [J]. 南方农业，2016，10 (15)：251-252.

[12] 李袁杰，葛菲，李风琴，等. 江西省粉葛主要病虫害调查及综合防治技术 [J]. 生物

灾害科学，2022，45（2）：169-174．

[13] 李阳，赖格英，李启悦，等．横峰葛栽培系统景观格局及多样性分析 [J]．江西科学，2021，39（2）：275-280．

[14] 王秀全，李建辉，李艺坚，等．浅析葛根种质资源开发与利用产业化策略 [J]．热带农业工程，2018，42（1）：10-13．

[15] 苏子晨．对江西省横峰县发展葛产业建立脱贫长效机制的研究 [D]．武汉：武汉轻工大学，2020．

[16] 陈茜．农业文化遗产在乡村振兴中的价值与转化 [J]．原生态民族文化学刊，2020，12（3）：133-140．

[17] 杨宗辉．江西横峰葛之乡的致富产业链 [J]．农村工作通讯，2019（22）：44-45．

[18] 余华阳，吴志勇，谢永忠．横峰县葛产业发展情况浅析 [J]．现代园艺，2013（21）：20-21．

[19] 何绍浪，王斌强，葛菲，等．乡村振兴战略背景下江西省葛产业发展分析 [J]．江西中医药大学学报，2022，34（5）：110-114．

[20] 何绍浪，邹涵芳，王斌强，等．江西省粉葛产业高质量发展分析 [J]．江西农业学报，2024，36（4）：100-105．

第八章　江西南丰蜜橘栽培系统①

① 本章执笔人：黄国勤（江西农业大学生态科学研究中心）。

江西南丰蜜橘栽培系统于2017年6月入选第四批中国重要农业文化遗产名单，于2019年6月被列入全球重要农业文化遗产预备名录[1]。那么，到底什么是江西南丰蜜橘栽培系统？其特征是什么？有何功能与价值？又该如何保护？这些都是值得探讨的问题。可以说，弄清楚这些问题，并采取切实措施，对推动江西南丰蜜橘栽培系统这一中国重要农业文化遗产的保护、传承与高质量发展，不仅具有现实意义，而且还具有长远的战略意义。

第一节　江西南丰蜜橘栽培系统概述

一、江西南丰蜜橘栽培系统的组成

作为中国重要农业文化遗产，江西南丰蜜橘栽培系统包括以下4个部分。

一是南丰蜜橘（也常常写成南丰蜜桔）。这是"江西南丰蜜橘栽培系统"这一农业文化遗产的主体、实体，是实实在在看得见、摸得着的。与一般柑橘相比，南丰蜜橘具有色泽金黄、皮薄核少、肉嫩无渣、香气馥郁、营养丰富等特点。

二是南丰蜜橘的生态环境。南丰蜜橘对生态环境是有要求的，即要求气候温和湿润，土壤以砂质壤土或红壤为宜，土壤呈微酸性（pH 5.5～6.5），土壤疏松、土层深厚。一般来说，土层≥100厘米，根系活动层≥50厘米，要求土壤较肥沃，土壤有机质≥20%，土壤速效磷≥80mg/kg，速效钾≥50mg/kg，土壤中硼、钼、铜、锌等微量元素含量较高等[2]。江西省南丰县是南丰蜜橘的原产地和主产区。

三是从事南丰蜜橘生产、加工所使用的工具，以及所采用的科学技术和生产方式、加工方式、工艺流程等。如果说，南丰蜜橘生长的生态环境是"自然"环境；那么，南丰蜜橘生产、加工所使用的工具，以及所采用的科学技术和生产方式、加工方式、工艺流程等则是"人为"环境。"自然"环境与"人为"环境二者相结合，才能确保南丰蜜橘生长和正常生产，确保南丰蜜橘的可持续发展。

四是江西南丰蜜橘栽培系统所蕴藏的文化。这是江西南丰蜜橘栽培系统之所以入选中国重要农业文化遗产、成为中国重要农业文化遗产最重要和最根本的原因。江西南丰蜜橘栽培系统所蕴藏的文化，主要包括"蜜"文化、"橘（桔、吉）"文化、"金"文化、"红"文化和"圆"文化等多个方面。

二、江西南丰蜜橘栽培系统的特征

与一般农业文化遗产相比，江西南丰蜜橘栽培系统具有以下几个明显特征。

（一）历史悠久

南丰蜜橘是中国重要农业文化遗产"江西南丰蜜橘栽培系统"中最重要、最核心的组成部分。南丰蜜橘是我国名特优果树品种之一，其原产地和主产区在江西省南丰县，已有1 300多年的栽培历史，这是迄今多数人的看法[3-5]。但也有人认为，南丰蜜橘有着1 700多年的栽培史[6]。

（二）分布区域广

南丰县是南丰蜜橘原产地和主产区。南丰蜜橘栽培系统地处盱江（发源于江西省抚州市广昌县驿前镇血木岭，流经广昌、南丰、南城、临川、进贤、南昌等地，在南昌市滕王阁附近汇入赣江，总长400千米）中上游，覆盖南丰县全境，栽培面积4.67万公顷（70万亩），核心保护区位于该县琴城镇水南村、杨梅村、果园村和瑶浦村[1]。南丰蜜橘除分布于南丰县之外，还广泛分布于南丰县周围的南城县、临川区、金溪县等县（区）。福建、湖南、湖北及广西等省份也有引种栽培。根据调查和研究，南丰蜜橘最适生长区（种植区）是南丰、吉安、泰和等县（市），适宜生长区（种植区）是广昌、永新、安福等县，次适宜生长区（种植区）是临川、金溪、莲花等地[7]。

（三）价值珍贵

2002年，温家宝总理赞美"南丰蜜橘是金牌"[8]。据史料记载，南丰蜜橘自唐朝就有种植[1]。因其品质优良、风味独特，素以果正色黄、皮薄肉嫩、甜如糖蜜、芳香浓郁及食后无渣且无粒或少粒而驰名中外，历代被列为贡品，故称为"贡橘（桔）"，是江西省的名贵特产。1962年，南丰蜜橘被评为全国十大良种之一；1986年、1989年连续两届被评为全国优质水果；1995年，南丰被农业部（现农业农村部）命名为"中国南丰蜜橘之乡"；1999年被评为中国国际农业博览会名牌产品；2003年，南丰蜜橘被认定为全国柑橘类水果第一家国家原产地域保护产品和绿色食品A级产品；2006年，被评为"中国名牌农产品"；2007年，被评为"中国驰名商标"。

南丰蜜橘的价值突出表现在其具有独特的食用价值和药用价值，以及经济

价值、社会价值、生态价值、文化价值、科研价值、科普价值、旅游价值等多方面。

（四）影响广泛

在国际方面，南丰蜜橘是"橘中之王"，遍及全球。1949年12月，毛泽东主席应邀访问苏联并祝贺斯大林七十寿辰。毛主席带去的众多礼物中，就有1 000千克的南丰蜜橘。斯大林品尝后，称赞其为"橘中之王"[9]。在产品出口方面，2005年11月24日，在江西南丰超大果业公司喧天的锣鼓声中，一辆辆满载南丰蜜橘的大货车徐徐驶出公司大门，该公司已与欧盟签订了1 000万千克南丰蜜橘销售合同，首批15万千克蜜橘从公司发车。据悉，这是中国柑橘类水果首次大批量出口欧盟，标志着中国南丰蜜橘向国际市场挺进迈出了可喜的一步[10]。2020年底，南丰蜜橘成功出口美国，在开拓国际市场的道路上迈出了重要步伐。目前，南丰蜜橘已畅销全国各地，已远销全球40多个国家和地区[11]。

从国内来看，南丰蜜橘可以说是遍布全国、家喻户晓，人人皆吃、人人爱吃。2012年，南丰蜜橘主产区——南丰县建成了全国首批、江西省唯一的国家级出口食品农产品质量安全示范区。如上所述，南丰蜜橘已经拥有国家地理标志产品、中国驰名商标、中国名牌农产品和绿色农产品等多个"头衔"（荣誉），并入选2020中国地理标志产品100强和全国农产品标杆品牌，成为一张享誉海外的"中国名片"[12]。

南丰蜜橘已真正成为"国际性农产品"，南丰已成为"世界橘都"。

第二节　江西南丰蜜橘栽培系统的价值

南丰蜜橘因其色泽金黄、皮薄核少、肉嫩无渣、香气馥郁、营养丰富等特点，成为历代朝廷贡品。南丰蜜橘是名副其实的"贡橘"。南丰蜜橘之所以能成为"贡橘"和"国际性农产品"，关键在于其价值的珍贵性和多样性。

一、食用价值

南丰蜜橘的首要价值就是可供人们日常食用。在南丰县几乎家家户户都种植橘子，多的有上千株，少的也有一二百株。南丰蜜橘品质优良风味独特，色、香、味、形俱佳，是美味水果、美味食品。南丰蜜橘是芸香科植物，含有多种营养成分，如葡萄糖、果糖、蔗糖、果酸、维生素C、柠檬醛、维生素B$_1$、维生素B$_2$和钙、磷、铁等多种无机盐及其他营养物质，含有人体所必需的糖类、柠檬酸、蛋白质、无机盐、胡萝卜素、微量元素和氨基酸，因此南丰蜜橘被人们赞为"食之悦口、视之悦目、闻之悦鼻、誉之悦耳"的水果。

二、药用价值

南丰蜜橘不仅具有食用价值，还具有药用价值，是食、药兼具的农产品。南丰蜜橘的药用价值体现在其全身是宝，全身都可入药[1]。①橘皮，中医临床常用药，具有理气健脾，燥湿化痰的功效。适用于脾胃气滞，脘腹胀满，恶心呕吐，消化不良等症。它含有挥发油，橙皮苷等成分，有抑制葡萄球菌，兴奋心脏，降低毛细血管的脆性，防止微血管出血的作用。②橘子汁，性味甘、酸、凉，具有生津止渴、养阴清肺、醒酒利尿的作用。③橘核，又称橘的籽，性味苦温，也是中医临床常用药，具有理气、散结、止痛的功效。适用于疝气痛、睾丸肿痛等症。中成药橘核丸，治疗小肠疝气、睾丸下坠疼痛等。将橘核捣碎成浆外敷局部，可治疗急慢性睾丸炎、附睾丸炎及精囊炎等病。④橘络（即橘瓣上的白丝），性味苦平，入肺、肝两经，也是临床常用药，具有通络化痰，顺气活血之功效。常用于治疗痰滞经络，咳嗽气促，胸痛胁痛等症。⑤橘叶，具有行气、解郁、散结之功效。用于治疗乳腺炎、胁痛等症。

已有研究表明，橘子，尤其是南丰蜜橘，不仅美味，更富含丰富的营养价值。它含有大量的维生素C，是增强免疫力、促进铁质吸收的重要元素。此外，橘子还含有丰富的维生素A、B族维生素、膳食纤维以及钾、镁等多种矿物质。其中，橘子中的类黄酮物质，如橙皮苷，具有抗氧化、消炎、保护心血管健康的功效。定期食用橘子，不仅能够帮助维持皮肤健康、预防感冒，还能有效降低胆固醇，促进消化系统的健康。

三、经济价值

经济价值是南丰蜜橘最重要的价值之一，这也是广大橘农之所以祖祖辈辈自愿种植南丰蜜橘的重要原因。南丰蜜橘的经济价值主要体现在以下三个方面。

一是品牌价值高。2015年11月10日，第十二届江西南丰蜜橘文化旅游节在南丰县举行，来自国内的柑橘专家学者、国内大中城市蜜橘经销商以及当地群众

代表等，共计5 000余人参加开幕式。在此次南丰蜜橘节开幕式上，浙江大学相关专家在现场公布了南丰蜜橘的农业品牌价值。并在全国2 000个柑橘类品种里甄选出了300个优质品种，南丰蜜橘以价值40.93亿元名列柑橘类第二、宽皮柑橘类第一[13]。2017年，南丰蜜橘品牌价值已达50.42亿元、区域品牌价值达190多亿元，被评为"2017最受消费者喜爱的中国农产品区域公用品牌100强"，名列"2017中国果品区域公用品牌价值英雄"第六位[11]。2021年，南丰蜜橘品牌价值已经达到197.07亿元[6]。这充分说明南丰蜜橘及江西南丰蜜橘栽培系统农业文化遗产的经济价值之大、之高。

二是种橘增收多。2009年，南丰县种植南丰蜜橘50多万亩（3.33万公顷），年产量8亿多千克，实现产值20多亿元。2015年，南丰县柑橘总产值达33.33亿元，占全县农业总产值的70.90%；农民人均可支配收入为1.71万元，其中2/3来自柑橘生产[1]。2020年，南丰县种植蜜橘68.63万亩，其中南丰蜜橘50.56万亩（3.37万公顷），全县柑橘总产值突破30亿元[14]。2022年，南丰蜜橘产量13亿千克，综合产值突破120亿元[6]。该县农民收入的七成来自南丰蜜橘，全县90%的农民以蜜橘生产为主要收入来源，有相当部分橘农的年均纯收入超过10万元，有的甚至达到20万元以上。2007年，南丰县农民人均收入达5 804元，已连续4年位居全省前列[15]，南丰蜜橘已经成为该县名副其实的富民产业[16]。

三是加工增值快。南丰蜜橘可加工、衍生出很多产品，如精油、香精、陈皮、果胶、橘子酱、橘酒、橘醋等，甚至还有饲料和肥料等产品。通过发展南丰蜜橘加工业，可大幅度提高产品价值和经济效益。据统计，2014年南丰食品加工产业实现主营业务收入42.55亿元，其中蜜橘精深加工创收13亿元，小小的蜜橘成为名副其实的富民强县支柱产业、抚州市第一个"百亿"农业产业。同时，南丰蜜橘也是南丰县对外交往的独特名片[13]。

四、旅游价值

旅游价值是中国重要农业文化遗产的又一重要价值。近年来，南丰县广大干部、群众深度挖掘江西南丰蜜橘栽培系统这一重要农业文化遗产的旅游价值，并以此促进休闲农业和乡村旅游业发展，助推全县乡村振兴。采取的具体措施有：一是倡导新理念。树立"大旅游、大市场、大产业"的理念，按照"橘园变公园、橘园变游园"的目标，南丰县紧紧依托南丰蜜橘，以南丰蜜橘为核心，大力发展休闲农业和乡村旅游。二是建立示范点。通过增大投入、加强建设，南丰县已形成了以观必上乐园、前湖庄园、罗俚石蜜橘生态园、南湾农庄、梦缘山庄、茶亭生态园、青源蔬菜基地等为代表的休闲农业与乡村旅游示范点，全县13个乡镇场全部建成至少1～2个蜜橘采摘体验点或乡村旅游示范点，供游客休闲旅游。三是打造新线路。南丰县先后开通了县城到车么岭、紫霄溪漂流、清水湾温泉度假村等旅游风景区的专车，并设计推出了以市山镇包坊村等8个村为试点的"农家乐"旅游和"橘园采橘休闲游"等6条旅游专线，使旅游业发展成为该县第三产业的新亮点。四是开展"橘园游"活动。2014年11月初，中国南丰"万人采橘""万人品橘"游园活动正式启动，有效促进了蜜橘产业与休闲旅游的融合，实现了"橘园变公园""橘园变休闲健身园"的目标[17]。

由于采取以上有效措施，江西南丰蜜橘栽培系统的旅游价值得到了充分显现，主要表现在三个方面：旅游人数增多、旅游收入增加和旅游"影响"增大。2006年，全县接待县内外游客12万多人次，实现旅游收入2 000多万元；2013年，因南丰蜜橘催热旅游业，全县接待外来游客超过70万人次，旅游收入达到2亿元，拉动相关产业产值超过10亿元，为橘农带来了实实在在的经济收益；2014年，全县休闲农业点达到102个，总收入达44.97亿元，接待总人数达94万人次，从事休闲农业人数达8 860人，全县农民人均从休闲农业获利2 083元；2017年1—8月，全县接待游客221.5万人次，实现旅游综合收入17.49亿元[18]；2021年，南丰县游客量达到421.35万人次，同时由此带来的旅游收入更是快速增长[19]。南丰县先后获得江西省休闲农业示范县、中国最佳生态旅游县等多种荣誉和称号，被誉为"南丰福地，世界橘都"[17]。

五、社会价值

作为中国重要农业文化遗产，江西南丰蜜橘栽培系统还具有重要的社会价值。

一是增加就业。南丰县共有30万人口，蜜橘从业人数就有20万人，占全县人口的2/3，几乎家家户户都有自己的橘园。橘子丰收的时节，也是橘民增收致富的幸福时刻，2013年南丰蜜橘帮助全县农民人均纯收入增长到1.37万元，成为南丰县名副其实的富民强县支柱产业[17]。

二是带动产业发展。"一业带百业"，南丰县通过大力发展柑橘生产，推动了柑橘加工、运输、销售、旅游、文创等相关产业的发展，对促进该县经济社会高质量发展、可持续发展发挥了重要作用。

三是促进社会和谐发展。南丰蜜橘作为食物，可以解决温饱；作为药物，可以守护健康；通过生产增收，可以富裕农民，助推乡村振兴。这些举措对促进社会和谐极为有利。

六、生态价值

江西南丰蜜橘栽培系统的生态环境价值主要体现在以下几方面。

一是扩绿增汇。南丰县将荒山荒坡都种上了柑橘，扩大了地面的绿植覆盖面积，通过绿色植物的光合作用吸收大气中大量的CO_2，从而有效减少大气中CO_2浓度，减少CO_2排放，同时增加碳汇（固定CO_2），这对于贯彻绿色发展新理念、实现全面绿色转型和"双碳"目标（碳达峰、碳中和）不仅具有现实意义，还对于缓解全球气候变暖、实现人类社会可持续发展具有长远战略意义。

二是改良土壤。江西南丰蜜橘栽培系统具有改良土壤的重要作用。种植蜜橘和从事蜜橘生产时，广大橘农为了提高柑橘产量和品质，常常采取耕作（中耕松土）、施肥、灌溉、防治病虫害等各种栽培管理措施，从而起到了改善土壤结构、提高土壤肥力的作用和效果。

三是调节小气候。与不种植蜜橘的对照（CK）相比，在橘园种植蜜橘具有调节土壤温度、湿度和增加土壤含水量的作用。这是因为橘园种植蜜橘之后，由于采取灌溉（或人工浇水）、松土、除草，以及间种绿肥、大豆、花生、玉米等多种人工管理措施，可有效增加橘园土壤水分含量，加上柑橘等绿色植物的光合作用、蒸腾作用等，从而起到调节橘园小气候的作用。

四是丰富生物多样性。据《江西日报》2011年4月21日（第B03版）报道[20]，4月的南丰，到处橘花飘香。走进南丰县白舍镇罗俚石生态蜜橘园，只见成千上万只候鸟在橘园中嬉戏，形成了一道亮丽的景观，也吸引了各地游客来此赏花观鸟，尽情陶醉在"橘乡鸟海"中。近年来，该县着力发展生态经济、绿色经济，实施精品蜜橘战略，通过山顶植树造林、山腰种植果树、山谷兴建小型水库，先后打造出200多个精品蜜橘园。目前，该县森林覆盖率已达到80%以上。随着天气转暖，漫山遍野的"橘海"吸引了数百万只候鸟在此栖息。种植蜜橘，不仅吸引候鸟，就连橘园中杂草、昆虫和土壤微生物等的种类也都有明显增加。一句话，种植蜜橘、发展蜜橘生产可改善周边生态环境，显著增加生物多样性。

七、科研价值

从科学研究的角度来看，江西南丰蜜橘栽培系统这一中国重要农业文化遗产，其实就是一个"天然实验室""野外试验地""技术示范田"。

第一，提供了研究场所。南丰县（及周边相邻县）凡是栽种了柑橘、蜜橘的地方，都是开展柑橘、蜜橘研究的自然最佳场所，在这个最佳的自然、天然场所，可以围绕柑橘、蜜橘实现高产、优质、高效、低碳的目标广泛开展研究。

第二，提供了研究材料。南丰县（及周边相邻县）种植的所有柑橘、蜜橘就是进行科学研究的最好试验材料。

第三，提供了研究问题。科学研究往往是"以问题为导向"。为了保护好、传承好、利用好"江西南丰蜜橘栽培系统"这一中国重要农业文化遗产，可以针对当前及今后南丰县（及周边相邻县）种植的所有柑橘、蜜橘在生产实践上所面临的问题、挑战、短板进行全面、深入、系统的研究，包括优良柑橘品种筛选、水肥调控、病虫害防治、抗旱减灾以及栽培技术优化等，并且通过研究成果的示范和推广应用，来解决生产实际问题，从而推动江西南丰蜜橘栽培系统的高质量发展。

八、科普价值

江西南丰蜜橘栽培系统是科技的载体，其中蕴藏着丰富的"科学秘密""科技规律""科学道理"，是良好的"科普基地"和极好的"科普教材"。近年来，从幼儿园的小朋友，到小学生、中学生，甚至大学生、研究生，都纷纷来到南丰县蜜橘园参观、学习，在这里他们不仅可以亲口品尝南丰蜜橘的美味，还可以了解蜜橘的高效栽培技术，既尝到了美味水果、又学到了农耕知识、还陶冶了情操，从而使她们更加热爱大自然、热爱农业，更加珍惜劳动成果。

九、文化价值

江西南丰蜜橘栽培系统之所以成为中国重要农业文化遗产，其中最重要的原因之一就是其具有文化价值。江西南丰蜜橘栽培系统的文化价值是多方面的。每到逢年过节，南丰人、江西人、乃至全国各地的人，都会将蜜橘，尤其是南丰蜜橘作为重要的礼品相互赠送，其寓意是多方面的。

一是"蜜"文化。"蜜"，即甜蜜，象征着爱情甜蜜（夫妻相爱）、家庭甜蜜（家庭和睦）、事业甜蜜（事业发达）。尤其是在众多诗词歌赋中，橘子常被作为爱情的象征，象征爱情的温馨与美好，用以表达对美好爱情的憧憬与颂扬。

二是"橘"文化。在中国传统文化中，"橘"与"吉"谐音，这使得橘子（南丰蜜橘）成为了吉祥的象征，寓意吉祥如意、万事大吉。在新年或特殊节日，人们常常会选择赠送橘子，以此表达对亲朋好友的真心祝福。

三是"金"文化。蜜橘的金黄色彩与丰硕的果实，常常被寓意为财富与富足的象征。在不少地方，人们甚至深信橘子能招财进宝、生意兴隆，为个人、为家庭带来财富和繁荣。

四是"红"文化。蜜橘的外表多为"橘红色"，色泽鲜亮、口感甜美，因此被赋予了"红红火火""大吉大利"，象征吉祥与成功，在南丰、在江西、在全国许多地方，人们甚至将橘子作为"丰收"和"胜利"的庆祝水果。

五是"圆"文化。蜜橘的外形圆润饱满，这一特点使其成为团聚和完美的象征。在家庭的团聚时刻或节日的庆典活动中，橘子往往被赋予了象征家庭团团圆圆、和谐幸福的意义。

六是"健康"文化。蜜橘不仅象征着财富与繁荣，更被誉为"健康的守护神"，其富含丰富的维生素C及其他营养成分，能为人体注入活力，助力健康长寿。在节日或特殊场合，橘子常作为首选的馈赠之礼，用来传递美好的祝福。

七是"纯洁"文化。橘子的清新芬芳与甜美滋味，常被喻为人品德的纯洁与高尚。

八是"智慧"文化。橘子的种子虽小却众多，这一特性象征着知识和智慧的丰富。在教育领域，橘子常被当作激发学生勤奋学习和探索知识的象征。

九是"坚毅"文化。南丰蜜橘果树在艰难的环境下依然能够茁壮成长，其果实即便在寒冬时节也依旧保持着鲜艳色彩，从而使南丰蜜橘成为了坚韧不拔精神和顽强毅力的象征。

由此可见，南丰蜜橘远非寻常水果可比，它在文化层面有着深远的象征内涵与美好的期许。无论是赠礼还是日常食用，南丰蜜橘都能为人们带来欢愉的心情与向上的动力。

十、美学价值

江西南丰蜜橘栽培系统具有自然之美、景观之美。

第一，"树之美"。在南丰县及周边地区的荒山荒地都栽种着柑橘树，一年四季漫山遍野都种植着柑橘树，绿树成荫，环境优美。

第二，"花之美"。在每年春天蜜橘开花的季节，南丰县成了"花的海洋"，鸟语花香。其给游客带来的"美"，难以形容。

第三，"果之美"。蜜橘果实的天然色泽与独特形态，在艺术领域中占据一席之地，它不仅代表着大自然的绚丽多彩，更象征着生命的蓬勃与活力。每年到了秋季，橘子便成了金黄色的秋日瑰宝。在四季轮回的旋律中，秋天总是以一种温柔的姿态悄然降临，它带来了凉爽的微风、斑斓的落叶，还有那挂满枝头、闪耀着金黄色光芒的橘子。可以说，橘子这个寓意着甜蜜的果实，不仅是大自然的馈赠，更是人类饮食文化中的重要组成部分，给人们带来"美"的享受。

十一、历史价值

江西南丰蜜橘栽培系统的发展和演变，不仅反映了南丰蜜橘产业的发展状况，更从一个侧面反映了南丰县果业和整个农业的发展历史，由此可以进一步窥视江西省果业及整个农业的发展历史，还可进一步从江西省农业发展历史推断南方乃至全国的农业发展历史。由此不难看出，研究江西南丰蜜橘栽培系统的发展、保护和利用，具有重要的历史价值。

十二、全球价值

江西南丰蜜橘栽培系统的全球价值和世界意义体现在以下三个方面。

第一，广获赞誉。如前所述，1949年12月，毛泽东主席应邀访问苏联并祝贺斯大林七十寿辰。毛主席带去的众多礼物中，就有1 000千克的南丰蜜橘。斯大林品尝之后，称赞之为"橘中之王"。

第二，产品出口量大。如今，南丰蜜橘鲜果不仅畅销全国各地，还远销北美、欧盟、中东、东南亚等40多个国家和地区，单一品种种植规模和产量均为世界之最，出口量位居全国第一。2007年南丰全县蜜橘产业化龙头企业实现产值3.6亿元，上交税金1 300万元，出口创汇655万美元[15]。如今，每年到南丰参加"橘子游"的外国人越来越多，呈逐年递增之势。

第三，文化桥梁。在中国橘子常被视为吉祥的象征，寓意大吉大利、团团圆圆。春节期间，赠送橘子作为礼物，寄托人们对美好生活的祝愿。同样，在西方文化中，橘子亦具有特殊的地位。在西方各国，橘子常常与圣诞节、感恩节等节日联系在一起，作为节日餐桌上的必备水果，象征着丰收与感恩。可见，橘子的甜美，不仅满足了味蕾的需求，更成为了连接世界各国不同文化、不同情感之间的桥梁。南丰蜜橘的国际影响力越来越大，其全球价值、世界意义正不断彰显。

第三节　江西南丰蜜橘栽培系统存在的问题

当前，江西南丰蜜橘栽培系统尚存在以下几方面的突出问题，对这一农业文化遗产的保护、传承、利用和高质量发展带来了严重威胁。

一、品质下降

近30年，南丰蜜橘出现明显的品质下降[21]。

"劣变树"增多。其类型有两种。一种是叶细长如柳叶，枝条多且细长柔软，光长树不结果，当地橘农称之为"藤树"；另一种是树体正常，每年能结果，且具有一定产量，但树的叶片、果实都很小（果实横径3厘米以下）。在调查中发现，20世纪60年代种植的柑橘树劣变率为10.5%，70年代、80年代种植的柑橘树劣变率达25.8%，有的橘园劣变率高达35%。南丰蜜橘出现"劣变树"的原因：一是品种本身产生遗传变异，二是繁殖材料混杂，三是立地条件改变导致树木劣变。

品系混杂，良莠不一。南丰蜜橘是一个较大的品种群，可分为大果、小果、桂花蒂和早熟、短枝等类型，不同的类型其生长结果习性不同，在管理中应区别对待。但从调查情况来看，绝大部分橘园品系混杂，良莠不一，这给橘农生产管理带来了很多麻烦，而且同一橘园果实参差不齐，会影响橘子商品价值。

大量裂果。南丰蜜橘秋季大量裂果是生产中的严重问题，其较低的裂果率一般为10%～30%，严重的为60%～70%，最严重的达90%～95%。南丰蜜橘产生大量裂果，往往与品种（品系）不优、土壤不肥沃、降水量不足、叶果比"不合适"和覆盖条件"不具备"等有直接关系。

二、自然灾害

江西南丰蜜橘栽培系统常年受到多种自然灾害的不利影响和严重危害，这直接威胁蜜橘稳产增收和农业文化遗产的稳定、可持续发展。

（一）低温冻害

低温冻害是江西南丰蜜橘栽培系统面临的第一大自然灾害，其给南丰蜜橘带来的危害和造成的损失极其严重。根据对历史统计资料分析[22]，南丰县平均每

7年遇到一次较明显的冬季低温冻害，给南丰蜜橘的生产造成了不利影响和危害。近30年来，南丰县出现了比较严重的低温冻害，如1991年12月，南丰县出现 −10.8℃的低温，南丰蜜橘80.3%被冻死，未冻死的橘树叶片全部脱落，2～3年生枝被冻死，主枝遭受严重冻伤；1992年基本绝收，损失惨重[1]。2008年1月中旬至2月中旬，江西、贵州、湖南、湖北、安徽、广西、重庆、广东、浙江、四川、陕西、江苏、云南、福建、甘肃、河南、山东、山西、上海、宁夏等全国20多个省（自治区、直辖市）出现持续的低温雨雪冰冻天气，这给农业生产带来严重影响和巨大损失。就江西省而言，全省所有市、县均有受灾，其中九江、萍乡、抚州、上饶、赣州、吉安、宜春等地受灾较重，全省受灾人数多达2 210万人，超过全省总人口的1/2。由此造成的损失极其严重。灾害造成农村倒房、危房，农业设施和农林业受灾最重，农林业经济损失占全省总损失的74%。灾害造成的直接经济损失达302.37亿元，是有史以来冰雪灾害造成损失最大的一次。全省柑橘受灾面积16.01万公顷，成灾面积6.54万公顷，绝收0.62万公顷，经济损失约13.5亿元。连续的雨雪、冰冻天气，导致柑橘叶片结冰受冻，部分树干枝条断裂或折断。这次罕见的雨雪冰冻灾害导致南丰县蜜橘受灾面积约3万公顷[23]，尤其是一些高海拔、低洼地区的橘园受灾较重，冻雨造成树叶、枝干结冰，树枝撕裂和树体冻伤，给南丰县蜜橘生产带来了很严重的损失[24-26]。在20世纪的最后几天里，因受北方强冷空气的影响，江西省南丰县绝对低温达到 −6.6℃，低温霜冻持续了一周；加上这一年（1999年）南丰蜜橘结果量多，持续4个月没有下一场透雨，肥水管理没跟上，南丰蜜橘遭受了严重冻害。据初步调查，在南丰县1.1万公顷的橘园中，受严重冻害的达90%以上，次级冻害的近10%。这次冻害是继1991年大冻害后南丰蜜橘面临的又一大灾难[27]。2010年3月，南丰县出现历史罕见春季低温霜冻，柑橘新梢和花蕾受冻、新芽枯死，导致原本是结果大年的南丰蜜橘大减产，当年减产40%[28]。

（二）高温干旱

南丰县发生高温干旱的频率比较高，一般2～3年一次。2003年，南丰县出现历史罕见的高温天气，7—8月平均最高气温36.9℃，较常年高2.7℃；7月和8月极端最高气温均为40.8℃，分别较常年同期平均极端最高气温高2.8℃和3.0℃，均创历史纪录。再加上汛期结束后干旱日数累计89天，创历史新高。这种"极端干旱"天气，对南丰蜜橘的产量和品质均造成了严重影响。受高温、干旱影响，导致叶片蒸腾、地面蒸发加剧，南丰蜜橘生长严重缺水、叶片萎蔫、果实停滞膨大、小果显著增多，蜜橘品质变劣；尤其是受旱严重的橘树，大量叶片卷曲、枯

黄，落叶、落果，南丰蜜橘正常生理机能遭到严重破坏。蜜橘受灾面积1.62万公顷（24.33万亩），占当时柑橘种植面积的90%，导致蜜橘实际减产30%[28]。

（三）洪涝灾害

据统计，1957—2012年南丰县建气象站后的56年中，南丰蜜橘发生过严重洪涝8次，平均每7年遇一次，其中1962年洪涝，冲走橘树5 000余株[22]。2002年6月16—18日，南丰县遭受了历史上罕见的洪涝灾害，受灾面积近1 333.33公顷（20 000亩），南丰蜜橘遭受了不同程度的涝害，造成直接经济损失3 000万元左右。经调查，南丰县市山镇耀里黄陂村、琴城镇游军操坊村受淹24～60小时、淹水深度100～300厘米，南丰蜜橘受淹后表现出不同程度的落叶、落果、枯梢、烂根等现象，造成树势衰弱，炭疽病和脚腐病暴发，严重的甚至死树[29]。

（四）病虫危害

南丰蜜橘易遭受病虫害，轻则减产，重则颗粒无收。

1. 病害。南丰蜜橘病害有柑橘疮痂病、炭疽病、树脂病、脚腐病、煤烟病、黑星病、溃疡病、绿霉病、青霉病、黑腐病、蒂腐病、黄龙病等20余种[1]，其中柑橘生产上以疮痂病、炭疽病、黄龙病"三病"病害为主，柑橘贮藏期间则以青霉病、绿霉病、蒂腐病"三病"病害为主。①柑橘疮痂病。南丰蜜橘易感疮痂病且普遍发生，春、夏、秋梢叶片都会感病，其中以3—6月危害春梢嫩叶和幼果为重。1991年冻害后，该病危害加剧，一般失防橘园，幼果发病率可达60%以上，严重受害率可达30%左右，是影响南丰蜜橘产量和商品率的第一大病害。②柑橘炭疽病。从近几年该病发生的情况来看，原来的次要病害已上升为主要病害。该病为次生性病害，主要由肥水管理不当、病虫危害、冻害、药害、风害等因素诱发。近几年，南丰县每年4月中旬至5月下旬、8月中旬至9月下旬为发病高峰，发生面积约0.67万公顷（10万亩）。发病会造成大量落叶、落果、枯枝，病害严重时橘树产量损失达80%以上。③柑橘黄龙病。黄龙病是世界性的毁灭性柑橘疾病，目前尚无有效的防治药剂和方法。发病后，只能将病橘树砍掉，否则会导致果树大面积传染疾病，造成毁灭性的损失。因此，该病被称为柑橘的"癌症"，无药可治。

2. 虫害。南丰蜜橘遭受的虫害不少于75种[1]，主要有柑橘黄蜘蛛、红蜘蛛、锈壁虱、蚧壳虫、吹绵蚧、糠片蚧、黑点蚧、褐圆蚧、红蜡蚧、柑橘粉虱、黑刺粉虱、橘蚜、黑蚱蝉、橘蟆、星天牛、褐天牛、爆皮虫、恶性叶虫、金龟子、潜叶蛾、象鼻虫、卷叶蛾、吸果夜蛾、柑橘凤蝶、花蕾蛆、尺蠖、刺蛾、蓟马、柑橘根粉蚧、实瘦蚊等，其中柑橘生产上以黄蜘蛛、红蜘蛛、锈壁虱、蚧壳虫"四虫"虫害为主，幼年橘树易发生潜叶蛾虫害。①黄蜘蛛。1956年南丰蜜橘受到黄蜘蛛危害，受害橘树占全县的20.5%，部分地方整片橘园都变成秃枝，全株枯死。②红蜘蛛。南丰县橘园普遍发生，每年3—5月、9—10月为发生高峰期，全年红蜘蛛繁殖15～17代。随着冬季气温升高，繁殖代数有增加趋势。该虫危害橘树轻则造成叶片叶绿素减少，影响光合作用；重则造成大量落叶落果，严重影响产量，冬前危害造成大量落叶，影响第二年花的质量和挂果数量。③锈壁虱。南丰县10年生以上的橘园普遍发生，每年7月底至9月初为发生高峰期，主要危害果实，严重时果面为铜锈色，大量落叶。④蚜壳虫。危害南丰蜜橘的主要以糠片蚧、褐圆蚧为主，每年发生3～4代，南丰县10年生以上郁闭橘园普遍发生，每年5月上中旬、7月上中旬、8月下旬至9月上旬三次发生高峰期，该虫危害主要影响树势诱发煤烟病，影响柑橘商品外观。

三、水土流失

水土流失是江西南丰蜜橘栽培系统高质量发展的又一障碍因子。南丰县地属红壤丘陵地区，全年降水呈单峰型，4—6月是全年降水集中时段，占全年降水的1/2以上，并多为暴雨，降雨侵蚀力高。这种土壤（红壤）类型和降水特征极易造成橘园水土流失，从而导致橘园土壤肥力降低、土壤质量下降，影响南丰蜜橘的产量和品质。据江西省生态环境调查数据[30]，南丰县水土流失面积为3.07万公顷，其中相当部分为橘园的水土流失。南丰县水土流失面积大、强度大，导致橘园土壤表土和养分的流失，使表土变薄、地力下降，橘园土壤质量下降，对实现江西南丰蜜橘栽培系统高产高效发展极为不利。据对南丰县不同区域景观类型的水土流失状况进行对比研究，2015年该县园地（主要是橘园）水土流失率达到34.73%，而耕地、林地的水土流失率分别只有15.71%和8.14%[31]。

四、土壤污染

根据对南丰蜜橘果园土壤基本理化性状及重金属含量分析，土壤pH、有机质含量、碱解氮含量、速效磷含量以及全钾含量平均值分别为4.72、2.436%、70.68毫克/千克、125.3毫克/千克、35.13毫克/千克；土壤Cu、Zn、Cd和Pb四种重金属含量平均值分别为39.15毫克/千克、131.7毫克/千克、0.3471毫克/千克和50.61毫克/千克[32]。这一研究结果表明，南丰蜜橘果园土壤呈强酸性，严重制约了蜜橘植株的生长，亟待进行酸化土壤改良；土壤有机质含量偏低，不适宜蜜橘植株

的生长，需进一步培肥土壤。从橘园土壤重金属含量来看，土壤中Cu、Zn、Pb含量符合国家土壤的二级标准，但Cd的含量超出国家土壤二级标准，存在Cd污染的问题[32]，值得引起重视。

据对江西省南丰蜜橘土壤重金属污染特征进行分析与评价[33]，结果表明南丰蜜橘生长地表层土壤重金属Cd、Hg、Pb、Cu和Zn均值含量高于江西省土壤背景值；通过对南丰蜜橘土壤重金属元素进行检测，由于南丰蜜橘种植范围的不断扩大，种植区域扩展到道路和城区附近，并且滥用肥料等，导致南丰蜜橘部分区域存在重金属超标现象。重金属超标的土壤主要分布于道路和城区附近，以及部分肥料堆积的果园。为避免蜜橘土壤重金属超标，蜜橘种植应选择远离道路主干道，并合理施用肥料。

造成南丰蜜橘土壤污染，尤其是土壤重金属污染的主要原因在于化肥、农药等化学制品的过量使用。以农药使用为例，由于许多橘农对生物综合防治知识的缺乏，滥用农药的现象相当严重。近二三十年来，橘农为防治柑橘病虫害、获得柑橘高产量，每年使用的农药有10多种，年喷药18～22次，这不仅增加了柑橘生产成本，制约了当地橘农经济收入的增加，更严重的是污染了土壤生态环境，使橘园害虫天敌（特别是蜘蛛）的种群及数量遭受毁灭性的打击，农业生态系统几近崩溃[34]。

五、效益下降

近些年，南丰蜜橘的生产效益不断下降。其主要原因：一是成本上升，化肥、农药等化学制品大量投入，导致南丰蜜橘生产成本不断攀升；二是品质下降，如前所述，南丰蜜橘果实品质已出现"退化"现象，主要是果肉不化渣等导致的品质下降，进而导致价格低迷，橘农效益下降[35]；三是竞争加剧，从世界范围来看，柑橘是世界第一大类水果，也是全球最重要的经济作物之一，世界上共有144个柑橘生产国[36]，各国都非常重视发展柑橘生产和改良柑橘果实品质。2022年全球柑橘种植面积达1 055.29万公顷，产量16 630.34万吨。从全国来看，柑橘是我国南方，特别是长江中上游农民增收致富和乡村振兴的支柱性产业。2022年底，我国柑橘种植面积299.58万公顷，产量6 003.89万吨，直接经济产值近2 000亿元[37]。从江西省来看，近年来新余蜜橘发展很快，其产量、品质都有较大提高，这给南丰蜜橘带来了竞争和挑战。可以说，全省、全国、全球的柑橘生产和市场销售的竞争日益加剧，南丰蜜橘在国际、国内市场的"生存空间"正面临着前所未有的"挤压"。正是上述原因，导致南丰县橘农的经济效益呈现下降态势。

六、工业化、城市化和城镇化带来的挑战

21世纪以来的20多年，南丰县和全国各地一样，工业化、城市化和城镇化速度日益加快，房产开发、城市扩建、道路修建、矿山开采、风景再造等项目有增无减，这一方面促进了经济社会的快速发展，另外一方面也不可避免地使南丰蜜橘的生长场地和空间受到"挤压"，从而导致南丰蜜橘的种植面积"不知不觉"地减少，尤其南丰县委、县政府于2020年开始实施"退橘还田"政策，当年全县"退橘还田"1680公顷（8 400亩）。由于以上多方面原因，南丰县柑橘种植面积原来一度超过4.67万公顷（70万亩），现如今已很难恢复到之前的规模了，还有一些优质橘园"静悄悄"地"退"掉了、消失了[38]。

第四节　江西南丰蜜橘栽培系统的保护与发展对策

针对以上问题，要实现江西南丰蜜橘栽培系统的传承和高质量发展，必须采取有效的保护对策。总体而言，农业文化遗产的传承和保护，必须遵循"在发展中保护，在保护中发展"的原则。就江西南丰蜜橘栽培系统而言，要实现其世代传承和永续高质量发展，则应采取以下对策和措施。

一、制定规划

"凡事预则立，不预则废"。要实现江西南丰蜜橘栽培系统的保护、传承、利用和发展，制定《江西南丰蜜橘栽培系统保护与发展规划》至关重要。2008年，制定的《南丰县蜜橘产业发展规划（2008—2020年）》对推动南丰县蜜橘产业发展起到了积极作用。新形势下，为更好地推动江西南丰蜜橘栽培系统高质量发展，南丰县有关部门、单位要根据国家有关文件精神和江西省有关要求，结合南丰县的具体实际，制定5年、10年或15年，甚至更长时期的关于江西南丰蜜橘栽培系统保护与发展的中、长期规划。这必将有利于中国重要农业文化遗产的保护、传承和可持续发展。

二、扩大种植面积

在稳定南丰蜜橘现有种植面积的基础上，适度、适时恢复和扩大南丰蜜橘的

种植面积，是实现江西南丰蜜橘栽培系统有效保护和传承的必然之举。具体途径有以下三条。

一是稳定、提升"老橘园"。"老橘园"是南丰蜜橘生产最主要的场所，要采取切实可行的措施加以保护和提升、改造，使"老橘园"质量更上一个台阶。

二是开发、建立"新橘园"。要扩大南丰蜜橘种植规模，将南丰县现有的荒山荒坡充分利用，开发、建立"新橘园"是可行的。可通过采取必要的"培育"手段和措施，使其各方面的条件、要求符合"新橘园"的标准。

三是可将南丰县部分条件"适宜"的农田田埂（田塍）种上南丰蜜橘，亦可在农户房前屋后的庭院中种上南丰蜜橘，或者在沟渠两边、河道两边、池塘四周种上南丰蜜橘。可以说，通过上述途径，能有效地扩大南丰蜜橘的种植规模，从而为江西南丰蜜橘栽培系统的保护与"活化利用"打下坚实基础。

三、提高蜜橘产量

千方百计提高南丰蜜橘果实产量，对于促进江西南丰蜜橘栽培系统的保护具有重要作用。任何农业文化遗产"保护"的目的，不是为"保护"而"保护"，"保护"的真正目的在于"利用""活化利用"，以及为农民带来实实在在的利益。江西南丰蜜橘栽培系统蜜橘产量的提高，能够给南丰县橘农带来利益，这种保护就有意义，能够得到当地干部、群众的支持和配合。

为提高南丰蜜橘的产量，应从以下几个方面"着手"。一是"良种"。选择高产、优质、高效、低耗的优良品种，这是基础。二是"良田"。改良、培育橘园土壤，提高橘园土壤肥力。没有"优良橘园"，就不可能有高产量的蜜橘。三是"良制"。建立良好的蜜橘种植制度，可在不同季节间作/套种绿肥（冬季紫云英）、蚕豆、豌豆、大豆、绿豆、花生、甘薯、玉米等，既可改良橘园土壤，又可增加农产品种类，增加经济收入，一举多得。四是"良法"。采取先进的栽培技术和方法，当前尤其要将信息技术、数字技术等应用于南丰蜜橘栽培和管理的全过程、全环节。以上"四良"的配套应用，必将有利于江西南丰蜜橘栽培系统的保护、传承和发展。

四、改善蜜橘品质

改善、提升南丰蜜橘品质，对于提高橘农种植南丰蜜橘的积极性、促进江西南丰蜜橘栽培系统保护与发展具有直接的推动作用。改善、提升南丰蜜橘品质有以下途径：一是对现有的南丰蜜橘品种进行提纯复壮和改良优化；二是引进"外来"优质品种，通过"试种"和"对比"（与本地优质品种进行对比试验），筛选出"适宜"的优良品种，并扩大种植；三是大力开展柑橘优质品种"攻关"研究，将育成的优质品种示范推广、转化应用；四是将先进、实用的栽培技术应用于南丰蜜橘生产实践，如均衡施肥、绿色防控等，有助于提高蜜橘品质。根据研究[39]，长期实行传统的清耕制土壤管理模式，导致南丰蜜橘园土壤性状退化、水土流失、环境污染、生物多样性降低，以及系统抗逆性减弱等一系列生态环境问题。可在南丰蜜橘树周围种植自然生草（主要有狗牙根、地耳菜、狗尾草、一年蓬等），相关分析表明，自然生草能有效提高土壤中的微生物数量、酶活性及肥力，从而提升蜜橘果实鲜食品质。

五、提高蜜橘效益

江西南丰蜜橘栽培系统能否得到有效保护和传承，能否实现可持续发展、高质量发展，"效益"是关键。如能不断提高种植南丰蜜橘的经济效益，则农民自然愿意种植蜜橘，也自然愿意扩大南丰蜜橘的种植面积，促进江西南丰蜜橘栽培系统的保护、传承和"活化利用""活态保护"和"动态发展"。

提高南丰蜜橘的种植效益、生产效益，有以下途径：

一是降低生产成本，就是要尽量减少化肥、农药等化学制品的投入量，以"降本促增效"。要做到这一点，就要通过多施用有机肥（如农家肥、种植绿肥等）、有机肥与化肥结合，以及推行水肥一体化等途径，既增加肥料投入、又提高肥效；同时，为做到减施、少施或不施农药，可通过推广采取绿色防控技术达到防治柑橘病虫害的效果。

二是提高果实品质。如上所述，通过改善、提高、优化南丰蜜橘果实的品质，提高其市场竞争力，以品质优获得市场优价、高价，从而提高经济效益。

三是延长产业链。将南丰蜜橘的生产种植与精加工、深加工，以及销售、外贸、旅游等有机地结合起来，一二三产业融合发展，效益必然成倍增长。

六、绿色防控

绿色发展是五大新发展理念（创新发展、协调发展、绿色发展、开放发展、共享发展）之一。2024年8月12日发布的《中共中央、国务院关于加快经济社会发展全面绿色转型的意见（2024年7月31日）》[40]，对加快经济社会发展全面绿

色转型提出了明确要求，作出了系统部署，强调推动农业农村绿色发展。为适应新形势、新要求，江西南丰蜜橘栽培系统在防治病虫害方面，必须实行绿色防控。具体措施包括：一是理化引诱。可通过安装电子杀虫灯诱杀害虫成虫、悬挂黏虫色板诱杀害虫、利用性引诱剂和性迷向技术诱杀害虫。二是生物防治。如引进巴氏纯绥螨实施"以螨治螨"生物防治，采取人工释放捕食螨来达到防治螨害的目的。三是生态调控。通过改善、优化橘园生态环境条件以达到控制南丰蜜橘病虫害的目的。四是农业治理。在农业生产上采用间混套作和复种轮作，防治橘园病虫害，可以起到显著成效。五是综合施策。综合运用各种方法和措施，包括科学用药，尤其是施用无残留、无毒副作用的"生物农药"，也是绿色防控的技术措施之一。

七、防灾减灾

如前所述，在南丰蜜橘生产过程中常常遭遇多种自然灾害的影响和危害，对南丰蜜橘实现高产、优质、高效极为不利。要确保南丰蜜橘稳产增收、实现江西南丰蜜橘栽培系统可持续发展，建立防灾减灾体系至关重要。一是要建立南丰蜜橘低温冻害防灾减灾体系，二是要建立南丰蜜橘高温干旱防灾减灾体系，三是要建立南丰蜜橘洪涝灾害预警与防范体系，四是建立南丰蜜橘综合防灾、抗灾、减灾和救灾体系。在建设南丰蜜橘防灾减灾体系的过程中，要注重将现代信息技术、数字技术，以及大数据、区块链、人工智能等应用于南丰蜜橘生产的各方面、各环节，不仅要重视防灾减灾体系的"硬件"建设，还要高度重视其"软件"建设，要"软硬"并重，"软硬"同建。只有这样，才能取得预期效果。

八、优化生态环境

优美的生态环境，既是江西南丰蜜橘栽培系统的重要组成部分，也是这一农业文化遗产得以保护与高质量发展的特征与标志。相反，如果江西南丰蜜橘栽培系统的生态环境遭到破坏，那这一农业文化遗产还能存在吗？答案是显而易见的，只有保护好、建设好生态环境，江西南丰蜜橘栽培系统才能得以传承、得以发展下去。从这一意义来说，不断优化生态环境，是保护、传承江西南丰蜜橘栽培系统的必然要求。这就需要做到以下三点：一是高度重视。提高对保护、改善、优化生态环境的认识，切实把建设好南丰蜜橘栽培系统的生态环境作为保护、传承这一农业文化遗产的重要内容来抓。二是增绿扩绿。通过扩种南丰蜜橘、开展植树造林、开发撂荒休闲耕地等途径，提高绿化覆盖率，这是优化生态环境的基础和前提。三是管绿护绿。将已种植的绿色植物（包括蜜橘、树木、农作物等）管理好，做到栽一棵、活一棵、成一棵，让山上绿树成荫、果园硕果累累、农田四季常绿。曾经出现的"年年栽树不见树、岁岁植绿不见绿"的现象，不再重演。

九、发展科技

"科学技术是第一生产力"。之所以要对各种农业文化遗产加以保护、利用和传承，就在于其中蕴藏着许多"科学秘密""科学道理"和"科技规律"，需要我们去研究、去发现、去挖掘，从而更好地学习和掌握老祖宗的生存之道、生态智慧，并将其发扬光大，服务现实、服务国家、服务人民。基于此，为了更好地揭开南丰蜜橘成为"橘中之王"的"科学秘密"和"科技规律"，为更好地促进江西南丰蜜橘栽培系统的保护与高质量发展，必须围绕江西南丰蜜橘栽培系统开展科学研究、加强科技研发，运用土壤学、果树学、遗传学、生态学、生物化学等多学科理论和知识，通过调查研究、科学试验、数量分析等多种方法和手段，针对下列若干问题开展研究和探索，如南丰蜜橘优良品种的选育、南丰蜜橘高产优质的生态学机理、南丰蜜橘高产高效的生理生化机制、南丰蜜橘产业高质量发展的战略路径，以及提升南丰蜜橘产业质量、效益和国际竞争力的途径与方法，未来江西南丰蜜橘栽培系统保护与高质量发展的原则、趋势及战略对策等。

十、培养人才

"人才资源是第一资源"。江西南丰蜜橘栽培系统要保护好、发展好，必须加快培养、造就相关方面的人才，包括生产能手、管理高手和研发专家。1958年创办南丰蜜橘大学，1960年改为南丰农业大学，1965年改为共产主义劳动大学南丰分校[1]。无论是南丰蜜橘大学、南丰农业大学、还是共产主义劳动大学南丰分校，对培养从事南丰蜜橘生产、管理和技术研发人才都起到了重要作用，促进了江西南丰蜜橘栽培系统事业的发展。今后，为更好地推进新时代江西南丰蜜橘栽培系统的保护和高质量发展，需进一步加大人才培养力度。一是要充分利用江西省内大学（如江西农业大学等）培养南丰蜜橘专业人才；二是要充分利用国内相关大学（如中国农业大学、华中农业大学）培养具有国内一流水平的南丰蜜橘专业人才；三是要培养具有国际视野的专业人才，可通过"请进来""走出去"的办法，将国际上知名的柑橘专家、农业文化遗产专家请到中国、江西或南丰县来，面对

面地进行交流和探讨，或是南丰县的代表、国内从事江西南丰蜜橘栽培系统的生产者、管理者及技术人员到国外参观、学习、交流，这不仅能促进国际、国内技术交流合作，还可以学习借鉴国外、特别是发达国家的先进技术和经验，从而更好地推动江西南丰蜜橘栽培系统的保护与高质量发展。

十一、加大投入

加大人、财、物的投入力度，对保护和发展江西南丰蜜橘栽培系统具有重要作用。如果没有必需的、稳定的人、财、物的投入，要保护好、发展好江西南丰蜜橘栽培系统，实属困难。首先，"人"的投入，即加大人才培养力度，培养能挑起保护和发展江西南丰蜜橘栽培系统重担的各类人才。其次，"财"的投入，即增加对保护和发展江西南丰蜜橘栽培系统项目的资金支持，可通过争取国家部委（如农业农村部）、江西省有关部门（如农业农村厅）和抚州市（如农业农村局）的项目资金支持，还可由南丰县列出专项经费支持，亦可争取国内民间组织、个人（如企业家）或国外、境外有关组织的支持。最后，"物"的投入，对保护和发展江西南丰蜜橘栽培系统给予物质层面的支持，如更新相关科研仪器、设备，启用新材料、新装备，以及"改造""武装"江西南丰蜜橘栽培系统，等等。

十二、加强管理

"管理出效益"。要使江西南丰蜜橘栽培系统真正得到保护和实现高质量发展，搞好管理、强化管理十分重要。一是要建立健全农业文化遗产保护的各项规章制度；二是要明确责任，各司其职；三是要建立激励机制，做到奖罚分明。只要加强管理，让各项保护和发展江西南丰蜜橘栽培系统的具体措施落到实处，才能如期实现江西南丰蜜橘栽培系统的高质量发展。

参 考 文 献

[1] 焦雯珺，陈斌，闵庆文. 江西南丰蜜橘栽培系统［M］. 北京：中国农业出版社，2019.

[2] 冯雪妹，范贞坚，刘发荣. 南丰蜜桔生产现状与发展初步设想［J］. 福建果树，1998（4）：60.

[3] 万桂华. 桔中之王：南丰蜜桔 [J]. 老区建设，1990（10）：42.

[4] 舒晶. 南丰蜜桔 [J]. 今日农村，2002（1）：33.

[5] 王晓棠. 蜜橘之乡：南丰 [J]. 农村百事通，2012（2）：59-60.

[6] 徐立鸣. 产得好还要卖得好：南丰县两万蜜橘销售大军崛起的背后 [N]. 江西日报，2023-01-11（10）.

[7] 胡正月，黄建民. 让南丰蜜橘的牌子更响亮 [J]. 农家顾问，2002（6）：20.

[8] 胡正月，肖鸿勇，罗省根，等. 实施"金牌"战略提高南丰蜜桔含金量 [J]. 现代园艺，2007（1）：2-7.

[9] 南宣，杨少会. 游生态橘都 享甜美人生：2011中国南丰国际蜜橘文化节综述 [J]. 中国中小企业，2011（12）：28-31.

[10] 李履才，曾立国，陈韧. 南丰蜜橘首次出口欧盟 [N]. 抚州日报，2005-11-25（1）.

[11] 吴自胜. "三色"产业育发展"多彩"南丰谱新篇 [J]. 当代江西，2018（2）：27-28.

[12] 赵玉山. 江西："南丰蜜橘"成为一张享誉海外的"中国名片"[J]. 中国果业信息，2021，38（6）：46.

[13] 胡琳菁. 千年古城蜜桔香：江西三大名果之一南丰蜜橘 [J]. 江西农业，2015（11）：33-34.

[14] 胡安华. 江西省抚州市南丰县：深耕蜜橘品牌价值对标国际出口欧美 [N]. 中国城市报，2022-01-03（19）.

[15] 许建勤. 构筑四大体系发展蜜橘产业 [J]. 当代江西，2008（10）：23-24.

[16] 赖永峰，黄应国. 南丰蜜橘："三级跳"赢得市场先机 [N]. 经济日报，2010-04-07（15）.

[17] 柯凌云. 走向世界的南丰蜜橘 [J]. 江西农业，2014（11）：14-15.

[18] 帅建平，曾斌生. 创新引领崛起路 蜜橘绘就幸福景 [J]. 当代江西，2017（12）：38-39.

[19] 徐立鸣. 产业优化 科技赋能 三产融合：南丰加快推进蜜橘产业供给侧结构性改革 [N]. 江西日报，2022-08-03（7）.

[20] 付志平. 南丰生态橘园迎来百万候鸟 [N]. 江西日报，2011-04-21（B03）.

[21] 曾知富. 南丰蜜橘生产中值得注意的几个问题 [J]. 浙江柑橘，1993（2）：26-27.

[22] 何寿仁. 江西南丰县南丰蜜橘主要气象灾害变化趋势 [J]. 中国南方果树，2013，42（6）：42-45.

[23] 徐帅. 南丰蜜橘冻害预防及受灾后的生产恢复技术 [J]. 现代园艺，2008（7）：11.

[24] 郑国光. 我国正在经历一场历史罕见低温雨雪冰冻灾害 [N]. 人民日报，2008-02-04（8）.

[25] 胡菊芳，王怀清，彭静，等. 2008年1—2月江西低温雨雪冰冻灾害分析评估 [J]. 气象与减灾研究，2008，31（1）：67-72.

[26] 黄国勤. 江西省低温雨雪冰冻灾害对农林业造成的危害及对策 [J]. 江西农业学报，2008，20（10）：104-107.

[27] 阎淑娜. 南丰蜜橘再次遭受冻害袭击, 柑橘与亚热带果树信息 [J]. 2000, 16 (1): 12.

[28] 何寿仁, 齐伟. 江西南丰蜜橘3次典型异常气象灾害分析与思考 [J]. 中国园艺文摘, 2015 (3): 8-11, 49.

[29] 王泽义, 赵建卿. 南丰蜜橘涝害调查及灾后救护措施 [J]. 浙江柑橘, 2003, 20 (1): 18-19.

[30] 张海星. 江西南丰蜜橘产地土壤环境保护问题研究 [J]. 现代园艺, 2010 (6): 13-15.

[31] 何倩倩. 基于景观格局变化的南丰县水土流失动态研究 [D]. 南昌: 江西水利电力大学, 2020.

[32] 陈子华, 盛晓青, 张宝林, 等. 南丰蜜橘果园土壤的基本理化性质分析 [J]. 江西化工, 2015 (6): 1-3.

[33] 陈宇宁, 刘平辉, 高金栋. 江西省南丰蜜橘土壤重金属特征评价及源解析 [J]. 科学技术与工程, 2021, 21 (19): 7965-7975.

[34] 袁凤辉, 周亚平, 陈连水, 等. 南丰县蜜橘园蜘蛛资源现状及保护 [J]. 江西植保, 2005, 28 (1): 12-14.

[35] 辜青青. 南丰蜜橘囊衣细胞壁代谢变化及其矮化砧木致矮机理研究 [D]. 武汉: 华中农业大学, 2023.

[36] 薛乃豪. 南丰蜜橘主要品质指标机器视觉分级方法研究 [D]. 南昌: 江西农业大学, 2022.

[37] 国家统计局. 中国统计年鉴 [M]. 北京: 中国统计出版社, 2023.

[38] 徐立鸣, 钟海华. 只此青黄: 南丰县 "退橘还田" 的背后 [N]. 江西日报, 2022-03-08 (15).

[39] 付学琴, 刘琚珥, 黄文新. 南丰蜜橘园自然生草对土壤微生物和养分及果实品质的影响 [J]. 园艺学报, 2015, 42 (8): 1551-1558.

[40] 中共中央、国务院关于加快经济社会发展全面绿色转型的意见 [N]. 人民日报, 2024-08-12 (1).

第九章

江西浮梁茶文化系统①

① 本章执笔人：徐慧芳、滕杰（江西农业大学生态科学研究中心）。

江西浮梁茶文化系统（Tea Culture System in Fuliang, Jiangxi）以"古色—茶香—瓷韵—绿色"为核心特征，展现了突出的复合人文生态系统特质，是"天人合一"中华农耕文明的典型代表。该系统包含多层次、多要素、内涵丰富的物质与非物质文化遗产，既包括不可移动的文化景观，也涵盖可移动的文化载体，是我国乃至世界产茶区中具有完整性和原真性的传统农耕文化景观。作为中国茶及茶文化的活化石，它不仅是传统社会、制度文化、地域文化和经济文化的典型范例[1]，更是承载着千年种茶制茶的传统智慧。江西浮梁茶文化系统于2021年入选第六批中国重要农业文化遗产名单，并于2022年11月被列入全球重要农业文化遗产候选项目。作为中国茶文化的重要发祥地之一，浮梁茶文化系统具有重要的生态功能与文化价值。在现代化进程中如何实现其有效传承？探究这一问题不仅有助于挖掘浮梁茶文化系统的农业文化遗产内涵、构建茶旅融合的可持续发展模式，还关乎传统农耕智慧的当代转化，对推进乡村振兴战略、增强文化自信具有重要的实践价值和深远的时代意义。

第一节　江西浮梁茶文化系统概述

一、江西浮梁茶文化系统的组成

浮梁位于江西省东北部，隶属景德镇市，地处赣、皖两省交界处，是鄱阳湖生态经济区38个重点县（市、区）之一，属高效集约发展区。东邻婺源县，西毗鄱阳县，南接乐平市和景德镇市昌江区，北连安徽省祁门县和东至县。县域面积2 851平方千米，耕地面积37.63万亩，总人口30万。浮梁以"一茶一瓷"闻名于世，且茶的成名早于瓷。"茶韵瓷香"为浮梁奠定了千百年来持续发展的经济基础和文化格局，浮梁的茶瓷也沿着茶马古道和丝绸之路走向世界[2]。

1. 浮梁——人文古地。浮梁文化源远流长。唐武德四年（公元621年）置县，始称新平郡，武德八年撤销新平郡。唐开元四年（公元716年）复置新昌县城，县治改为新昌江口，但县治因水患而迁居旧邑。唐天宝元年（公元742年）"溪水时泛，民多伐木为梁"，更称浮梁县，浮梁之名从此沿用至今，县制几经变迁，1960年撤县设蛟潭、鹅湖两区并入景德镇市，1988年11月恢复县制。浮梁有着深厚的文化底蕴，自古就有尚学兴教之风，唐代更是有县学在此办学。"家无隔夜粮，亦当送子上学堂""士趋诗书，名节不绝""江右之盛，历代衣冠之人物，莫不如此"。唐代官至兵部员外郎薛仲佐，以"处事果断，对自己要求严格"而闻名天下。宋时浮梁高僧佛印返乡，卓锡于宝积禅寺，苏轼、黄庭坚闻讯专程拜访，三人游昌江，叙别情，赋诗文，斗机锋，留下千古佳话，后人称之为"三贤"。

2. 浮梁——瓷都。"新平冶陶，始于汉世"。浮梁以其"水土宜陶"的特点，陶瓷烧造历史源远流长，其瓷业在中国乃至世界制瓷发展史上占据重要地位。唐初，昌南瓷在京都被誉为"假玉器"。南宋以后，浮梁逐步成为全国制瓷中心。元朝在浮梁景德镇设立"浮梁瓷局"，这一举措为未来"世界瓷都"的崛起奠定了基础。明代御瓷有"素肌玉膏"之称，到了清朝康熙、雍正、乾隆年间，其产品之精美享誉全球，"白如玉、明如镜、薄如纸、声如磬"成为浮梁景德镇瓷器的四大特点。丰富的瓷土资源、窑柴资源以及便捷的水运成就了浮梁作为"瓷之源"的辉煌历史。当时，浮梁作为全国陶瓷制作的中心，八方工匠纷至沓来，千年窑火生生不息。浮梁境内的高岭村是古代景德镇制瓷原料的产地。18世纪初，"高岭"之名传播国外，成为国际黏土矿物学通用术语——"高岭土"的命名地。高岭也一度成为国内外陶瓷爱好者的朝圣之地。可以说浮梁孕育了瓷都，而高岭则将瓷都推向了世界。

3. 浮梁——旅游胜地。浮梁旅游资源丰富，拥有高岭——瑶里景区、古县衙景区、皇窑景区3个国家4A级景区，以及双龙湾、严台、礼芳、天宝龙窑4个国家3A级旅游景区。此外，还有沧溪、进坑、向阳公社等十余个乡村旅游点。浮梁县还拥有1个中国历史文化名镇、4个中国历史文化名村、18个中国传统村落和7个省级历史文化名村。该县形成了以高岭·瑶里景区和古县衙景区为龙头，以沧溪、严台、礼芳、进坑等特色乡村旅游与民俗文化景点为主体，以双龙湾、王港杨梅园、丽景农业生态园、江村茶园、新平茶园等休闲农业与旅游体验基地为补充的旅游发展格局。特别是近些年浮梁县将发展全域旅游作为强县富民的"一号工程"，全力打造"半小时旅游交通圈"，充分整合域内现有旅游资源，重点打造"高岭·中国村"、"荻湾"乡村振兴、花千谷、昌江百里风光带等新旅游景区，着力将浮梁建成旅游胜地。近年来，浮梁县多次被评为全省旅游工作先进县，高岭瑶里景区被评为江西十大"避暑旅游目的地"。

4. 浮梁——投资佳地。浮梁区位条件优越，是一片投资热土。一是区位优越。地处（庐山、龙虎山、三清山及鄱阳湖）和世界文化遗产（庐山、三清山）的中心位置，距离均在250千米以内。二是交通便利。杭瑞高速、济广高速及祁黄高速穿越县境，拥有高速公路进出口6个，形成直达上海、杭州、武汉等大城市"半天经济圈"。同时，浮梁着力构建"一环三纵四横"的交通路网格局，启动了新港线、青蛟线、建设大道和景瑶线改造升级等20余项公路项目建设，这将极大地优化区域交通格局，特别是昌景黄高铁在浮梁瑶里设站，给浮梁交通便利性

带来质的提升。三是产业布局完整。航空配套、汽车、陶瓷、机械、电子、矿产和绿色食品等主导产业特色鲜明。在农业领域，例如有机茶、有机稻、有机蔬菜、花卉苗木等生态优势产业发展态势良好，被列为全国无公害茶生产示范基地县和全国茶叶标准化示范县。

作为中国重要农业文化遗产，江西浮梁茶文化系统同样由以下4个部分构成。

一是浮梁茶。作为"江西浮梁茶文化系统"这一农业文化遗产的主体和实体，浮梁茶具有实实在在、看得见摸得着的特征。与一般茶叶相比，浮梁茶条索紧细，银毫显露，色泽嫩绿，汤色清澈，清香持久，滋味鲜醇爽口，叶底嫩绿明亮显芽，堪称优质名茶。

二是浮梁茶的栽培生态环境。气候条件对茶树的生长发育具有重要作用，特别是气温、光照和降水量等因素。浮梁茶区气候非常适宜茶树生长，在茶树生长期（4～9月），气温保持在16～28℃，且具有明显的水热同季特征，散射光充足，多云雾。浮梁茶内含物丰富，氨基酸含量均大于2%，茶多酚含量在20.12%～25.71%，具有高香、鲜爽、味醇的特点。同时，浮梁地区土壤养分状况良好，pH偏酸性，有机质、全氮和有效钾含量丰富。浮梁茶园丰富的有机质和高含量的氮、钾元素对茶叶品质具有重要作用。此外，浮梁茶区森林覆盖率极高，以阔叶林为主，海拔高度在300～500米；高森林覆盖率和阔叶林终年落叶堆积、枯叶腐烂，使茶园土层的有机质和各种矿物质元素更加丰富。高海拔茶区相对低温、高湿度和多云雾的气候条件，更有利于形成茶叶的优异品质[3]。

三是浮梁茶种植、加工、冲泡及饮用的相关工具与器皿，以及所采用的科学技术、生产方式和加工工艺等。如果说浮梁茶生长的生态环境属于"自然"环境，那么浮梁茶的栽培种植、生产加工、冲泡饮用过程中所使用的工具，以及所采用的科学技术、生产方式和加工工艺等则构成了"人为"环境。只有将"自然"环境与"人为"环境有机结合，才能确保浮梁茶的源远流长。

四是江西浮梁茶系统所蕴藏的文化。①开山采茶和封茶习俗：浮梁每年开春采茶，都会举行隆重的"开山采茶"仪式，开山采茶习俗体现了浮梁茶人对大自然的敬畏、崇拜和依赖，以及对生活感恩的朴素信念。而封茶并不是简单封存几片茶叶，而是对古老技艺的传承，是将人生美好的记忆和衷心的祈愿留存起来，祈求来年丰收，如图9-1所示。

②采茶戏：茶叶种植多在山区之中，人与人交流不便，故以歌传话，久而久之形成了采茶戏。采茶戏是茶文化的重要组成部分，它传承茶人对劳动的热爱，展现出茶人的自强不息、艰苦奋斗的精神，采茶戏是最接近普通茶事劳动者生活的茶文化现象之一[4]。

图9-1　浮梁封茶习俗
(浮梁县茶产业发展中心　提供)

③恒德昌："非义不取，见善则迁"是浮梁人在贸易习俗中形成的一条经营之道。沧溪村的恒德昌因经商有道，捐助军饷有功，受到李鸿章接见，并赐额[5]。可见浮梁人在茶叶经商贸易中正直谨慎，深明大义的道德情操。

④崇德尚礼：浮梁茶艺以廉、康、和、美为主导精神，通过茶人的行为举止体现浮梁人崇德尚礼的品格，见证浮梁茶文化对道德规范的追求，体现中华民族几千年来崇尚文明、礼仪、清廉、勤俭以及追求"和美"的思想品德和精神面貌。

⑤古县衙：浮梁县古县衙为五品县衙，为中国品级最高的县衙[6]。该衙署保留有完整的匾额和楹联，或申明施政宗旨，或以官劝勉，对仗工整，平仄有致，寓意深刻，所表达的为政之德，虽出自封建时代的官员，但也折射出中华五千年延绵不绝的文化内涵，于今仍有借鉴及教育意义，如图9-2所示。

图9-2　浮梁古县衙（左）和李鸿章亲笔题写的"恒德昌"匾额（右）
(浮梁县茶产业发展中心　提供)

二、江西浮梁茶文化系统的特征

1. 历史悠久。江西浮梁茶文化系统是浮梁人民千百年来以茶为载体，发展、生产、利用茶的过程中所形成的传承至今，包括物质文化、制度文化和精神文化等活态生产生活方式的集合，江西浮梁茶文化系统于2021年入选为第六批中国重要农业文化遗产（图9-3）。浮梁曾以"一茶一瓷"闻名于世，且茶的成名早于瓷。浮梁茶叶的种植在地形、土壤、降水、光照和昼夜温差等方面都颇为讲究，俗语道"好山好水出好茶"。唐朝大量茶匠南迁，在尊重自然规律的基础上发挥其智慧将这片"八山半水半分田"的土地造就成一个茶的王国，进行资源优势利用与开发视域下的人地互动与探索，折射出朴素的"天人合一"理念。古代的先民在资源、技术、制度和文化品牌等多层面进行了创造性的互动与探索，使茶与瓷相互渗透、互惠互利，成为当地经济、社会以及文化发展的主要动力，不断推动产业结构的升级，成就了历史上经典的"产业融合范式"。浮梁的茶瓷沿着茶马古道和丝绸之路走向世界，"茶韵瓷香"也为浮梁奠定了千百年来持续发展的经济基础和文化格局。浮梁作为名茶之乡，产茶历史悠久，茶文化源远流长，曾创造过"浮梁歙州，万国来求""浮梁之茗，闻于天下"的盛况；唐代诗人白居易在《琵琶行》中写下的"商人重利轻别离，前月浮梁买茶去"的诗句[7]，让浮梁茶香流芳千年，也将浮梁茶名推向了世界。

图9-3　中国重要农业文化遗产—浮梁茶文化系统核心保护区
（浮梁县茶产业发展中心　提供）

2. 茶树种质资源独特。浮梁茶的种质资源丰富，其中浮梁槠叶种是当地的优良茶树种质资源。浮梁县江村乡塔里和桃树坞的两处古茶树群落中就有许多槠叶种古茶树。据景德镇市绿化委员会办公室等单位现场勘察和认定，江村乡塔里古茶树核心面积约113亩，品种为当地群体槠叶种，大部分茶树的树龄在100年以上，其中最大的一株茶树树龄在330～360年。这些古茶树均为种子繁殖，树高1.5～1.8米（图9-4）。槠叶种具有优良的品种特性，其品种纯度较高、性状优良、品质较好，且具有浓郁的兰花香。专家认为浮梁槠叶种古茶树品种准确来说应该为有性系槠叶中小叶群体种古茶树，20世纪80年代槠叶种就被列为全国30个国家级优良品种。此外，浮梁县的茶树种植历史悠久，茶树以当地群体槠叶种为主。在历史上，"仙芝""嫩蕊""福合""禄合"等茶，以其"形美、色艳、香郁、味醇"四绝，历经宋、元、明、清数代而不衰，成为经世品牌，诏为贡品[8]。为了保护和利用这些优良的种质资源，当地相关部门和机构开展了茶树古木的保护工作，同时也在进行品种的选育和栽培种植等工作，以促进浮梁茶产业的发展。

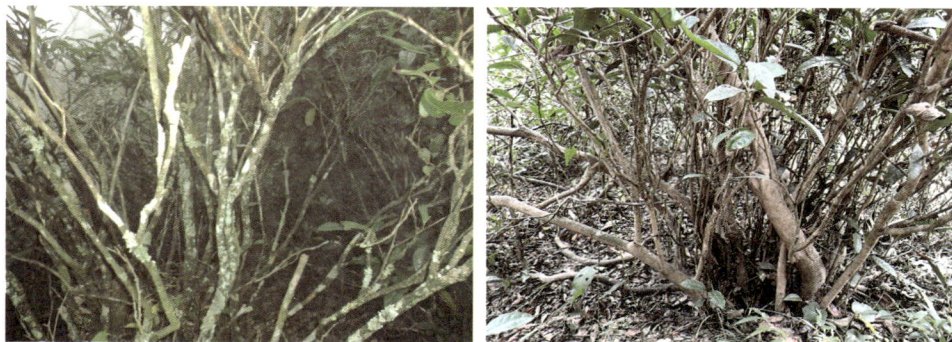

图9-4　浮梁古茶树资源
（浮梁县茶产业发展中心　提供）

3. 生态系统完整。浮梁地属亚热带季风气候，光照充足，雨量充沛，四季分明，风光明媚；境内平原、山区、丘陵交错，水网密布，素有"八山半水一分田，半分道路和庄园"之称。这里拥有数百种野生动物和上千种野生植物，森林面积355万亩，森林覆盖率高达81.4%；拥有世界上最大的钨铜矿，储量286万吨，资源量达到了原世界最大钨矿大湖塘钨矿的2.7倍。全县水质常年保持在二类以上，其中一类水质256天，占全年的72.6%；空气质量全年保持优良。系统位于世界著名的优质产茶区北纬29°09′—29°56′黄金地带，分布着70余万亩宜茶沃土。传承千年浮梁茶文化系统核心区分布4个乡镇、5个行政村，共135.2平方千米。全县遗存近万亩古茶园古茶树群，随处可见茶瓷古亭楼阁、道桥寺祠遗址；更有茶香

萦绕的严台、磻溪、桃墅、沧溪、瑶里等古村古镇和富有瓷韵茶香的浮梁五品古县衙。

第二节　江西浮梁茶文化系统的价值

浮梁茶主要分为浮梁红茶和浮梁绿茶两大品种。浮梁红茶简称"浮红""祁红"，多产自浮梁北部和东北部，那里自然条件优越，山地、森林很多，植被广袤而温暖湿润；土层深厚，雨量充沛，多云多雾，"晴天早晚遍地雾，阴雨成天满山云"，很适宜茶树生长。加之当地茶树的主体品种——槠叶种内含物丰富、酶活性高，很适合工夫茶的制造。高档"浮红"，外形条索紧细苗秀、色泽乌润；冲泡后茶汤红浓，香气清新，芬芳馥郁持久，有明显的甜香，有时带有玫瑰花香。"浮红"的这种特有香味，被国外不少消费者称之为"祁门香"。"浮红"在出口贸易中，沿用主产地"祁红"的称呼，在国际市场上被誉为"高档红茶"，特别是在英国伦敦市场上，被列为茶中"英豪"，受到皇家贵族的宠爱，赞誉祁（浮）红是"群芳最"。

浮梁绿茶产于浮梁县70%的山区、农田、旱地，是当地百姓普遍饮用和集贸市场交易的上乘饮品。其品种按茶叶采摘时段的不同，又有谷雨尖、细茶、粗茶之别。尤其是谷雨尖，一般采摘时段为谷雨时节前期，对春季后第一次冒出嫩芽的茶叶进行采摘，去掉叶梗，进行手工作业加工、文火轻烤。这种茶叶条索紧细，色泽嫩绿，白毫显露，清香持久，汤色清澈，滋味鲜爽、醇正。"瑶里崖玉"产于江西浮梁、婺源和安徽休宁、祁门四县毗邻的瑶里镇仰天台、汪湖、高际山、白石塔等高山茶园，其质量优异，1994年在中茶厦门茶叶进出口有限公司召开会议时，全国十几位茶专家品尝后一致认为，"瑶里崖玉"条索紧细，银毫显露，色泽嫩绿，汤色清澈、清香持久，滋味鲜醇爽口，叶底嫩绿明亮显芽，为优质高山型名茶。

一、饮用价值

茶叶作为一种多功能健康饮品，是世界上消费最广泛的饮品之一，被世界三分之二以上的人口饮用，饮用的广泛程度仅次于水。饮茶不仅可以提神益思，还可明目清心、消食去腻，为人体补充必需的一系列维生素及微量元素。茶叶中含有的茶多酚、儿茶素、茶氨酸、茶色素、茶多糖、咖啡碱等活性物质，不仅赋予茶叶不同的口味，也助益茶叶多样化的健康价值。这些活性成分具有抗氧化、预防癌症或抑制癌症和抗病毒的作用，受到越来越多消费者的关注。随着研究的深入，茶叶具有消炎杀菌、明目、利尿、降血压、降血脂、降血糖、抗疲劳等保健功效也被不断发现[9]。饮茶被认为是一种健康的生活习惯。

二、文化价值

浮梁种茶最早可追溯到汉晋时期，汉代即有僧人种植和采集茶叶，在历史的长河中沉淀并发扬光大，距今已有两千多年的历史。悠久的历史给予了浮梁茶文化的厚重感，可以感受到中华文化源远流长、博大精深，是培育人们的民族文化自信心和自豪感的绝佳资源。浮梁茶文化系统的活态性主要体现在它是有"人"参与其中的一种遗产，强调"人"在其中的作用。古茶园、古茶树群、茶号印章、宗祠、家谱、寺庙、古建筑等物质文化遗产以及活态传承至今且地域特色鲜明的采茶戏、传统制茶技艺、茶贸易制度等非物质文化遗产无不体现"人"在文化创作中的作用。浮梁拥有层次多样、要素多元和内涵丰富的遗产，从而成就了江南茶产区中具有完整性且原真性的茶业文化景观。浮梁茶文化系统具有独特的地域性，是中国茶文化的活化石，也是中国传统社会、制度文化、地域文化和经济文化的典型范例[10]。

综合认为，江西浮梁茶文化系统中蕴含多种文化要素，如古茶树群、古茶号、古桥、古码头、古村落等无不彰显着古代的浮梁拥有发达的地域经济，是浮梁成为茶叶生产高地的实力见证。这些要素多元、层次多样且内涵丰富的农业文化遗产要素是研究浮梁茶及茶文化的活化石。例如，核心保护区在区位交通不占优势的情况下，能够在全国乃至世界范围内产生如此辉煌的"茶香瓷韵"，其根本动力是先民在资源、技术、制度和文化品牌等多层面进行了创造性的互动与探索；开山和封茶习俗以及茶叶种植中病虫害防治知识等体现了人地互动探索下对自然的敬畏和遵从，是中华农耕文明"天人合一"理念的具体体现；遗产地核心区呈集村、散村、丘陵聚落的面状形态，以及以昌江水系、古茶道遗存等交通运输形式的线性形态，映射经济对区域聚落布局的影响以及交通对经济贸易的重要性；茶与瓷共存并相辅相成地发展、茶文化与瓷文化相互联结，实为产业融合的典范。

三、社会经济价值

浮梁是世界三大高香茶产区之一，也是中国古树红茶核心产区，并拥有江南

茶区最大的古树茶园、高山茶园、品种园等稀缺古茶树园3万亩。近年来，浮梁县大力实施"浮梁茶复兴计划"，积极推进全县"茶文化、茶产业、茶科技"的"三茶"统筹发展，以"浮梁茶"品牌建设年活动为抓手，开展浮梁茶产品品质提升、浮梁茶文化传承创新、浮梁茶品牌宣传、浮梁茶线下目标市场攻坚四大行动，切实推进"浮梁茶"区域公用品牌建设。同时，浮梁县坚持把茶产业作为乡村振兴、茶农增收的支柱产业来打造，坚持加大对茶产业发展的投入，每年财政拿出近亿元奖补资金，用于激励茶农发展茶产业。茶园标准化、现代化、智能化水平不断提高，有力推动了茶产业的高质量跨越式发展。近年来，浮梁县紧紧围绕"努力把浮梁建成与世界对话的国际瓷都后花园"，成为全省县域经济绿色发展的样本发展定位，着力打好"生态牌""高铁牌""高校牌"，全县上下攻坚克难、担当实干，经济社会保持健康较快发展。浮梁县委、县政府以高质量跨越式发展谱写"茶"篇章，茶产业得到迅猛发展。2023年，浮梁全县茶园总面积达20.52万亩，县内高山茶园面积5万余亩，有机化管理标准茶园面积7万余亩，浮梁叶种古茶园6 000亩，单株古茶树108株，其中二级保护古茶树6株，茶叶生产总产量达1.33万吨，综合产值22亿元，茶农队伍6.2万人，人均涉茶收入13 840元，对推动该县经济社会高质量发展、助推乡村振兴发挥了重要作用。

四、生态价值

浮梁始终牢固树立"绿水青山就是金山银山"的发展理念，大力做好治山理水、显山露水、"生态+文化+发展"三篇文章，持之以恒推进生态文明建设。浮梁县被新增纳入国家重点生态功能区，评为国家生态县、国家生态文明建设示范县、全国休闲农业与乡村旅游示范县、江西省生态文明先行示范县、省级森林城市。江西浮梁茶文化系统的生态环境价值体现在以下几个方面：

一是生态环境得到保护。茶园通过采用生态种植方式，如不使用化学肥料和农药，严格遵循有机农业标准，有效减少了化学物质对土壤和水源的污染，保护生态环境。此外，茶园的复合生态系统模式通过立体复合栽培，实现茶树生长与茶园生态系统的和谐统一，进一步提升了生态环境的保护效果。

二是土壤肥力提升。茶园通过复合生态模式，如茶草复合模式、茶菌复合模式和茶禽复合模式，显著提高了土壤有机质含量，降低了土壤酸化，增强了土壤的生物多样性和生态系统稳定性。这些模式不仅提升了茶叶的产量和品质，还改善了土壤质量，促进了茶园的可持续发展。

三是生物多样性保护。茶园作为生态系统的重要组成部分，其生物多样性对维持生态平衡具有重要作用。茶树与其他生物相互作用，如对土壤矿质元素的吸收和根系分泌物的积累，改变了土壤的理化性质，进一步促进了生态系统的稳定和健康。

五、品牌价值

浮梁茶始于汉、盛于唐，距今已有两千多年的历史。汉代即有僧人种植和采集茶叶。至唐代，茶叶加工和贸易盛况空前，唐朝王敷《茶酒论》"浮梁歙州，万国来求"和唐朝白居易在《琵琶行》中"商人重利轻别离，前月浮梁买茶去"生动记叙，成就了千年浮梁茶。自唐朝以来，浮梁茶历宋、元、明、清数代而不衰，成为历史品牌，朝朝为贡[11]。1953年浮梁茶厂生产的"孚钉"，被苏联国家产品鉴定委员会确认为"祁红珍品"。1991年浮梁绿茶"浮瑶仙芝"获中国杭州国际茶文化节"中国文化名茶"奖。1992年浮梁绿茶"浮瑶仙芝"获农业部博览会"优质产品奖"。1994年浮梁绿茶"瑶里崖玉"获中国国际饮品技术展览会金奖。1995年浮梁绿茶"广明银针""新佳明毫"获中国茶与瓷文化展"最佳新产品奖"。1997年浮梁绿茶"瑶里崖玉"获中国国际茶会金奖；同年，浮梁县被国家农业部命名为"中国红茶之乡"。1999年浮梁绿茶"瑶里崖玉"获江西省乡镇企业名优特新产品展销会金奖。2000年浮梁绿茶"西湖珍芝"获江西省"优质名茶"称号。2002年浮梁绿茶"瑶河仙芝"获第四届国际博览会金奖，浮梁绿茶"瑶里崖玉"获中国绿色食品福州博览会"畅销产品奖"；同年，浮梁绿茶"西湖珍芝"获第四届国际名茶银奖。2003年浮梁绿茶"瑶河仙芝"获中国食品会颁发的2003—2004年度优秀新产品奖，浮梁绿茶"浮瑶仙芝"获上海市国际茶文化节暨中国精品名茶博览会金奖，并被国务院选定为特选礼品茶；同年，浮梁绿茶"瑶里崖玉"被江西省工商行政管理局、江西省名商标认定委员会认定为"江西省著名商标"。2004年浮梁绿茶"瑶里崖玉"被江西食品展销洽谈会定为"优秀产品"，"崖玉"品牌入选《中国茶叶品牌指南》一书；同年，浮梁绿茶"浮瑶仙芝"获中国绿色食品上海博览会"畅销产品奖"、江西省名优茶评比金奖。2005年浮梁绿茶"浮瑶仙芝"获第六届"中茶杯"全国名优茶评比特等奖；同年，浮梁绿茶"野兰芝"获第六届"中茶杯"评比一等奖，并被中华全国工商联指定为"中国企业市场战略论坛大会特定用茶"；同年，浮梁绿茶"浮绿芽玉"在第十二届上海国际茶文化节获得银奖；同年，浮梁县被农业部授予"全国无公害茶生产示范基地县"称号。2007年浮梁县被农业部列为"国家级茶叶标准化示范县"建

设单位，同年浮梁县被列为财政部整合资金支持新农村建设扶持茶叶产业发展项目试点县。2010年"浮梁茶"品牌市场评估价值达2.03亿元。2010年12月，中华人民共和国农业部批准对"浮梁茶"实施农产品地理标志登记保护。2014年"浮梁茶"品牌市场评估价值跃升至9.28亿元，居全国第45位。2015年世博会期间"浮梁茶"被作为特许参展商品。2016年浮梁县被中国茶业学会授予"中国名茶之乡"称号，2017年被评为全国十大魅力茶乡。"浮梁茶"作为江西"四绿一红"重点品牌之一，在2018年中国茶叶区域公用品牌价值评估中，被评为"最具品牌资源力"茶叶品牌，品牌评估价值达到21.36亿元，列全国98个品牌第25位。在第四届亚太茗茶大奖中浮梁茶荣获特别金奖。2018年，浮梁全县茶园面积15.66万亩，茶企、合作社100多家。2019年11月15日，浮梁茶入选中国农业品牌目录。2020年7月27日，浮梁茶入选中欧地理标志第二批保护名单。2023年浮梁县获得"多彩茶乡——特色魅力茶乡"称号，浮梁茶区域公用品牌价值提升至33.07亿元[7]。

六、茶美学价值

茶美学是茶、茶文化的理性诠释和美学升华，茶之美的存在形态与内在涵义也是十分广阔的，它既包括茶的外在美、也包括茶的内在美，既包含茶的功效美、也包含茶的品格美，还包括茶园管理与采摘、茶的加工与制作、茶的选购、茶的烹煮（冲泡）与品饮、茶艺术的创造等所呈现出的美。茶美学的主要研究对象是茶叶生长的自然环境之美、茶叶的形态之美、茶叶的包装之美、茶叶产销地环境之美、茶艺表演之美、茶叶鉴赏品评之美、茶饮料的健康之美，以及中华茶道的三种境界、茶文化经典的美学内涵等[12]。其基本美学风格有五：一是注重茶叶的质地之美，二是注重沏茶的水质之美，三是注重品茶的审美情趣，四是注重茶道的文化品位与美学风格，五是茶美学重在"天人合一"。

第三节　江西浮梁茶文化系统存在的问题

唐朝时期浮梁就已经是中国茶叶的集散中心，在宋代浮梁茶总体上仍是兴盛，但此时出现了众多新的产茶区域，茶叶的发展有衰微的趋势。清同治光绪年间，浮梁研制出了享誉世界的"祁红"，这是浮梁茶在唐代之后的又一个发展黄金时期。祁红因品质一流，在海外极为畅销，价格也往往超过国外红茶，从而得到了迅速发展。天祥茶号代表上海茶叶协会在美国旧金山举办的巴拿马太平洋万国和平博览会，1915年天祥茶号所产红茶（后简称"浮红"）荣获金奖，声名大噪（图9-5）。1917年的俄国十月革命导致了浮梁茶外销量锐减。1949年前，茶叶生产状况正如歌谣"茶价贱如糠，茶税凶似狼，毁茶种粮度饥荒，茶农讨饭飘异乡"所描绘的局面，茶叶的生产因战争和自然灾害的影响而到了崩溃的边缘。中华人民共和国成立后，茶叶生产逐渐恢复，茶园面积逐渐扩大。但随着社会的发展，人口大量往城镇迁移，农村发展势力减弱。如今江西浮梁茶文化系统尚存在以下几方面的突出问题，对这一农业文化遗产的保护、传承、利用和高质量发展带来了严重威胁。

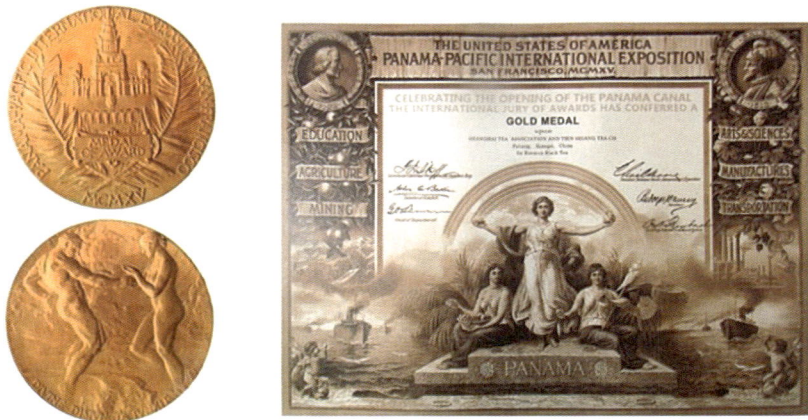

图9-5　1915年首届巴拿马太平洋万国和平博览会金奖和证书

（浮梁县茶产业发展中心　提供）

一、产业基础较为薄弱

与其他传统茶业名城名地相比，浮梁茶叶产业进一步提升的突出瓶颈问题是产业规模较小，茶业领域龙头企业数量较少，到2022年5月有茶叶企业75家。与其他产茶地方不同，浮梁县茶叶企业都在产茶的乡镇上，缺乏有实力的茶叶（深）加工企业，很难形成聚集效应，因而对周边地区经济发展的影响和带动都比较弱，品牌影响力不够，导致浮梁县许多茶农将优质的茶叶贩卖到外省地区。现有的茶园基础设施也比较薄弱，生态茶园标准化建设水平不高，存在较多的老茶园和低产低效茶园。不仅影响了茶叶的品质，也限制了茶叶产量提升。农产品加工能力不足，其加工转化率为60.9%，比全国平均值低4%。此外，茶叶加工设备陈旧，

生产方式较为传统，茶产品精深加工率较低。在茶衍生品方面，如茶叶功能成分产品、茶食品、新式茶饮、保健品和茶日用品等高附加值产品的市场化率不高。这意味着大量的茶叶产品停留在初级加工阶段，在茶产业延伸链上的发展不够充分，缺乏高附加值产品线，不能满足日益多元化的市场需求，限制了整个产业的增值空间[13]。综合认为由于茶叶产地分布广、发展不平衡、产业基础较为薄弱，很难实现快速发展。

二、茶文化挖掘不够

浮梁作为我国历史悠久的产茶区域，茶文化资源丰富，但在茶文化挖掘和展示方面仍存在诸多不足。与浙江省、福建省和云南省等茶文化发达省份相比，浮梁乃至江西省在茶文化的考察整理、开发展示以及与其他文化形式的融合等方面存在一定差距。浮梁尚未形成系统化的茶文化展示平台，导致茶文化影响力不足。相比之下，浙江省在茶文化挖掘方面做得尤为深入细致，以西湖龙井茶为例，通过系统的文化建设和广泛的宣传推广，西湖龙井茶的文化影响力和市场认知度得到了显著提升。云南省为了弘扬普洱茶文化，开发了一系列茶文化符号，成功打造了普洱茶的品牌形象，使其成为国内外知名的茶叶品牌[14]。此外，浮梁的茶文化符号，如茶故事、茶歌曲、茶影视、茶器具、茶读物和茶艺等也有待进一步挖掘和利用。茶文化与瓷文化、旅游文化、红色文化等其他文化形式的融合程度较低，缺乏典型的茶文化融合示范点和茶体验场所[15]。

三、品牌带动作用不强

浮梁茶自古享有盛名，2010年农业部批准对"浮梁茶"实施农产品地理标志登记保护；2019年其入选中国农业品牌目录。但在当前市场中，"浮梁茶"被归属于地域性品牌，在市场上关于"浮梁茶"的品牌推介、管理和使用均不规范；此外，"浮梁茶"作为地域性品牌，准入门槛低、使用管理不到位，在茶叶行业中几乎成为"基茶"的代名词，缺少叫得响的具有影响力的品牌，没有形成发展的内驱力，与各种老品牌的品牌影响度还有较大差距。虽然通过近些年的努力，不断升级改造提升品牌建设，取得了一些成效，但同时一些新的问题也逐渐凸显。例如，其产品拓展和占领市场的能力较弱、品牌提升的方式较为单一、产品宣传力度不足，市场投资较少，产业链条、行业间联动机制薄弱，这些因素制约了"浮梁茶"品牌的推广，难以带动浮梁茶业的发展[16]。此外，茶叶龙头企业牵头组建的农业产业化联合体仍处于初级阶段，"联农带农"的成效尚未完全显现。虽然当前浮梁茶业已经形成了"浮梁茶"地域品牌，但是当前尚缺少具有足够区域知名度的茶叶品牌，高品质茶及茶制品精深加工仍显不足，市场推广和销售力度不够，成为影响全县茶产业快速扩张发展的瓶颈因素。另外，浮梁县茶叶产品缺乏对外销售的中转枢纽，导致与外部市场的对接不顺畅，销售形式单一，影响了市场份额，进而影响茶及茶产品市场行情，影响了茶农扩大投入的积极性。截至2022年5月，浮梁茶企中仅有省级龙头企业7家、市级龙头企业26家，对整个浮梁茶产业及品牌的带动能力比较有限。

四、科技支撑能力不足

浮梁茶产业在高层次人才储备、科研机构建设、企业研发投入以及科技成果转化等方面存在显著不足，全县农业科技人员数量不足，制约了农业科技创新，茶叶利用多停留在初制加工阶段，科技创新技术水平不高。在农业科技成果转化方面，截至2021年，江西省农业科技成果转化率仅为20%左右，与其他农业科技发达省份相比，存在较大差距，农业科技领域的经费投入仅为总科技经费投入的0.66%，这一比例过低，不利于科技成果的有效转化应用[14]。

五、茶旅资源开发程度不够

浮梁县被称为"千年茶乡"，茶文化历史悠久，兼之自然资源优美，可供开发的人文景观和自然风景名胜丰富，对于茶产业与乡村旅游融合发展具有得天独厚的资源基础。然而，当前茶文化资源、乡村旅游资源总体开发程度较低，甚至被形容为"一流的资源，三流的开发"。究其原因，一是核心景区带动作用明显不足，文化体验弱，体验场景少。浮梁茶"茶文化"源远流长、博大精深，是景德镇地区除瓷器以外的另一张靓丽名片，同时也是浮梁县最核心的文化旅游资源。但当前以浮梁贡茶文化、禅茶文化、茶马文化为代表的茶文化旅游资源的整合力不足。如今，大部分乡镇茶旅融合开发依然停留在传统的观景、吃饭、了解茶历史文化等初级阶段，缺少富有互动性和创新性的茶文化体验活动，以及对茶文化背后价值精神的探索，来访游客难以体验感受到深厚的茶文化内涵。二是资金投入不足。当前浮梁茶产业发展依然是以政府为主力进行推动，通过大量财政扶持资金的"输血式"开发，其他资本投入力度有限。

第四节 江西浮梁茶文化系统的保护与发展对策

针对上述问题，要实现江西浮梁茶文化系统的传承和高质量发展，必须采取有效的保护对策。总体而言，农业文化遗产的传承和保护，必须遵循"在发展中保护，在保护中发展"的原则。就江西浮梁茶文化系统这一中国重要农业文化遗产来说，要实现其世代传承和永续高质量发展，需要立足其历史文化底蕴、产业基础及乡村振兴战略等，可采取如下具体对策和措施。

一、制定规划目标

浮梁县需要按照《江西省推进茶产业高质量发展战略规划（2024—2035年）》要求，编制《浮梁茶文化系统保护与发展五年行动计划》，明确"茶文化传承+绿色产业+科技创新"三位一体发展目标，分阶段落实生态保护、产能提升、品牌建设等任务。制定浮梁茶种植、加工、储运、冲泡等环节的地方标准，推行"生态茶园认证"制度，对标欧盟有机标准，打造"零农残"产品标签[17]。具体来说，以乡村振兴战略为引领，围绕扩园扩面、提质增效、拓展平台、构建品牌的总体目标，实现浮梁茶产业可持续发展；以七彩茶园为核心，加快茶园基地改造提升，促进三产融合发展；以茶园扩面为抓手，稳步推进标准茶园建设；以有机发展为方向，科学规范有机茶园的管理；以辐射带动为手段，确保产业扶贫和茶农利益最大化[18]。以市场为导向，积极拓展市场营销平台、电子商务平台、外贸出口平台和文化展示平台建设。以品牌为主导，通过中国驰名商标申报，进一步提升浮梁茶品牌影响力；通过集团组建，统一浮梁茶对外整体形象，形成抱团发展合力，进一步提高浮梁茶品牌竞争力；注重市场营销，真正实现向市场要品牌效益，共同打造"浮梁茶"核心品牌，积极组织茶企参加全国各地茶事活动，着力推介浮梁茶，"讲好浮梁茶故事，振兴浮梁茶产业"，真正让浮梁茶享天下。

二、科技赋能与产业升级

在茶叶全产业链过程中（即生产、加工、储运及冲泡等环节），制定浮梁茶地方标准，让茶企参照执行、形成共识，提升产品质量和产品安全水平。同时，通过专家授课、行业交流，以及"走出去、引进来"等方式，对茶企、合作社、家庭农场、种植大户、村致富带头人、茶农等进行培养与培训，提升生产加工水平，转变管理观念。合理应用茶叶育种、栽培、采制、加工、储运等方面的科技成果，采用早中晚品种搭配，只有优良的品质得到保证，浮梁茶才能实现可持续发展。大力推进茶叶采、制的机械化，提高生产效率，降低劳动力对茶产业发展的制约。指导茶农科学合理地使用化肥、农药，坚持以绿色防控为主，保证鲜叶原料的安全，减少对环境的污染。引入茶叶深加工与综合利用，如茶多酚、茶皂素等的提取，茶粉、速溶茶、袋泡茶的生产，茶食品的开发等，实现茶产品多元化、便利化、时尚化、个性化发展和茶叶资源的充分利用。此外，可以建设茶产业综合体，整合周边小型茶企或家庭式作坊，建立共享加工中心，统一鲜叶收购、分类加工，开发不同茶类、功能茶、茶制品等细分产品。建立完善的茶叶精深加工技术体系和产品标准体系，走产学研结合之路，改变以往浮梁茶单季节生产的现状，充分利用夏秋茶资源，研发生产大宗红绿茶、黑茶毛料等，并延伸产业链，通过茶叶萃取、提取技术，生产包括茶保健品、护肤品等茶叶深加工产品或天然产物原料，提升浮梁茶利用率和精深加工水平。

三、生态保护与品质提升

坚持生态控制、标准建设、连片优先，政府遵循发展原则，以七彩茶园为基础进行连片扩展茶园。首先，改造老化、低产茶园，扩大无性系良种面积是茶园增产的重要手段之一。引进无性系良种茶树，有利于实行茶叶机械化、标准化，有利于茶品质的提高、有利于名优茶的生产和开发。其次，调整产品定位，将名优茶大众化、大宗化、优质化，茶产品向多元化、便利化、时尚化、个性化发展，根据消费市场需求，调整茶产品的组成结构，有利于提高市场竞争力和品牌知名度。再次，引导龙头企业加强自身建设，规范管理制度，提升企业文化和茶文化内涵，调整产品结构，不断增强市场竞争力。围绕现有茶园栽培管理、低产茶园升级、有机茶园高标准建设、茶叶标准化生产等方面继续努力推进。实施生物多样性工程，在茶园周边保留一定原生植被带，建立"茶—林—草"立体生态系统。建设智慧茶园示范区，应用物联网技术实时监测土壤墒情与病虫害，推广无人机植保、智能滴灌系统[19]。推广碳汇茶园模式，通过茶树固碳能力核算，探索碳汇交易机制。

四、茶瓷融合与文旅创新

近些年，浮梁县委、县政府对茶产业发展给予了高度重视，围绕"兴一个产

业、富一方百姓"的宗旨，充分依托本地资源优势，全面落实县委、县政府"浮梁茶复兴计划"的战略目标，切实做优做强浮梁茶产业，合力打造瓷茶一体化发展。2021年县政府出台了《关于印发浮梁县振兴茶产业十条激励措施行动方案的通知》。其中，"以旅游促进茶旅融合"是浮梁地区长期以来的重要发展战略，旅游业是浮梁特色优势产业和一个高增值、高就业、高效益的支柱产业。挖掘茶文化底蕴和特色旅游资源，茶产业与旅游业一体推进，将生态资源转化为旅游经济；打造一批融合茶艺表演、茶文化体验、茶研学游、乡村休闲功能于一体的茶文旅项目。统筹茶文化、茶产业和茶科技融合发展，挖掘地域特色，可建设茶博物馆、茶民宿、茶主题公园、特色风情茶园等，形成集茶园生态、生产、休闲观光、制作体验、评鉴、文创、康养、销售于一体的发展模式。在浮梁县以茶促旅，以旅带动，有效推动茶业"生产、生态、生活"空间和谐融合，拓宽农民增收渠道，带动区域经济发展和农民脱贫致富，优化农村经济结构。以"网络经济"为时代背景，建立线上线下结合的营销体系，以销定产，以"先进加工能力＋稳定质量水平＋可溯源的安全＋多层次产品标准"巩固浮梁茶品牌的影响力和茶文化传播，进而大幅提升浮梁茶产业整体水平，繁荣茶文化系统。

结合浮梁茶旅融合发展，引领茶产业三产融合。一是建设好鹅湖园艺村茶旅项目。二是将浮梁的茶文化历史遗存串珠成链。如严台村、磻溪村等地的茶号建筑，这些建筑的历史遗存能让人直观地感受到浮梁的茶叶历史。将现代的生态茶园、茶楼、茶叶交易市场和古老的商道、民国茶号等有机串联，人们将能更全面地领略浮梁茶文化的风貌，彰显浮梁茶文化的特色。三是发挥浮梁茶博物馆特色。将浮梁的茶史、茶俗、茶具、茶品、茶曲、茶号等进行系统展示，使之成为宣传浮梁茶的窗口[20]。发展浮梁地方特色的茶艺馆，如在浮梁古县衙边建立茶瓷融合一条街，让现代人鉴瓷品茶休闲，充分体验茶文化。

五、人才培育与品牌建设

浮梁茶产业技能人才队伍建设尤为重要，人才队伍建设可从"人才培育"和"人才引进"两方面入手。第一，政府应立足浮梁本地茶产业从业人员现状，通过以开展技术交流及搭建经营经验交流平台为契机，组织开展研讨学习、考察交流、专题讲座等，完善现有从业人员的职业技能教育、文化素养教育和服务标准教育，规范从业人员的行为举止，提升现有从业人员素质，展现浮梁茶旅服务良好形象[18]。第二，提升茶叶从业人员经营管理理念、提高其在行业决策、推广、营销和管理等方面的能力，促进浮梁茶市场规范发展，提升浮梁茶产业持续发展的能力。第三，加强与地方高校、科研院所及相关行业机构、企业等单位的联系和合作，加大对茶产业以及乡村旅游产业复合型人才的培养力度，探究并逐步完善复合型人才培养方案和体系，积极开展校地合作交流，加强行业之间的交流及创新人才的培育工作。

对于浮梁茶产业系统的品牌发展，需要发挥区域茶叶知名品牌与龙头企业之间的优势联动作用。浮梁茶整体产业应重视品牌价值，并牢固树立品牌意识，联合当地政府、茶叶管理单位、茶叶企业和茶叶相关协会，科学设定浮梁茶公共品牌使用准入门槛和使用规范，加强对浮梁茶高品质的要求，提升品牌价值；茶叶企业要把品牌建设作为企业发展的重要生命线、作为企业发展的使命，充分利用浮梁县现有自主品牌的先天优势，如"浮红""浮梁崖玉""浮瑶仙芝"，研发生产优质茶叶，在浮梁县形成茶叶企业的共享品牌新局面。

参 考 文 献

[1] 朱凤新. 北纬30°恩赐 千年浮梁茶 [J]. 农产品市场，2022 (11)：20-25.

[2] 李松杰. 瓷茶互动与江西区域文化海外传播的路径 [J]. 农业考古，2017 (5)：25-31.

[3] 沈慧芳. 江西浮梁茶区生态环境与茶叶品质的研究 [J]. 景德镇学院学报，2023，38 (3)：35-38.

[4] 苏永明. 风火仙师崇拜与明清景德镇行帮自治社会 [J]. 地方文化研究，2015 (1)：80-88.

[5] 张旭东. 浮梁茶事 [J]. 中国三峡，2022 (11)：62-71.

[6] 吴淑琴，吴永根. 浮梁古县衙"联"中"廉"文化研究 [J]. 对联，2022，28 (1)：30-32.

[7] 刘俊. 浮梁县乡村旅游与茶产业融合发展策略研究 [D]. 南昌：江西农业大学，2024.

[8] 鲍润元，严宠红. 浮梁县茶产业发展措施、问题与对策 [J]. 现代园艺，2014 (15)：40-41.

[9] 曾鸿哲，文帅，方雯雯，等. 茶叶活性成分健康功能研究新进展 [J]. 中国茶叶，2025，47 (2)：1-13.

[10] 李倩玲. 基于高中地理核心素养的农业文化遗产研学旅行课程开发：以江西浮梁茶文化系统为例 [D]. 南昌：江西师范大学，2023.

[11] 沈锡权，高浩亮，赖星.《琵琶行》传诵千载 "浮梁茶"香溢神州 [N]. 新华每日电讯，2022-04-01 (16).

[12] 徐飞扬. 茶美学融入高校思政课教学的动因、原则与路径 [J]. 广东产业，2023 (6)：54-57.

[13] 高玲，刘会柏. 农旅融合视角下浮梁县乡村旅游发展研究 [J]. 村委主任，2024 (21)：189-191.

[14] 王献礼，双巧云，王淑彬，等. 新质生产力赋能江西茶产业高质量发展：内涵意义、现实挑战和实践路径 [J]. 中国生态农业学报（中英文），2025，33 (10)：1-11.

[15] 林智尧. 农业文化遗产视角下江西茶文化遗产资源发展对策探究 [J]. 广东蚕业，2023，57 (8)：98-100.

[16] 冯嘉炳. 江西浮梁茶区域公用品牌价值评估及提升研究 [D]. 南京：南京农业大学，2020.

[17] 张宁悦，赵诗云，温丽勤，等. 乡村振兴视域下"互联网+"茶产业新销售路径探索：以江西浮梁茶为例 [J]. 中国茶叶，2023 (23)：130-132，148.

[18] 徐爱珍. 浮梁茶产业发展现状与对策 [J]. 世界热带农业信息，2019 (8)：58-61.

[19] 刘明丽，曾旭，黎婉清，等. 智慧茶园技术应用研究进展与展望 [J]. 茶叶，2023，49 (1)：13-16.

[20] 黄爱华，黄敏. 论茶文化与江西旅游产业的发展 [J]. 农业考古，2014 (2)：254-259.

第十章　江西泰和乌鸡林下养殖系统[1]

---

① 本章执笔人：周泉（江西农业大学生态科学研究中心）。

第一节　江西泰和乌鸡林下养殖系统概述

泰和县位于江西省中南部，是吉泰盆地的中心区域，全县东西长105千米，南北宽57千米，土地总面积2 667平方千米。泰和乌鸡分布于泰和县行政辖区全境，含22个乡（镇）和2个垦殖场，包括澄江镇、碧溪镇、桥头镇、禾市镇、螺溪镇、石山乡、南溪乡、苏溪镇、马市镇、沿溪镇、塘洲镇、冠朝镇、上模乡、沙村镇、水槎乡、上圯乡、老营盘镇、中龙乡、小龙镇、灌溪镇、苑前镇、万合镇、武山垦殖场、泰和垦殖场。

泰和县资源丰富，物产丰饶，是全国首批商品粮、商品牛基地县，是世界珍禽——中国乌鸡的原产地。泰和乌鸡兼具保健、美容、抗癌三大功能，已喜获中国驰名商标，是全国唯一的活体驰名商标。泰和县盛产车前籽、竹篙薯、百合、红瓜子等高效经济作物，肉牛、山羊、灰鹅等草食畜禽颇具规模。泰和县马尾松和杉木林面积大，尤其盛产柑橘、蜜柚、油茶等经济林木，为林-禽复合生态系统的建立提供了巨大的发展空间。在林下生态养殖泰和乌鸡的林-禽模式，是资源、时间、空间合理配置的典型代表。2000年以前，泰和乌鸡以民间农户养殖为主，放养于庭院、农田和果园中，逐渐形成了林下养殖复合生态系统。

在复合生态系统中，林木（农田）为乌鸡提供可食草本、昆虫，林地（农地）提供栖息环境和土壤动物，对乌鸡品质的提升起到了促进作用；乌鸡觅食活动为加速养分循环过程，鸡粪还田提高土壤肥力，从而提升了农产品的品质。林-禽模式在保护当地生态环境和生物多样性的同时，经济林木和泰和乌鸡又可以作为商品产出，实现了林业长期效益和养殖业短期效益的有机结合。此外，推广林下乌鸡养殖，还具有调整泰和县农业生产结构、改变部分农户的生产方式、扩大农民增收渠道、拉动农村劳动力就业等社会效益。

一、泰和乌鸡

（一）特有种质资源

泰和乌鸡原产于现江西省泰和县武山脚下，体态娇小轻盈，丝羽雪白，具有丛冠、缨头、绿耳、胡须、丝毛、毛脚、五爪、乌皮、乌肉、乌骨"十大"特征，适于在我国亚热带红壤丘陵山区域繁衍生息。泰和乌鸡只有在该地区特有的气候、地貌、水土等自然环境中生长，才能保持其独有的特征和价值，如果在其他的环境中生存和繁殖，其外貌特征和内在品质在三代后均会发生退化和变异。泰和乌鸡作为泰和县的一张亮丽名片，先后荣获中国农产品地理标志产品、中国驰名商标、中国百强农产品区域公用品牌、中华品牌商标博览会金奖[1]。

泰和乌鸡不仅外形奇特美观，而且性情温驯、不善飞跃、就巢性强、生长发育前快后慢，调节体温能力差，反应灵敏、易惊群，抗病能力弱、缺乏防御能力。一般来说，成年公、母鸡体重各为1.3千克和1.0千克，全净膛屠宰率分别为75.86%、69.50%；母鸡开产日龄平均为160天，年产蛋90～110枚不等，蛋重33～40克，公鸡开啼日龄为150天。公母比例1：10～15，自然受精率为90%以上。

据文献记载，1978年全县泰和乌鸡饲养量不足5万羽，但随后饲养量逐年增加，在20世纪90年代中后期达到鼎盛时期，突破了千万羽大关。进入21世纪后，由于价格持续低迷，泰和乌鸡养殖陷入低谷，种鸡饲养户仅有15户，种鸡饲养量不足1万羽，后备种鸡存笼也只有1.2万羽，年饲养商品鸡不足300万羽。在泰和县政府采取保护措施和泰和乌鸡获得系列荣誉后，到2005年泰和乌鸡饲养量回升到1830多万羽，出笼量达1600万羽。目前，泰和乌鸡核心群保护数量达1800羽，并按标准化要求，在武山周边建立了泰和原种乌鸡种质资源保护区[2]。

2018年统计数据表明：泰和县域现有泰和乌鸡种鸡36万羽，核心种群近4万羽，年提供种苗2500万羽以上，出栏超过1800万羽，销售鸡蛋3400多万枚，产品深加工企业年加工消化泰和乌鸡600多万羽，实现泰和乌鸡系列产品产值近10.5亿元。

（二）药用价值巨大

泰和乌鸡主要以武山鸡、乌鸡、乌骨鸡等名称出现在古籍医药典册中。其中最早的《豫章书》记载："凡伤冷头痛发热……若虚极冷极之症，加姜盐和武山鸡煎汤服之即愈"。东汉张仲景所著的《神农本草经》，对乌鸡不同部位的药用价值做了具体说明。晋代名医葛洪所著的《肘后备急方》称："乌骨鸡为主药，配……以治惊邪模糊之疾。"唐代陈藏器所著的《本草拾遗》和名医孟诜所著的《食疗草本》、明朝李时珍所著的《本草纲目》、"药王"孙思邈的名著《千金要方》、清代汪昂所著的《本草备要》等古代医学书籍也记载了泰和乌鸡的药用功能和滋补保健功效。清代《济阴纲目》中记载的中成药"乌鸡白凤丸"，其主要成分之一"乌骨鸡"即是泰和乌鸡。

泰和乌鸡是集药、补、食三大功能于一体，是具有很高的食用价值、药用价

值和观赏价值的特有禽类。泰和乌鸡作为著名药食同源的地方鸡种，全身均可入药，骨、肉及内脏均有药用价值，可以配成多种成药和方剂[3]。在当前我国经济蓬勃发展的时代，广大消费者更加注重保健和养生，泰和乌鸡同样受到青睐。作为道地药材的泰和乌鸡，以其为原材料生产的药品、保健品品牌众多，开发产品多达几百种。到1998年泰和乌鸡加工企业发展到10家，形成六大系列、30多个品种，年加工消化泰和乌鸡400多万羽，年产值达1亿多元。截至2018年底，泰和县成立了江西泰和乌鸡协会、泰和乌鸡养殖专业合作社，有国家级保种场1家、一级扩繁场2家、养殖场22家、泰和乌鸡专用饲料加工厂1家、制药厂1家、保健品厂2家、食品加工厂3家、乌鸡精企业1家、乌鸡酒厂5家，养殖重点乡镇10个，重点村150个，重点养殖户1 800多户；并建有生态模式保护区、GAP养殖示范基地各1个。以泰和鸡为原料的产品达八大系列130多个品种，其中乌鸡酒、白凤衍宗酒、复方口服液等20多个主导产品还荣获国优、部优、省优称号，成为与粮食生产并重的支柱产业。

（三）养殖历史悠久

泰和乌鸡发祥于我国江西省泰和县武山西岩汪陂村，在我国已有2 200多年的饲养历史，又称乌（骨）鸡、武山鸡、丝羽乌骨鸡等[4]。最早记录见于公元206年西汉初《豫章书》中以"武山鸡"名称出现，之后《五十二病方》《神农本草经》《肘后备急方》《本草拾遗》《食疗草本》《本草纲目》《千金要方》《本草备要》等古籍医药典册中出现的"乌（骨）鸡"均指泰和乌鸡。此外，地方志中也有对泰和乌鸡的记载，如公元618年至公元907年《唐志物产书》（清修县志中的旧志）、清代《泰和县志卷四十七：杂记》中记述的"泰和鸡"均指泰和乌鸡。

泰和乌鸡在泰和县有2 000多年的养殖历史，全县人民对泰和乌鸡具有深厚的情结。泰和县建有中国泰和乌鸡基因库、中国泰和原种鸡生态保护区和泰和乌鸡GAP养殖示范基地，还有相当一批泰和乌鸡饲养重点乡镇（场）、饲养重点村和养殖专业户。20世纪90年代初期，县内形成了十几家以"泰和乌鸡"为原料的生产加工龙头企业，30多种以"泰和乌鸡"为品牌的知名产品，泰和乌鸡年饲养规模曾一度突破2 000万羽，在全国乌鸡产业行业中占有突出地位。

（四）重要的民俗文化

泰和乌鸡养殖与当地居民社会文化生活密切相关，与泰和乌鸡养殖相关的物质文化、风俗习惯、行为方式、历史记忆等文化特质及文化体系已逐渐渗透到当地传统生产、知识、节庆、人生礼仪等重大个人、社会的文化行为中。

在泰和当地民间流传着一个神奇而美丽的传说——泰和乌鸡是白凤仙子的化身。白凤仙子的传说对乌鸡的起源寄予了美丽的神话元素，在民间流传 2 000 余年。清乾隆年间，泰和进士姚颐的长诗《泰和鸡为旭庄主人赋》中就提到乌鸡的传说故事。1992 年的《泰和文史资料》、2000 年的《神鸟·武山凤》、2005 年的《世界珍禽——中国泰和乌鸡》等刊物，都对白凤仙子的传说故事作了详细的记载。2016 年，泰和乌鸡林下养殖系统入选全国重要农业文化遗产，现在白凤仙子传说也已是江西省非物质文化遗产[5]。目前，武山各地都有关于白凤仙子的传说故事，这个传说经过历代劳动人民流传至今，具有广泛的群众性和民间传承性，其对于乌鸡起源的表述既增添了美丽的神话元素，也表达了人们对美好幸福生活的向往与追求。

目前，泰和县乃至吉泰盆地区域独特的乌鸡文化已经成为了庐陵文化的重要组成部分。

（五）独特的观赏特征

泰和乌鸡似凤非凤、似鸡非鸡，其独特的外貌，博得了国际各国的好评，被列为"观赏鸡"而誉满全球。泰和乌鸡体躯小而短矮，头小、颈短、眼乌，体态轻盈，外貌奇特，皮肉均黑而羽毛银丝雪白，头顶凤冠，故有"白凤"之称。泰和乌鸡具有"丛冠、缨头、绿耳、胡须、丝毛、毛脚、五爪、乌皮、乌肉、乌骨""十大"特征（图10-1），当地群众将它这十大特征形象地概括为"一顶凤冠头上戴，绿耳碧环配两边，乌肉乌骨乌内脏，胡髯飘飘真好看，绒毛丝丝满身白，毛脚恰似一蒲扇，五爪生得很奇特，十大特征众口传"[6]。

丛冠：母鸡冠小，冠为桑椹状，冠为紫黑色或黑色，公鸡冠形特大，冠为丛冠，冠为紫黑色或紫红色。缨头：头顶长有一丛丝毛，形成毛冠，母鸡尤为发达，形如"白绒球"。绿耳：耳叶呈孔雀绿或湖蓝色，性成熟期鲜艳夺目，成年后色泽变浅，公鸡褪色较快。胡须：在鸡的下颌处，长有一撮浓密的绒毛，母鸡比公鸡更发达。丝毛：全身为白色丝状绒羽，松散而柔软；只有主翼羽及公鸡尾羽有少数扁羽，其末端常带有不完全分裂。五爪：肢有五趾，较正常鸡多生一趾。毛脚：双脚腿部至趾部密生白毛，似裙裤。乌皮：全身皮肤乌黑，眼、喙、爪均为黑色。乌肉：全身肌肉乌黑，但胸部和腿部肌肉颜色较浅。乌骨：骨膜漆黑发亮，骨质与骨髓浅黑色，舌色有深、浅两种。

公元 1915 年，泰和乌鸡曾作为我国名贵鸡种参展美洲"巴拿马太平洋万国和平博览会"荣获"金奖"，并被定为"国际观赏鸡"。20 世纪 70 年代以来，泰和乌鸡远涉重洋，先后在 14 个国家和地区参加观赏展出，并传播乌鸡文化，弘扬中华

文明。如今，不仅在我国北京、上海等30多个城市的公园有专门饲养，而且在美国、加拿大、日本以及南亚等国家的公园也将泰和乌鸡作为珍禽来饲养，专供游客观赏。

缨头–绿耳–胡须（母）

丛冠–缨头–绿耳–胡须

毛脚

五爪

丝毛

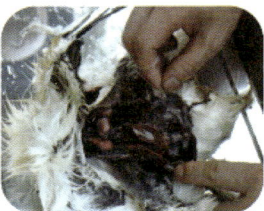
乌皮–乌骨–乌肉

图10-1　泰和乌鸡十大特征

图片来源："江西泰和乌鸡林下养殖系统"中国重要农业文化遗产申报书

二、江西泰和乌鸡林下养殖系统的构成与特征

泰和乌鸡是具有特殊种质性状和经济价值的品种资源，是药、肉、蛋、观赏兼用型多用途鸡种。泰和乌鸡耐热性与群居性很强，食性广杂，适合在果园、竹林、树林等自然环境中放养。泰和乌鸡林下生态健康养殖在一定程度上解决了养殖用地与畜禽粪污污染的问题，具有投资少、见效快、易操作、潜力大等特点，是当前农村脱贫致富的有效途径[7]。

泰和乌鸡林下养殖系统的典型特点是农林系统复合经营，强调系统内部要素的生态循环。整个生态系统环境要素呈现立体布局，在空间结构上创造出丰富的生态位，广泛开展马尾松林下、柑橘、蜜柚和油茶等林下养殖等农业生产方式，充分利用光热水土等自然资源（图10-2）。

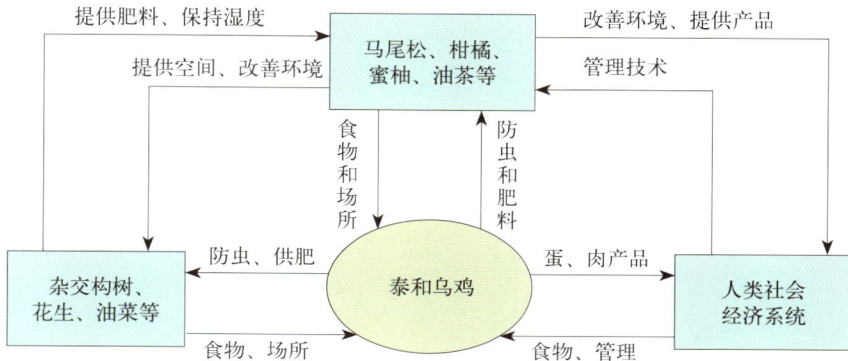

图10-2　泰和乌鸡林下养殖系统的结构与功能

图片来源："江西泰和乌鸡林下养殖系统"中国重要农业文化遗产申报书

在泰和县丘陵山地上部较干旱地段，种植马尾松林（或竹林），林下养殖泰和乌鸡，形成"马尾松林+泰和乌鸡"复合生态系统。在丘中部缓坡地带筑梯田或坡田栽植油茶、柑橘、蜜柚等经济林木；栽植初期，林下种植花生、油菜、牧草等，实现林农间作，形成复层结构，既可保持水土和改善土壤质量，又可充分利用土地空间和光照资源，提高系统生产能力。经济林挂果（3～5年）后，林间空地上种植些禾本科低矮牧草（高50～80cm），同时放养泰和乌鸡。林木为泰和乌鸡提供生活和休憩场所及空间，且提供昆虫、青蛙、蚂蚱、牧草等食物；泰和乌鸡为林木防虫，粪便回归林地，促进林木生长和使其结实量增加，整个系统进入良性循环状态。泰和乌鸡多以家庭散养为主，兼有规模化经营。

这样的上下空间组成维持了种养复合生态系统良好的物质循环，是高度适应地理环境和气候资源的最佳布局，呈现出农、林、禽相互依存，优势互补的复合生态系统。

（一）生态系统复合经营

泰和县地处典型中亚热带地区，水热资源丰富，森林覆盖率高达61.6%。林下养殖泰和乌鸡作为一种循环经济模式，是以林地资源为依托，充分利用林下自然条件，进行合理养殖，以提高泰和乌鸡产品质量、促进林木生长、提高经济林结实量和果蔬质量，同时可有效提高农户收益的一种生产方式。

借助林地与泰和乌鸡的资源优势，泰和县的养殖企业和农户开展了林下禽类养殖模式，主要包括三种类型。

"马尾松–泰和乌鸡"模式。 马尾松是我国红壤丘陵区乡土树种，在泰和县分布广泛。在经过疏林清灌抚育措施管理之后的人工林中，每亩放养50只泰和乌鸡，充分利用林下丰富的昆虫、杂草等资源，实现了林业长期效益和养殖短期效益的结合，是一种典型的生态循环经济模式。

"果园–泰和乌鸡"模式。 泰和县是我国亚热带水果主要产区之一，主要水果有柑橘、蜜柚、梨、桑椹等，尤其以井冈蜜柚种植面积最大，总面积达2.2万公顷，百亩以上基地有近500个，千亩以上基地有21个。面对丰富的果林资源，泰和县发展了"果树–泰和乌鸡"模式，创立了特色资源扶贫模式。果园为泰和乌鸡提供栖息场所，提供草本、昆虫、青蛙等食物；泰和乌鸡为果树松土、除草，清除虫害，减少病害，同时也为土壤施肥，增加了水果产量和提升了水果品质，实现了林（果）-禽系统良性循环，增加了经济效益。

"油茶–泰和乌鸡"模式。 油茶是泰和县脱贫攻坚的主导产业之一，目前全县油茶林种植面积已发展到20多万亩。油茶密度一般控制在（2～2.5）米×3米，该密度刚好适合于养殖泰和乌鸡。当地发展的油茶林下放养泰和乌鸡的方式，保证了油茶与泰和乌鸡产品的"生态、绿色"要求。油茶林为乌鸡提供栖息环境、牧草和昆虫，乌鸡为油茶除草、除害虫，提供有机肥料，增加结实量和出油率，从而提升生态系统的生产能力，提高其附加值。

（二）生物与自然和谐共处

泰和乌鸡的奇特之处与泰和县域内水土资源密切相关。泰和乌鸡林下养殖系统为保证泰和乌鸡的品质，倡导将45～60日龄的泰和乌鸡放到林地散养。具有药用价值的植物，硒、铜、铁、锌等微量元素含量较高的土壤，放养区里多样化的食物等，这些都使泰和乌鸡的药用和营养成分得到了很好的积累。因此，林地散养泰和乌鸡是一种既回归自然却又不同于纯自然放养的好方法。林下养殖泰和乌鸡可以利用林间丰富的牧草和杂草，使泰和乌鸡能够在林内自由觅食、产蛋、孵化，回归自然属性，实现天然健康养殖，提高泰和乌鸡产品品质。另外，该养殖系统可以省去除草剂费用和减少人工投入，降低环境污染，利用泰和乌鸡产生的粪便与吃剩的草渣、树叶等混和，快速补充土壤养分，促进林木和林下牧草生长（图10-3）。因此，林下泰和乌鸡生态养殖是通过生产过程清洁化、废物循环再生化等自然过程，构建了生物与自然和谐共处的生态系统，实现了生态系统的稳定和可持续发展。

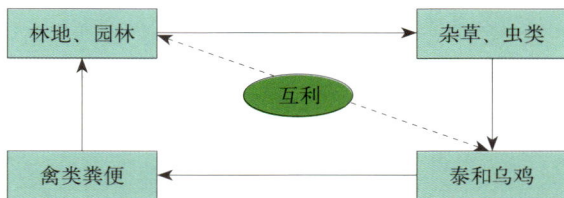

图 10-3　林禽复合系统模式示意图

图片来源："江西泰和乌鸡林下养殖系统"中国重要农业文化遗产申报书

（三）资源高效循环综合利用

泰和地处赣中南吉泰盆地腹地，自然资源丰富，气候温和，光照充足，雨量充沛，四季分明。温暖湿润的气候条件孕育了泰和县广袤的森林（经济林）生态系统，森林覆盖率达61.6%，其中柑橘、蜜柚、油茶等经济林占森林面积的50%左右。泰和县武山脚下汪陂村是泰和乌鸡的发源地，整个县域内盛产乌鸡。首先，林下养殖系统充分利用了林下土地和空间资源，使养殖场建设不占或少占农田，提高了土地资源的利用效率。其次，在林地或者果园的林间空隙下养殖泰和乌鸡，泰和乌鸡可以觅食林地中的昆虫和杂草，减少害虫滋生。此外，鸡粪中含有丰富的氮、磷、钾等元素，可以给林地提供天然的优质有机肥，提高林地土壤肥力，从而减少了禽畜粪便的污染，实现废弃物再利用。最后，相比传统的笼养泰和乌鸡养殖，林下放养的泰和乌鸡活动范围大、肉质好，林下养殖泰和乌鸡所生产的产品迎合了现在人们对绿色生态食品的追求，具有良好的市场竞争力，给农民带来了巨大的经济效益；另外，增加了社会就业，产生了广泛的社会影响。总体而言，林下散养泰和乌鸡是一种高效的资源综合利用模式，实现了经济效益、生态效益和社会效益的统一。

（四）轮牧与补饲相结合

泰和乌鸡体型娇小，胆小怕惊，林下散养过程中常在鸡舍附近采食。为克服此弱点，专门设计了可拆卸、移动的鸡舍，鸡舍面积1.2平方米，能容纳50只泰和乌鸡。密度试验数据也表明，600平方米左右圈成一块区域，每块区域放养50只泰和乌鸡，将一块区域一分为二，中间用50厘米高镀锌网隔离，并采用"轮牧"的方式，每隔1个月轮换一次。林下泰和乌鸡养殖是开放型养殖系统，与传统的规模化笼养泰和乌鸡相比，林下养殖泰和乌鸡有自由采食过程，通过捕食昆虫、土壤动物、植物枝叶等能达到二三成饱，其余食物采用补饲的方式。补饲用的饲料自制，并添加了20%～30%的杂交构树、紫花苜蓿等植物饲料，农户散

泰和乌鸡进行补饲时主要投喂玉米、稻谷、米糠、南瓜等。

（五）固土保肥、涵养水源

泰和县位于红壤丘陵山区，属中亚热带季风湿润性气候，森林资源丰富。适宜马尾松、杉木、樟树、木荷、枫香等乔木的生长，也适宜柑橘、蜜柚、油茶等经济林木生存。高大的乔木树冠和枝叶繁茂的经济林木根系发达，生产力旺盛，林木枝叶遮挡风雨，降低了雨滴对地面土壤的溅蚀能力；枯枝落叶回归林下，形成地表覆被物层，减少了地表径流；树木根系具有很强的固土性能，减少了水土流失。森林系统的凋落物分解后为土壤增加了有机肥，泰和乌鸡产生的粪便回归到森林系统中，促进了生物地球化学循环过程。同时，由于鸡对土壤的物理刨挠作用，增加了土壤的通气透水能力，加速了土壤的养分回归，保持了土壤肥力的可持续性。另外，树木的枯枝落叶和一年生草本在地表形成腐殖质层，在减少了地表径流的同时，也增加了表层土壤水源涵养能力；林木强大的根系系统改变了土壤结构，增强了土壤通气透水性能，增加了水分在土壤中的滞留时间，提升了系统的水源涵养能力。

（六）增强生物多样性和系统稳定性

泰和乌鸡林下养殖系统群落结构复杂、物种多样，牧草和农作物的种植以及乌鸡林下养殖，增加了动植物物种多样性，增强了群落抵御风险的能力。在林下生态养殖系统内，林内的野草、昆虫等为泰和乌鸡提供了优质的天然食物，同时也减少了病虫害对林木的威胁，形成了食物链的动态平衡。在系统中，林-虫-鸡的循环减少了营养物质的外流，提高了生产者向消费者输送养分的能力，加快了营养物质的循环速度，加强了生态系统的稳定性。

第二节　江西泰和乌鸡林下养殖系统的现状、问题与挑战

一、发展现状

（一）养殖规模

江西泰和乌鸡林下养殖主要集中在泰和县及周边地区，依托当地丰富的林地资源，采用散养与半散养相结合的方式。目前，江西省泰和县共建有泰和乌鸡国家级保种场1家、一级扩繁场2家，规模化养殖企业36家（其中，市级龙头企业8

家），养殖专业合作社 10 家（其中，省级示范社 2 家），家庭农场 8 家，养殖大户 240 多户，泰和乌鸡的加工企业 18 家（其中，省级龙头企业 2 家、市级龙头企业 10 家），从事乌鸡产品销售的电商企业 80 多家，产业从业人数超过 1.26 万人。据泰和县泰和乌鸡办公室提供数据，截至 2022 年底，全县种鸡养殖规模达 50.2 万羽，乌鸡养殖量达 665.8 万羽，出栏量达 435.3 万羽，销售礼品盒装泰和乌鸡蛋 3 600.6 万枚，产业产值突破 40 亿元。泰和县乌鸡林下养殖面积已超过 10 万亩，形成了以马市镇、澄江镇为核心的养殖集聚区，马市镇的乌鸡养殖规模占全县的 40% 以上，澄江镇占 30%[8]。养殖规模的扩大得益于当地政府的政策支持和市场需求的增长。泰和县计划到 2025 年将乌鸡年出栏量提升至 800 万只，进一步巩固其在全国乌鸡产业中的地位。

（二）养殖模式

泰和乌鸡的养殖模式主要包括林下养殖、圈养、混合养殖、集约化养殖和有机养殖 5 种。林下养殖以生态放养为主，乌鸡在林地中自由觅食昆虫、草籽等天然饲料，辅以适量的人工饲料。泰和乌鸡林下养殖模式的特点主要体现在生态化、低成本和高品质 3 个方面。这种模式充分利用林地资源，乌鸡在自然环境中自由活动，觅食昆虫、草籽等天然饲料，既降低了饲料成本，又减少了人工干预，符合生态养殖的理念。同时，林下养殖的乌鸡运动量大，肉质紧实，口感鲜美，营养价值高，深受市场欢迎。此外，林下养殖还能改善林地生态环境，促进生态循环，实现经济效益与生态效益的双赢。因此，林下养殖模式以其绿色、健康、可持续的特点，成为泰和乌鸡养殖的重要发展方向。研究表明，林下养殖的乌鸡肌肉中氨基酸含量显著高于笼养乌鸡，尤其是谷氨酸和赖氨酸的含量分别高出 15% 和 12%[9]。此外，林下养殖的乌鸡蛋中不饱和脂肪酸含量比普通鸡蛋高 20%，深受消费者青睐。泰和县目前有超过 60% 的乌鸡养殖户采用林下养殖模式，平均每户年收入增加 30% 以上。

（三）经济效益

泰和乌鸡因其独特的营养价值和药用价值，市场需求旺盛。泰和乌鸡林下养殖模式的经济效益显著，主要体现在成本节约和产品增值两方面。通过利用林地资源，乌鸡可以自由觅食天然饲料，大幅降低了饲料成本；同时，林下养殖的乌鸡因其绿色健康的饲养方式，肉质优良，市场售价较高，深受消费者青睐，产品附加值显著提升。此外，林下养殖还能与林业经济相结合，实现资源的多重利用，进一步增加收入。因此，这种模式不仅降低了养殖成本，还提高了经济效益，为

养殖户带来了可观的利润。据统计，2020年泰和乌鸡养殖户年均收入达到8万元以上，部分规模化养殖户年收入超过50万元。乌鸡产业已成为当地乡村振兴的重要支柱产业。泰和县乌鸡年产值从2018年的5亿元增长到2022年的12亿元，年均增长率超过20%。此外，乌鸡产业链的延伸（如乌鸡深加工产品等）进一步提升了附加值，预计到2025年乌鸡产业总产值将突破20亿元。

（四）生态效益

泰和乌鸡林下养殖模式的生态效益主要体现在生态循环和环境保护两个方面。乌鸡在林地中自由活动，觅食昆虫和杂草，不仅减少了病虫害和杂草对林木的影响，还通过鸡粪自然施肥，改善了土壤肥力，促进了林木生长。同时，这种养殖模式减少了对化学饲料和药物的依赖，降低了环境污染，符合绿色生态养殖的理念。此外，林下养殖还能提高土地利用效率，促进生态系统的平衡与可持续发展。因此，林下养殖模式在提升经济效益的同时，也实现了生态效益的最大化。林下养殖充分利用了林地资源，减少了环境污染，同时乌鸡的活动有助于控制林间害虫、促进生态平衡。研究表明，林下养殖模式能够显著提高土壤有机质含量，改善林地生态环境。例如，泰和县林下养殖区域的土壤有机质含量比普通林地高出25%，且乌鸡的粪便为林地提供了天然肥料，形成了良性循环。此外，林下养殖还减少了化肥和农药的使用，降低了农业的面源污染，符合绿色农业的发展方向。

（五）技术推广与政策支持

泰和乌鸡林下养殖模式的技术推广与政策支持主要体现在技术培训、资金补贴和政策引导等方面。政府和相关机构通过组织技术培训、示范养殖基地建设等方式，向养殖户普及科学的林下养殖技术，提升养殖效率和管理水平。同时，政府出台了一系列扶持政策，如提供资金补贴、低息贷款和保险支持，鼓励农户参与林下养殖，降低养殖风险。此外，政策还注重生态保护与产业发展的结合，推动林下养殖与林业经济的协同发展，为泰和乌鸡林下养殖模式的推广提供了有力的技术保障和政策支持。因此，当地政府通过技术培训、资金补贴等方式推广林下养殖技术，并鼓励农户成立合作社，形成规模化、标准化养殖。2021年，泰和县农业农村局组织了多期乌鸡养殖技术培训班，覆盖农户超过1 000人。此外，政府还为每亩林地提供500元的补贴，进一步激发了农户的养殖积极性。截至2022年，泰和县已成立乌鸡养殖合作社50余家，带动3 000余农户增收，合作社年均收入增长20%以上。政府还通过与科研机构合作，推广疫病防控技术和高效饲养管理技术，显著提高了养殖效率。

二、存在的问题

（一）畜禽品种良莠不齐

多年来（尤其是2003年以前），泰和乌鸡是以民间分散养殖为主，是1990—2003年期间泰和县农民致富的法宝。农户常将泰和乌鸡与其他鸡种混养，自然交配后，产蛋自孵，导致了品系杂化，杂交乌鸡充斥泰和乌鸡市场。20世纪80年代初期，随着泰和乌鸡价格的不断攀升，当地养殖户急功近利，掺杂使假，使用激素饲料，降低了泰和乌鸡的品质；以次充好，以假乱真，损毁了泰和乌鸡的形象。另外，90年代全国各地到泰和引种泰和乌鸡，并在当地繁育杂交乌鸡，大量的杂交乌鸡也对原种泰和乌鸡造成了冲击[10]。

早在1979年，由农业部投资建设的全国唯一的泰和乌鸡保护单位——江西省泰和县泰和乌鸡原种场，主要担负泰和乌鸡保种、提纯、复壮以及为社会提供优质种源的工作任务。2000年8月，泰和乌鸡（丝羽乌骨鸡）被农业部列入首批国家级畜禽品种资源保护品种；2006年6月，被农业部列入首批国家级畜禽遗传资源保护名录；2008年7月，泰和县泰和乌鸡原种场被农业部确定为第一批国家级畜禽种质资源保种场（编号C36090071）。

目前，全县仅有国家级资源保种场（原种场）1家、一级扩繁场2家，核心种群1万羽。泰和乌鸡种苗市场供给能力严重不足，杂交乌鸡借机进入市场，导致泰和乌鸡市场产品优劣难辨。

（二）养殖技术支撑体系不健全

泰和乌鸡林下养殖技术支撑体系不健全主要体现在以下几个方面：一是缺乏系统化的技术标准和规范，养殖户在操作中难以统一和科学化管理；二是技术培训和指导不足，许多养殖户因缺乏专业的养殖知识和技能，导致生产效率低下；三是科研支持薄弱，针对林下养殖的疾病防控、饲料优化等关键技术研究不够深入；四是信息化水平低，缺乏现代化的养殖管理工具和数据支持系统，难以实现精准养殖。这些因素制约了泰和乌鸡林下养殖模式的规模化、标准化和可持续发展。

泰和县委、县政府目前设有泰和乌鸡的专业管理机构——泰和县泰和乌鸡产业办公室（以下简称乌鸡办），属正科级全额拨款事业单位，编制4人。没有专门研究机构和科研人员，从种鸡、种蛋、孵化至饲养、出栏等各养殖环节技术缺乏，尚未形成技术体系或规范、标准。

在生态养殖方面，尤其缺乏生态养殖技术标准以及泰和乌鸡专用饲料、林禽

复合经营模式等技术体系。养殖企业只能聘请有经验的养殖人员进行粗放养殖，生态放养过程中损失率高达30%。一些农户养殖泰和乌鸡，因与其他鸡种混养，环境卫生不达标，交叉传染时有发生，损失率常常超过50%，减产严重。另外，泰和乌鸡的品种选育工作断断续续，品种退化严重，肉用成鸡体重减小，生长缓慢，蛋鸡产蛋量下降。

（三）缺少领军企业

多年以来，泰和乌鸡生态养殖主体为农户兼业经营，户均规模很小，养殖收入在农民的经济总收入中占比较低。这种小农经济的经营方式具有自发性、盲目性、保守性、不稳定性和信息资源匮乏、专业化程度低等问题，很难独立进行新技术研发，无法形成规模效应[11]。县域内没有年出栏超过100万羽泰和乌鸡的规模养殖企业，年出栏林下生态养殖泰和乌鸡不足5万羽，散养乌鸡蛋上市量不足400万枚，无法满足当前市场需求。

由于缺乏领军企业，泰和乌鸡产业链条短，精深加工企业少，下游产业开发不足。多年来，泰和乌鸡的销售主要以活体乌鸡、速冻冰鲜乌鸡、礼品包装的鲜蛋为主，不利于长途运输和保鲜，且附加值低，因此制约了销售市场的进一步拓展。尽管全县现有7家泰和乌鸡加工企业，但由于投入不足，产品科技含量不高，市场开发不力，使泰和乌鸡的加工转化一直停滞不前，无法带动整个乌鸡产业的发展[10]。

三、面临的挑战

（一）假冒伪劣产品泛滥

多年以来，国内众多养殖和加工企业盗用"泰和乌鸡"的品牌，大肆养殖、加工假冒泰和乌鸡及其衍生产品，抢占了泰和乌鸡市场，损毁了泰和乌鸡声誉。更有甚者，泰和县一些供应商也大肆从外地购买低价普通鸡蛋冒充泰和乌鸡蛋进行销售。为了打假维权，泰和县政府成立了泰和乌鸡清理整顿工作组，每年都在县内开展市场清查行动；县工商局下发了《关于规范"泰和乌鸡"证明商标使用的行政指导意见》；县乌鸡办专门订制了泰和乌鸡防伪标识。但因目前只有泰和乌鸡活体国家质量标准，暂无其他关于泰和乌鸡产品的质量规范，使打假维权工作难以取得实质性成果，假冒伪劣依然严重。

（二）市场供求不稳定

泰和乌鸡市场供求不稳定主要体现在以下几个方面：一是市场需求波动较大，

受消费者偏好、季节性因素和经济环境影响，需求量时常变化；二是养殖规模和生产周期不匹配，导致供应量难以快速调整，容易出现供过于求或供不应求的情况；三是信息不对称，导致养殖户难以准确预测市场需求，盲目扩大或缩减生产规模；四是市场竞争激烈，价格波动频繁，进一步加剧了供求关系的不稳定性。这些因素的共同作用，使得泰和乌鸡市场供求关系难以保持平衡。

另外，虽然泰和乌鸡在药用、保健和营养价值方面具有独特的优势，但因其生长缓慢、个体娇小、价格昂贵等多种因素，导致平日里大众消费不起，只有在家有贵客登门或逢年过节拜访亲朋好友时才能买上几只，市场消费能力不够。加之泰和乌鸡养殖时间长达5～6个月，生态养殖成本投入过高、回收周期长、风险大，如无订单，农户不敢大规模养殖。

（三）季节性疫情难以控制

泰和乌鸡季节性疫情难以控制。一是季节性气候变化（如高温高湿或寒冷天气）容易引发疫病，增加了疫情暴发的风险；二是林下养殖环境开放，乌鸡接触外界病原体的机会较多，防疫难度大；三是养殖户缺乏系统的疫病防控知识和措施，导致疫情发生时应对不及时；四是部分地区兽医服务和技术支持不足，疫情诊断和防控手段有限。这些因素使得季节性疫情在泰和乌鸡养殖中难以有效控制，对养殖效益造成了较大影响。例如，每年冬春季节，候鸟过境，是禽流感病毒（H7N9）的流行季节，尤其在此期间节假日多，人员流动性强，活禽流通频率增高，活禽交易量逐渐增多，生态养殖的禽类感染风险极高。一旦该区域有1例病例发生，就算养殖场比较幸运没有在捕杀范围内，但市场购买乌鸡的能力基本清零，养殖户和养殖场损失惨重。

（四）劳动力流失

调查中发现，除部分已加入"公司＋农户＋基地"产业模式林下生态养殖系统外，还有相当面积的人工林和果园还处于无人经营或个体农户经营的状态，多数被调查农户家的年轻人都在外地或城里打工，林木和果园栽培管理都以老年人为主。由于在外打工收入远高于种植养殖收入，而果树栽培和管理技术要求和劳动强度都比较高，年轻人不愿继续从事种植养殖业。由于对果树栽培和泰和乌鸡养殖的历史文化价值的了解不够，多数年轻人对江西泰和乌鸡林下养殖系统没有感情，这也导致了劳动力的流失。

第三节 江西泰和乌鸡林下养殖系统的保护与发展对策

一、保护措施

（一）开展品种保育和定向选育

提高对发展泰和乌鸡产业重要性的认识，积极扶持和建立泰和乌鸡种质资源保种单位，鼓励企业加强泰和乌鸡品种的保育和选育，组建一定规模的家系，根据市场需求，培育药用型、肉用型、产蛋型专门化品系，形成"金字塔"式的泰和乌鸡良种繁育体系。通过繁育体系的建设，既能够加快育种进程，又能建立泰和乌鸡知识产权保护体系[16]。

泰和乌鸡品种保育和定向选育还可以通过以下措施实现：一是建立保种场和基因库，保存纯种泰和乌鸡的遗传资源，防止品种退化；二是制定科学的选育计划，通过表型选择和分子标记辅助育种，筛选出优良性状（如抗病性、生长速度、肉质等）；三是加强科研合作，利用现代生物技术（如基因组学）加快选育进程；四是推广标准化养殖技术，确保选育成果的稳定性和可推广性；五是加强政策支持和资金投入，为保育和选育工作提供保障。通过这些措施，实现泰和乌鸡品种的可持续发展和优质化提升。

（二）建立健全质量标准体系

通过建立和完善质量标准体系，培育具有市场竞争力的原种泰和乌鸡产品，使之适应市场需要，满足人们的消费需求。首先，建立完整的泰和乌鸡系列产品的质量标准，引导企业按照质量标准进行生产；其次，根据质量要求，对境内现有乌鸡饲养企业进行认定，凡是不具有原种泰和乌鸡特征的乌鸡不准佩戴"泰和乌鸡"标牌标识，对不符合原种泰和乌鸡饲养条件的限期整改，合格后发给"泰和乌鸡"生产许可证；最后，建立数码防伪系统，对符合泰和乌鸡生产条件的企业发给"泰和乌鸡"防伪标识，建立跟踪追溯制度，防止以假乱真、以次充好的违法、违规现象发生。

（三）扩大生态养殖规模

大力推行"统一供种，分散养殖"的林下生态散养模式，在县域范围内指定3～5家原种泰和乌鸡养殖场作为统一供种基地，培养技术人员做好技术支撑和服务工作。在饲养管理上，严格按国家市场监管总局批准的《泰和乌鸡原产地域产品保护质量技术要求》的规定，从饲养时间、饲料配方、兽药使用、防疫等方面把好技术关。尽量减少添加剂的使用，降低免疫接种次数，杜绝抗生素使用，提升农产品质量。完善"公司或专业合作组织＋基地或小区＋农户"发展经营模式，建立订单式养殖模式和溯源系统，解决养殖户的销售问题，使消费者能够全程查看或溯源自己所购买产品的生产过程，对产品质量放心[17]。

（四）加强知识产权保护

加强市场监管，打击侵权行为，维护品牌声誉，提高养殖户和企业的知识产权意识，鼓励其积极参与知识产权保护。通过地理标志产品保护，明确泰和乌鸡的产地和品质特征，防止假冒伪劣产品；注册商标和专利，保护品牌名称、包装设计及相关技术创新；建立行业标准和技术规范，确保产品的质量和独特性。另外，针对已经获得泰和乌鸡生产许可证的企业，规范使用"泰和乌鸡"统一称谓；对没有生产许可证的企业生产的产品，严禁使用"泰和乌鸡"商标；规范国道、高速公路旁边的鲜活泰和乌鸡销售市场，设立规范化销售窗口；坚决打击假冒伪劣、以次充好等行为，切实维护"泰和乌鸡"商标的专用权。

二、发展机遇

（一）国际上对全球重要农业文化遗产的重视

为保护农业文化遗产系统，联合国粮食及农业组织（FAO）于2002年启动了全球重要农业文化遗产（GIAHS）保护和适应性管理项目，旨在为全球重要农业文化遗产及其农业生物多样性、知识体系、食物和生计安全以及文化的国际认同、动态保护和适应性管理提供基础，为江西泰和乌鸡林下养殖系统的保护和发展提供了良好的国际环境，主要体现在品牌提升、市场拓展和生态保护三个方面。

泰和乌鸡作为中国传统特色农业品种，其独特的林下养殖模式和文化价值符合GIAHS的评选标准，一旦被认定为全球重要农业文化遗产，将显著提升其品牌知名度和市场竞争力。同时，国际关注有助于推动泰和乌鸡走向全球市场，吸引更多投资者和消费者。此外，GIAHS的认定强调生态保护和可持续发展，将进一步促进泰和乌鸡养殖模式的优化和推广，实现经济效益与生态效益的双赢。

（二）农业农村部开展重要农业文化遗产发掘工作

为加强我国重要农业文化遗产的挖掘、保护、传承和利用，从2012年农业部

开始开展中国重要农业文化遗产的发掘工作，为泰和乌鸡的发展创造了历史性机遇。泰和乌鸡拥有悠久的历史和灿烂的文化，是特色明显、经济与生态价值高度统一的重要农业文化遗产，是当地劳动人民凭借着独特而多样的自然条件和勤劳与智慧，创造出的农业文化典范，具有较高历史文化价值。但是，在经济快速发展、城镇化加快推进和现代生物技术应用的过程中，由于缺乏系统有效的保护，泰和乌鸡生态养殖正面临着被破坏、被遗忘、被抛弃的风险。开展重要农业文化遗产发掘工作对保护和弘扬泰和乌鸡文化、促进其农业可持续发展、丰富休闲农业发展资源以及促进农民就业、助力脱贫攻坚和乡村振兴战略的实施等都有积极作用。

（三）地方加大扶持力度

江西省、吉安市、泰和县人民政府等各级部门积极开展泰和乌鸡保护和发展工作，提供政策、技术、资金等方面的支持，努力开拓市场，为泰和乌鸡保护和发展创造了有利环境。泰和县相继出台了《关于加快泰和乌鸡产业发展的意见》等文件，编制了《泰和乌鸡产业发展规划》，县财政每年安排泰和乌鸡产业发展专项资金200万元，用于泰和乌鸡产业发展和品牌建设。2017年，县政府依托中国科学院地理资源所千烟洲试验站和乌鸡办联合建立了"泰和千烟洲院士工作站"科技创新平台，该平台的专家们围绕泰和乌鸡产业发展、生态养殖技术标准、泰和乌鸡专用饲料调配等核心问题开展攻关研究和试验示范，有效推动了泰和乌鸡产业的发展。

（四）乡村振兴为此带来了契机

江西省是革命老区和生态文明建设示范省，面对新时期经济发展新常态、新要求，江西省第十四次党代会确定了"决胜全面建成小康社会，建设富裕美丽幸福江西"的奋斗目标。从生态文明先行示范区到美丽中国"江西样板"，这是对江西生态保护实践的充分肯定，也是对江西未来科学发展的前瞻指导。

泰和县是我国商品粮基地，是全国肉牛养殖基地，是泰和乌鸡的原产地。在农药、兽药、抗生素、添加剂等被广泛使用的现代农业时代，广大消费者们更加渴望无农药和无抗生素残留的绿色、有机农产品，这为林下生态养殖的泰和乌鸡产业发展提供了良好的契机。泰和县通过依托泰和乌鸡种质资源优势，探索在农村发展以生态养殖为主体的复合经营产业化模式，为农村经济发展注入了新的活力。泰和乌鸡产业的发展对泰和县农业供给侧结构性改革、生态文明建设、脱贫攻坚和乡村振兴计划等实施具有重要推动作用。

近年来，随着都市生活压力的不断增大，人们越来越喜爱到城郊农村进行休闲、度假等活动。休闲农业逐渐成为都市人生活的重要组成部分，也是节假日游憩的重要方式。泰和县凭借获得过观赏鸡金奖的泰和乌鸡、森林覆盖率高和生态环境优美等资源优势，应大力发展集泰和乌鸡生态养殖、特色休闲农业于一体的乡村振兴产业。

三、主要对策

（一）泰和乌鸡种质资源保护

江西省泰和县泰和乌鸡原种场与江西省畜牧兽医研究所进行泰和乌鸡提纯保种的中期技术合作。根据省质监局要求，县泰和乌鸡产业办与县市监局对《泰和乌鸡种鸡饲养技术规程》（DB36/T 667—2012）与《泰和乌鸡商品鸡饲养技术规程》（DB36/T 666—2012）进行第一次修订，完善泰和乌鸡养殖地方技术标准2项。

随着时间的推移与科技进步，泰和乌鸡品种特征特性等遗传性状趋于稳定，生产性能各项指标与品质得到明显提升，标准中部分内容已不适用于泰和乌鸡品种鉴定和等级评定的技术要求。2018年根据省质监局赣质监办发〔2018〕55号文件及省农产品质量安全监管局有关要求，以及满足泰和乌鸡品种鉴定和等级评定实际的需要，泰和县泰和乌鸡产业办公室对《泰和鸡》DB36/T 173—94进行了第一次修订；为确保泰和乌鸡种质资源安全，提高繁育供种能力，启动了国家级保种场——泰和乌鸡原种场整体搬迁建设项目，现已完成项目前期工作，项目总投资超过4 000万元，建成后，年存栏泰和乌鸡种鸡达3万羽，每年向社会提供种苗150万羽[12]。

（二）提升泰和乌鸡产业技术研发能力

为充分开发泰和乌鸡资源，全面解码泰和乌鸡（蛋）营养、药用功能因子，科学阐述泰和乌鸡产品的独特保健功效与产品禀赋，提升泰和乌鸡产业技术研发能力，县财政投入300万元，与中国农业科学院农产品加工研究所签订了《系统研究解析泰和乌鸡（蛋）的营养、功能组分挖掘及功效评价》项目技术开发合同。泰和县人民政府与中国科学院地理资源所千烟洲试验站签订了《"泰和千烟洲院士工作站"共建合作协议》，院士工作站设在泰和县泰和乌鸡产业办公室，并被评为省级院士工作站，通过院地合作，围绕泰和乌鸡产业发展规划、专用饲料调配、生态养殖技术体系等开展技术攻关，加强科研成果转移转化和应用推广，助推泰和乌鸡产业发展[13]。

（三）强化品牌效应

泰和是中国乌鸡之乡，是乌鸡发源地。泰和乌鸡是泰和灵山秀水孕育的神奇瑰宝，距今有着2 200多年的历史，有着众多的历史典故和传说，是我国古老而著名的医食同源、药膳两用的优良鸡种，素有"世界珍禽"和"白凤仙子"的美誉。2000年以来，泰和乌鸡有了合法的"身份证"，拥有"全国首批畜禽资源保护品种""全国首例活体原产地域保护产品""中国地理标志产品""中国驰名商标"等多块金字招牌，成为泰和引以为傲的"地标品牌"，具有强大的品牌价值[14]。

强化泰和乌鸡林下养殖系统的品牌效应，可以从以下几个方面入手：一是加强品牌宣传，利用媒体、展会和电商平台推广其绿色、健康、生态的特色；二是突出文化价值，结合泰和乌鸡的历史传承和农业文化遗产身份，打造独特的品牌故事；三是提升产品品质，通过标准化养殖和严格的质量控制，确保乌鸡的高品质；四是拓展高端市场，开发深加工产品，满足消费者多样化需求；五是推动认证和地理标志保护，增强品牌公信力和市场竞争力。通过多措并举，全面提升泰和乌鸡林下养殖系统的品牌影响力和市场认可度。

（四）扶持精加工企业发展和开拓市场

近年来，泰和乌鸡加工产业发展迅速，全县现有半边天药业、白凤酒业、汪陂途禽业、倍得力生物科技等泰和乌鸡加工企业14家，涵盖酿酒、制药、食品加工等产业，乌鸡产品达8个系列、130多个品种，年产值约10.5亿元，创利税约6 000万元。在销售方面，一些企业在通过批发、零售等传统方式巩固"老市场"的同时，开始采用现代化的产品销售方法，大中城市的商场、超市、社区等也能见到泰和乌鸡系列的产品；另一方面，养殖、加工企业引入"互联网+"销售平台来开发"新市场"，在京东、天猫、上海股东商城等建立线上销售渠道，构筑了一条从养殖到餐桌的直营通道[15]。

另外，想要扶持精加工企业并开拓市场，还要做到以下几个方面：一是提供政策支持和资金补贴，鼓励企业进行技术升级和设备改造，提升产品附加值；二是加强产学研合作，推动精深加工技术的研发和创新，开发多样化产品（如即食食品、保健品等）；三是推动地理标志认证和绿色食品认证，增强产品竞争力；四是组织展会和推广活动，提升品牌知名度，同时开拓国内外高端市场，实现泰和乌鸡精加工产品的规模化、品牌化和市场化发展。

参 考 文 献

[1] 明海英. 泰和乌鸡: 特色资源育出驰名商标 [N]. 中国社会科学报, 2022-04-15 (4).

[2] 薛文佐, 罗士仙, 刘珍优. 泰和乌鸡产业现状及发展的思路与对策 [J]. 江西畜牧兽医杂志, 2007 (2): 27-28.

[3] 邱礼平, 姚玉静. 泰和乌鸡在食品和药品中应用进展 [J]. 中国家禽, 2005 (23): 54-56.

[4] 付璐, 张恬, 彭华胜, 等. 泰和乌鸡的本草考证 [J]. 中国现代中药, 2022, 24 (6): 1122-1126.

[5] 佚名. 泰和乌鸡养殖系统入选全国重要农业文化遗产 [J]. 当代畜牧, 2016 (36): 13.

[6] 周小红. 世界珍禽: 泰和乌鸡——访江西省泰和鸡原种场 [J]. 农村百事通, 2016 (11): 6-9.

[7] 范玉庆, 王景升, 王见宝, 等. 泰和乌鸡林下生态健康养殖关键技术 [J]. 江西农业, 2019 (5): 50-51.

[8] 高海云, 刘姣, 彭光文, 等. 泰和乌鸡资源现状及产业发展建议 [J]. 畜牧产业, 2024 (1): 44-50.

[9] 巨晓军, 章明, 姬改革, 等. 泰和乌鸡蛋营养价值和小分子代谢物成分的综合分析 [J]. 食品科学, 2024, 45 (15): 139-147.

[10] 范玉庆, 薛文佐, 陈锐, 等. 对泰和乌鸡产业的调查与思考 [J]. 江西畜牧兽医杂志, 2015 (3): 19-20.

[11] 张静. W公司泰和乌鸡产品营销策略优化研究 [D]. 南昌: 江西财经大学, 2023.

[12] 范玉庆, 肖信黎. 关于加大泰和乌鸡种质资源保护的几点建议 [J]. 江西畜牧兽医杂志, 2017 (3): 15-16.

[13] 范玉庆, 罗嗣红, 陈听冲. 发挥泰和乌鸡资源优势激发产业发展新动能 [J]. 江西农业, 2017 (24): 36-38.

[14] 刘嘉玲. 基于农产品地理标志视角下泰和乌鸡品牌推广研究 [J]. 农村经济与科技, 2015, 26 (7): 155-156.

[15] 贾伊宁, 霍丹彤. 江西特色鸡种产业闯出新市场 [N]. 新华每日电讯, 2022-07-27 (6).

[16] 张倩, 王述柏, 齐晓楠, 等. 泰和乌鸡"南种北繁"产蛋性状改良及体尺相关性分析 [J]. 中国畜牧杂志, 2022, 58 (2): 75-78.

[17] 佚名. 泰和乌鸡生态养殖产业园 [J]. 江西畜牧兽医杂志, 2019 (4): 2.

附 录

附录一　全球重要农业文化遗产名录（95项）

序号	全球重要农业文化遗产中文名称	全球重要农业文化遗产英文名称
1	中国浙江青田稻鱼共生系统	Qingtian Rice-fish Culture System, China
2	中国云南红河哈尼稻作梯田系统	Honghe Hani Rice Terraces System, China
3	中国江西万年稻作文化系统	Wannian Traditional Rice Culture System, China
4	中国贵州从江侗乡稻鱼鸭系统	Congjiang Dong's Rice-fish-duck System, China
5	中国内蒙古敖汉旱作农业系统	Aohan Dryland Farming System, China
6	中国云南普洱古茶园与茶文化系统	Pu'er Traditional Tea Agrosystem, China
7	中国河北宣化城市传统葡萄园	Urban Agricultural Heritage of Xuanhua Grape Gardens, China
8	中国浙江绍兴会稽山古香榧群	Shaoxing Kuaijishan Ancient Chinese Torreya, China
9	中国福建福州茉莉花与茶文化系统	Fuzhou Jasmine and Tea Culture System, China
10	中国陕西佳县古枣园	Jiaxian Traditional Chinese Date Gardens, China
11	中国江苏兴化垛田传统农业系统	Xinghua Duotian Agrosystem, China
12	中国浙江湖州桑基鱼塘系统	Huzhou Mulberry-dyke & Fish-pond System, China
13	中国浙江德清淡水珍珠复合养殖系统	Deqing Freshwater Pearl Mussels Composite Fishery System, China
14	中国甘肃迭部扎尕那农林牧复合系统	Diebu Zhagana Agriculture-forestry-animal Husbandry Composite System, China
15	中国甘肃皋兰什川古梨园系统	Gaolan Shichuan Ancient Pear Orchard System, China

序号	全球重要农业文化遗产中文名称	全球重要农业文化遗产英文名称
16	中国山东夏津黄河故道古桑树群	Traditional Mulberry System in Xiajin's Ancient Yellow River Course, China
17	中国南方山地稻作梯田系统	Rice Terraces System in Southern Mountainous and Hilly Areas, China
18	中国内蒙古阿鲁科尔沁草原游牧系统	Ar Horqin Grassland Nomadic System in Inner Mongolia, China
19	中国河北涉县旱作石堰梯田系统	Shexian Dryland Stone Terraced System, China
20	中国福建安溪铁观音茶文化系统	Anxi Tieguanyin Tea Culture System, China
21	中国福建福鼎白茶文化系统	Fuding White Tea Culture System, China
22	中国浙江庆元林－菇共育系统	Qingyuan Forest-mushroom Co-culture System, China
23	中国河北宽城传统板栗栽培系统	Kuancheng Traditional Chestnut Eco-planting System, China
24	中国安徽铜陵白姜种植系统	Tongling White Ginger Plantation System, China
25	中国浙江仙居古杨梅群复合种养系统	Xianju Ancient Chinese Waxberry Composite System, China
26	菲律宾伊富高稻作梯田系统	Ifugao Rice Terraces, Philippines
27	印度藏红花农业系统	Saffron Heritage of Kashmir, India
28	印度科拉普特传统农业系统	Traditional Agriculture Systems, India
29	印度喀拉拉邦库塔纳德海平面下农耕文化系统	Kuttanad below Sea Level Farming System, India
30	日本金泽能登半岛山地与沿海乡村景观	Noto's Satoyama and Satoumi, Japan
31	日本新潟佐渡岛稻田－朱鹮共生系统	Sado's Satoyama in Harmony with Japanese Crested Ibis, Japan
32	日本静冈传统茶－草复合系统	Traditional Tea-grass Integrated System in Shizuoka, Japan

序号	全球重要农业文化遗产中文名称	全球重要农业文化遗产英文名称
33	日本大分国东半岛林-农-渔复合系统	Kunisaki Peninsula Usa Integrated Forestry, Agriculture and Fisheries System, Japan
34	日本熊本阿苏可持续草原农业系统	Managing Aso Grasslands for Sustainable Agriculture, Japan
35	日本岐阜长良川香鱼养殖系统	The Ayu of Nagara River System, Japan
36	日本宫崎高千穗-椎叶山山地农林复合系统	Takachihogo-shiibayama Mountainous Agriculture and Forestry System, Japan
37	日本和歌山南部-田边梅子生产系统	Minabe-tanabe Ume System, Japan
38	日本德岛 Nishi-awa 地域山地陡坡农作系统	Nishi-awa Steep Slope Land Agriculture System, Japan
39	日本宫城尾崎基于传统水资源管理的可持续农业系统	Osaki Kōdo's Sustainable Agriculture System based on Traditional Water Management, Japan
40	日本静冈传统山葵种植系统	Traditional Wasabi Cultivation in Shizuoka, Japan
41	日本琵琶湖水陆综合农业系统	Biwa Lake to Land Integrated System, Japan
42	日本山梨传统水果栽培系统	Fruit Cultivation System in Kyoutou Region, Yamanashi, Japan
43	日本美方地区但马牛复合农业系统	Integrated Farming System for Harmonizing People and Cattle in the Mikata District, Japan
44	日本东京城郊武藏野旱地落叶堆肥农林系统	Fallen Leaves Compost Agroforestry System in Musashino Upland in the Peri-urban Area of Tokyo, Japan
45	韩国济州岛石墙农业系统	Jeju Batdam Agricultural System, Korea
46	韩国青山岛板石梯田农作系统	Traditional Gudeuljang Irrigated Rice Terraces in Cheongsando, Korea
47	韩国花开传统河东茶农业系统	Traditional Hadong Tea Agrosystem in Hwagae-myeon, Korea
48	韩国锦山传统人参种植系统	Geumsan Traditional Ginseng Agricultural System, Korea

序号	全球重要农业文化遗产中文名称	全球重要农业文化遗产英文名称
49	韩国潭阳郡竹田农业系统	Damyang Bamboo Field Agriculture System, Korea
50	韩国蟾津江蛤蜊手网捕捞系统	Sonteul (hand net) Fishery System for Gathering Marsh Clam in Seomjingang River, Korea
51	韩国济州岛海女渔业文化系统	Jeju Haenyeo Fisheries System, Korea
52	伊朗喀山坎儿井灌溉系统	Qanat Irrigated Agricultural Heritage Systems of Kashan, Iran
53	伊朗乔赞葡萄生产系统	Grape Production System and Grape-based Products, Iran
54	伊朗戈纳巴德基于坎儿井灌溉藏红花种植系统	Qanat-based Saffron Farming System in Gonabad, Iran
55	伊朗埃斯塔班雨养无花果种植园	Estahban Rainfed Fig Orchards Heritage System, Fars Province, Iran
56	伊朗图伊萨尔坎传统核桃种植系统	Traditional Walnut Agricultural System in Tuyserkan, Hamedan Province, Iran
57	伊朗卡兹温传统花园	Ancient Traditional Gardens of Qazvin Baghestan, Iran
58	孟加拉国浮田农作系统	Floating Garden Agricultural System, Bangladesh
59	斯里兰卡干旱地区梯级池塘-村庄系统	The Cascaded Tank-village Systems in the Dry Zone of Sri Lanka
60	泰国塔勒诺伊湿地水牛牧养系统	Thale Noi Wetland Pastoral Buffalo Agro-ecosystem, Thailand
61	印度尼西亚巴厘岛蛇鳞果农林复合系统	Salak Agroforestry System in Karangasem, Bali, Indonesia
62	阿尔及利亚埃尔韦德绿洲农业系统	Ghout System, Algeria
63	突尼斯加法萨绿洲农业系统	Gafsa Oases, Tunisia
64	突尼斯加尔梅尔泻湖沙地农业系统	Ramli Agricultural System in the Lagoons of Ghar El Melh, Tunisia

附录

序号	全球重要农业文化遗产中文名称	全球重要农业文化遗产英文名称
65	突尼斯德杰巴奥利亚山地农林复合系统	Hanging Gardens from Djebba El Olla, Tunisia
66	摩洛哥阿特拉斯山脉绿洲农业系统	Oases System in Atlas Mountains, Morocco
67	摩洛哥索阿卜-曼苏尔农林牧复合系统	Argan-based Agro-sylvo-pastoral System within the Area of Ait Souab and Mansour, Morocco
68	摩洛哥菲吉格绿洲农业与草原游牧融合发展系统	Oasis and Pastoral Culture around the Social-Management of Water and Land, Morocco
69	阿联酋艾尔-里瓦绿洲传统椰枣种植系统	Al Ain and Liwa Historical Date Palm Oases, the United Arab Emirates
70	埃及锡瓦绿洲椰枣生产系统	Dates Production System in Siwa Oasis, Egypt
71	肯尼亚马赛草原游牧系统	Oldonyonokie/Olkeri Maasai Pastoralist Heritage Site, Kenya
72	坦桑尼亚马赛草原游牧系统	Engaresero Maasai Pastoralist Heritage Area, Tanzania
73	坦桑尼亚基哈巴农林复合系统	Shimbwe Juu, Kihamba Agro-forestry Heritage Site, Tanzania
74	圣多美和普林西比可可农林复合系统	Cocoa Agroforestry System, Sao Tome and Principe
75	秘鲁安第斯高原农业系统	Andean Agriculture, Peru
76	智利智鲁岛屿农业系统	Chiloé Agriculture, Chile
77	巴西米纳斯吉拉斯埃斯皮尼亚山南部传统农业系统	Traditional Agricultural System in the Southern Espinhaço Range, Minas Gerais, Brazil
78	巴西巴拉那州马黛茶	Shade-grown Erva Mate in Paraná, Brazil
79	墨西哥传统架田农作系统	Chinampa Agricultural System of Mexico City, Mexico
80	墨西哥尤卡坦半岛玛雅米尔帕传统农林复合系统	Mayan Milpa of the Yucatan Peninsula, Mexico
81	墨西哥特拉斯卡拉梅塔潘特尔祖传农业系统	Metepantle Ancestral Agricultural System in Tlaxcala, México

序号	全球重要农业文化遗产中文名称	全球重要农业文化遗产英文名称
82	厄瓜多尔科塔卡奇克奇瓦社区传统农业系统	Andean Chakra: An Ancestral Agricultural System of Kichwas of Cotacachi Communities, Ecuador
83	厄瓜多尔纳波土著社区管理传统农林复合系统	Amazonian Chakra, A Traditional Agroforestry System Managed by Indigenous Communities in Napo Province, Ecuador
84	西班牙拉阿哈基亚葡萄干生产系统	Malaga Raisin Production System in La Axarquía, Spain
85	西班牙阿尼亚纳海盐生产系统	The Agricultural System of Valle Salado de Añana, Spain
86	西班牙塞尼亚古橄榄树农业系统	The Agricultural System Ancient Olive Trees Territorio Sénia, Spain
87	西班牙瓦伦西亚传统灌溉农业系统	Historical Irrigation System at Horta of Valencia, Spain
88	西班牙莱昂山地农林牧复合系统	Agrosilvopastoral System Mountains of León, Spain
89	西班牙兰萨罗特岛海沙和火山沙农业系统	Agricultural Systems in Jable and Volcanic Sands in Lanzarote Island, Spain
90	葡萄牙巴罗佐农林牧复合系统	Barroso Agro-sylvo-pastoral System, Portugal
91	意大利阿西西-斯波莱托陡坡橄榄种植系统	Olive Groves of the Slopes between Assisi and Spoleto, Italy
92	意大利索阿维传统葡萄园	Soave Traditional Vineyards, Italy
93	安道尔牧场农业系统	Supraforestal Pastures, Andorra
94	奥地利传统干草牛奶生产系统	Traditional Hay Milk Farming in the Alpine Arc, Austria
95	奥地利特色池塘鲤鱼养殖系统	Carp Pond Farming in the Waldviertel Region, Austria

附录

附录二　中国重要农业文化遗产名录（188项）

第一批（共19项）
（由农业部于2013年批准）

1. 河北宣化传统葡萄园
   （Urban Agriculture Heritage of Xuanhua Grape Gardens）
2. 内蒙古敖汉旱作农业系统
   （Aohan Dryland Farming System）
3. 辽宁鞍山南果梨栽培系统
   （Anshan Nanguo Pear Cultivation System）
4. 辽宁宽甸柱参传统栽培体系
   （Kuandian Traditional Ginseng Cultivation System）
5. 江苏兴化垛田传统农业系统
   （Xinghua Duotian Agrosystem）
6. 浙江青田稻鱼共生系统
   （Qingtian Rice-fish Culture System）
7. 浙江绍兴会稽山古香榧群
   （Shaoxing Kuaijishan Ancient Chinese Torreya）
8. 福建福州茉莉花种植与茶文化系统
   （Fuzhou Jasmine and Tea Culture System）
9. 福建尤溪联合梯田
   （Youxi Lianhe Terraces）
10. 江西万年稻作文化系统
    （Wannian Traditional Rice Culture System）
11. 湖南新化紫鹊界梯田
    （Xinhua Ziquejie Terraces）
12. 云南红河哈尼稻作梯田系统
    （Honghe Hani Rice Terraces System）
13. 云南普洱古茶园与茶文化系统
    （Pu'er Traditional Tea Agrosystem）

14. 云南漾濞核桃-作物复合系统

(Yangbi Walnut-Crop Composite System)

15. 贵州从江侗乡稻鱼鸭系统

(Congjiang Dong's Rice-fish-duck System)

16. 陕西佳县古枣园

(Jiaxian Traditional Chinese Date Gardens)

17. 甘肃皋兰什川古梨园

(Gaolan Shichuan Ancient Chinese Pear Gardens)

18. 甘肃迭部扎尕那农林牧复合系统

(Diebu Zhagana Agriculture-forestry-animal Husbandry Composite System)

19. 新疆吐鲁番坎儿井农业系统

(Turpan Karez Agricultural System)

第二批（共20项）
（由农业部于2014年批准）

20. 天津滨海崔庄古冬枣园

(Binhai Cuizhuang Ancient Chinese Winter Date Gardens)

21. 河北宽城传统板栗栽培系统

(Kuancheng Traditional Chestnut Cultivation System)

22. 河北涉县旱作梯田系统

(Shexian Dryland Stone Terraces System)

23. 内蒙古阿鲁科尔沁草原游牧系统

(Ar Horqin Grassland Nomadic System in Inner Mongolia)

24. 浙江杭州西湖龙井茶文化系统

(Hangzhou West Lake Longjing Tea Culture System)

25. 浙江湖州桑基鱼塘系统

(Huzhou Mulberry-dyke & Fish-pond System)

26. 浙江庆元香菇文化系统

(Qingyuan Mushroom Culture System)

27. 福建安溪铁观音茶文化系统

(Anxi Tieguanyin Tea Culture System)

28. 江西崇义客家梯田系统

(Chongyi Hakka Terraces System)

29. 山东夏津黄河故道古桑树群
    (Traditional Mulberry System in Xiajin's Ancient Yellow River Course)

30. 湖北赤壁羊楼洞砖茶文化系统
    (Chibi Yanglou Cave Brick Tea Culture System)

31. 湖南新晃侗藏红米种植系统
    (Xinhuang Dong Tibetan Red Rice Plantation System)

32. 广东潮安凤凰单丛茶文化系统
    (Chaoan Phoenix Dancong Tea Culture System)

33. 广西龙胜龙脊梯田系统
    (Longsheng Longji Terraces System)

34. 四川江油辛夷花传统栽培体系
    (Jiangyou Traditional Xinyi Flower Cultivation System)

35. 云南广南八宝稻作生态系统
    (Guangnan Babao Rice Ecosystem)

36. 云南剑川稻麦复种系统
    (Jianchuan Rice-Wheat Multiple Cropping System)

37. 甘肃岷县当归种植系统
    (Minxian Angelica Plantation System)

38. 宁夏灵武长枣种植系统
    (Lingwu Long Jujube Plantation System)

39. 新疆哈密市哈密瓜栽培与贡瓜文化系统
    (Hami Melon Cultivation and Tribute Melon Culture System)

第三批（共23项）
（由农业部于2015年批准）

40. 北京平谷四座楼麻核桃生产系统
    (Beijing Pinggu Four Buildings Hemp Walnut Production System)

41. 北京京西稻作文化系统
    (Beijing Jingxi Traditional Rice Culture System)

42. 辽宁桓仁京租稻栽培系统
    (Huanren Jingzu Rice Cultivation System)

43. 吉林延边苹果梨栽培系统
    (Yanbian Apple Pears Cultivation System)

44. 黑龙江抚远赫哲族鱼文化系统

（Fuyuan Hezhen Ethnic Group Fish Culture System）

45. 黑龙江宁安响水稻作文化系统

（Ning'an Xiangshui Traditional Rice Culture System）

46. 江苏泰兴银杏栽培系统

（Taixing Ginkgo Cultivation System）

47. 浙江仙居杨梅栽培系统

（Xianju Waxberry Cultivation System）

48. 浙江云和梯田农业系统

（Yunhe Terraces Agricultural System）

49. 安徽寿县芍陂（安丰塘）及灌区农业系统

（Shouxian Quebei（Anfengtang）and Irrigation District Agricultural System）

50. 安徽休宁山泉流水养鱼系统

（Xiuning Mountain Spring Water Fish Farming System）

51. 山东枣庄古枣林

（Zaozhuang Traditional Jujube Forest）

52. 山东乐陵枣林复合系统

（Laoling Jujube–Forest Composite System）

53. 河南灵宝川塬古枣林

（Lingbao Chuanyuan Traditional Jujube Forest）

54. 湖北恩施玉露茶文化系统

（Enshi Yulu Tea Culture System）

55. 广西隆安壮族"那文化"稻作文化系统

（Long'an Zhuang Nationality Traditional Rice Culture System）

56. 四川苍溪雪梨栽培系统

（Cangxi Snow Pears Cultivation System）

57. 四川美姑苦荞栽培系统

（Meigu Tartary Buckwheat Cultivation System）

58. 贵州花溪古茶树与茶文化系统

（Huaxi Ancient Tea Trees and Tea Culture System）

59. 云南双江勐库古茶园与茶文化系统

（Shuangjiang Mengku Ancient Tea Gardens and Tea Culture System）

60. 甘肃永登苦水玫瑰农作系统

（Yongdeng Kusui Roses Farming System）

61. 宁夏中宁枸杞种植系统

（Zhongning Wolfberry Plantation System）

62. 新疆奇台旱作农业系统

（Qitai Dryland Farming System）

第四批（共29项）
（由农业部于2017年批准）

63. 河北迁西板栗复合栽培系统

（Qianxi Chestnuts Composite Cultivation System）

64. 河北兴隆传统山楂栽培系统

（Xinglong Traditional Hawthorn Cultivation System）

65. 山西稷山板枣生产系统

（Jishan Ban Dates Production System）

66. 内蒙古伊金霍洛农牧生产系统

（Ejin Horo Banner Agricultural and Pastoral Production System）

67. 吉林柳河山葡萄栽培系统

（Liuhe Vitis Amurensist Cultivation System）

68. 吉林九台五官屯贡米栽培系统

（Jiutai Wuguantun Tribute Rice Cultivation System）

69. 江苏高邮湖泊湿地农业系统

（Gaoyou Lake Wetlands Agricultural System）

70. 江苏无锡阳山水蜜桃栽培系统

（Wuxi Yangshan Honey Peaches Cultivation System）

71. 浙江德清淡水珍珠传统养殖与利用系统

（Deqing Traditional Freshwater Pearl and Fishery System）

72. 安徽铜陵白姜种植系统

（Tongling White Ginger Plantation System）

73. 安徽黄山太平猴魁茶文化系统

（Huangshan Taiping Houkui Tea Culture System）

74. 福建福鼎白茶文化系统

（Fuding White Tea Culture System）

75. 江西南丰蜜橘栽培系统

（Nanfeng Tangerines Cultivation System）

76. 江西广昌莲作文化系统

（Guangchang Lotus Farming System）

77. 山东章丘大葱栽培系统

（Zhangqiu Green Onions Cultivation System）

78. 河南新安传统樱桃种植系统

（Xin'an Traditional Cherry Plantation System）

79. 湖南新田三味辣椒种植系统

（Xintian Three-flavor Pepper Plantation System）

80. 湖南花垣子腊贡米复合种养系统

（Huayuan Zilagong Tribute Rice Integrated Farming System）

81. 广西恭城月柿栽培系统

（Gongcheng Moon Persimmons Cultivation System）

82. 海南海口羊山荔枝种植系统

（Haikou Yangshan Litchi Plantation System）

83. 海南琼中山兰稻作文化系统

（Qiongzhong Mountain Orchid Rice Culture System）

84. 重庆石柱黄连生产系统

（Shizhu Coptis Chinensis Production System）

85. 四川盐亭嫘祖蚕桑生产系统

（Yanting Leizu Sericulture Production System）

86. 四川名山蒙顶山茶文化系统

（Mingshan Mengding Mountain Tea Culture System）

87. 云南腾冲槟榔江水牛养殖系统

（Tengchong Binglangjiang Buffaloes Breeding System）

88. 陕西凤县大红袍花椒栽培系统

（Fengxian Dahongpao Chinese prickly ash Cultivation System）

89. 陕西蓝田大杏种植系统

（Lantian Apricot Plantation System）

90. 宁夏盐池滩羊养殖系统

（Yanchi Tan Sheep Breeding System）

91. 新疆伊犁察布查尔布哈农业系统

（Yili Qapqal Buka Agricultural System）

第五批（共27项）
（由农业农村部于2020年批准）

92. 天津津南小站稻种植系统

（Jinnan Xiaozhan Rice Plantation System）

93. 内蒙古乌拉特后旗戈壁红驼牧养系统

（Urad Rear Banner Gobi Red Camels Grazing System）

94. 辽宁阜蒙旱作农业系统

（Fumeng Dryland Farming System）

95. 江苏吴中碧螺春茶果复合系统

（Wuzhong Biluochun Tea and Fruits Composite System）

96. 江苏宿豫丁嘴金针菜生产系统

（Suyu Dingzui Daylilies Production System）

97. 浙江宁波黄古林蔺草-水稻轮作系统

（Ningbo Huanggulin Mat Grass and Rice Rotation System）

98. 浙江安吉竹文化系统

（Anji Bamboo Culture System）

99. 浙江黄岩蜜橘筑墩栽培系统

（Huangyan Tangerines Mound Cultivation System）

100. 浙江开化山泉流水养鱼系统

（Kaihua Mountain Spring Water Fish Farming System）

101. 江西泰和乌鸡林下养殖系统

（Taihe Black-Bone Chickens Under-forest Breeding System）

102. 江西横峰葛栽培系统

（Hengfeng Kudzu Root Cultivation Ecosystem）

103. 山东岱岳汶阳田农作系统

（Daiyue Wenyangtian Farming System）

104. 河南嵩县银杏文化系统

（Songxian Ginkgo Culture System）

105. 湖南安化黑茶文化系统

（Anhua Black Tea Culture System）

106. 湖南保靖黄金寨古茶园与茶文化系统

（Baojing Huangjinzhai Ancient Tea Gardens and Tea Culture System）

107. 湖南永顺油茶林农复合系统

（Yongshun Oil-tea Camellia Agroforestry System）

108. 广东佛山基塘农业系统

（Foshan Pond-dike Agricultural System）

109. 广东岭南荔枝种植系统（增城、东莞）

（Lingnan Litchi Plantation System）（Zengcheng District，Dongguan City）

110. 广西横县茉莉花复合栽培系统

（Hengxian Jasmine Composite Cultivation System）

111. 重庆大足黑山羊传统养殖系统

（Dazu Traditional Black Goats Breeding System）

112. 重庆万州红桔栽培系统

（Wanzhou Red Tangerines Cultivation System）

113. 四川郫都林盘农耕文化系统

（Pidu Linpan Farming Culture System）

114. 四川宜宾竹文化系统

（Yibin Bamboo Culture System）

115. 四川石渠扎溪卡游牧系统

（Shiqu Zhaxika Nomadic System）

116. 贵州锦屏杉木传统种植与管理系统

（Jinping Traditional Chinese Fir Planting and Management System）

117. 贵州安顺屯堡农业系统

（Anshun Tunpu Agricultural System）

118. 陕西临潼石榴种植系统

（Lintong Pomegranate Plantation System）

第六批（共 21 项）
（由农业农村部于 2021 年批准）

119. 山西阳城蚕桑文化系统

（Yangcheng Sericulture Culture System）

120. 内蒙古武川燕麦传统旱作系统

（Wuchuan Traditional Oats Dry Farming System）

121. 内蒙古东乌珠穆沁旗游牧生产系统

（Dong Ujimqin Banner Nomadic Production System）

122. 吉林和龙林下参-芝抚育系统

（Helong Forest-based Ginseng-Lingzhi Co-culture System）

123. 江苏启东沙地圩田农业系统

（Qidong Sandy Land Polder Agricultural System）

124. 江苏吴江蚕桑文化系统

（Wujiang Sericulture Culture System）

125. 浙江缙云茭白-麻鸭共生系统

（Jinyun Water Bamboo-Ma Duck Co-culture System）

126. 浙江桐乡蚕桑文化系统

（Tongxiang Sericulture Culture System）

127. 安徽太湖山地复合农业系统

（Taihu Mountainous Composite Agricultural System）

128. 福建松溪竹蔗栽培系统

（Songxi Bamboo and Sugarcane Cultivation System）

129. 江西浮梁茶文化系统

（Fuliang Tea Culture System）

130. 山东莱阳古梨树群系统

（Laiyang Ancient Pear Tree Group System）

131. 山东峄城石榴种植系统

（Yicheng Pomegranate Plantation System）

132. 湖南龙山油桐种植系统

（Longshan Aleurites Plantation System）

133. 广东海珠高畦深沟传统农业系统

（Haizhu Traditional High Ridges and Deep Ditches Agricultural System）

134. 广西桂西北山地稻鱼复合系统（柳州市三江侗族自治县、融水苗族自治县，桂林市全州县，百色市靖西市、那坡县）

[Northwest of Guangxi Mountainous Rice-fish Composite System（Sanjiang Dong Autonomous County and Rongshui Miao Autonomous County in Liuzhou City，Quanzhou County in Guilin City，Jingxi City and Napo County in Baise City）]

135. 云南文山三七种植系统

（Wenshan Notoginseng Plantation System）

136. 西藏当雄高寒游牧系统

（Dangxiong Alpine Cold Nomadic System）

137. 西藏乃东青稞种植系统

（Naidong Highland Barley Plantation System）

138. 陕西汉阴凤堰稻作梯田系统

（Hanyin Fengyan Rice Terraces System）

[扩展项] 广东岭南荔枝种植系统（茂名）

（Lingnan Litchi Plantation System）（Maoming City）

第七批（共50项）
（由农业农村部于2023年批准）

139. 北京怀柔板栗栽培系统

（Huairou Chestnut Cultivation System）

140. 北京门头沟京白梨栽培系统

（Mentougou Jingbai Pears Cultivation System）

141. 河北赵县古梨园

（Zhaoxian Ancient Chinese Pear Gardens）

142. 河北涿鹿龙眼葡萄栽培系统

（Zhulu Longan Grapes Cultivation System）

143. 河北泊头古桑林

（Botou Ancient Mulberry Forests）

144. 山西浑源恒山黄芪栽培系统

（Hunyuan Heng Mountain Astragalus Membranaceus Cultivation System）

145. 山西长治党参栽培系统（长治市平顺县、壶关县）

[Changzhi Codonopsis pilosula Cultivation System（Pingshun County and Huguan County in Changzhi City）]

146. 内蒙古库伦荞麦旱作系统

（Hure Banner Buckwheat Dry Farming System）

147. 辽宁西丰梅花鹿养殖系统

（Xifeng Sika Deer Breeding System）

148. 吉林长白山人参栽培系统（通化市集安市、白山市抚松县、延边朝鲜族自治州安图县）

[Changbai Mountain Ginseng Cultivation System（Ji'an City in Tonghua City，Fusong County in Baishan City，and Antu County in Yanbian Korean Autonomous Prefecture）]

149. 上海金山蟠桃栽培系统

（Jinshan Flat Peach Cultivation System）

150. 江苏吴中传统水生蔬菜栽培系统

（Wuzhong Traditional Aquatic Vegetable Cultivation System）

151. 江苏吴江基塘农业系统

（Wujiang Pond-dike Agricultural System）

152. 浙江吴兴溇港圩田农业系统

（Wuxing Lougang Polder Agricultural System）

153. 浙江东阳元胡水稻轮作系统

（Dongyang Yuanhu-Rice Rotation Agricultural System）

154. 浙江天台乌药林下栽培系统

（Tiantai Lindera Aggregata Underforest Cultivation System）

155. 安徽义安凤丹栽培系统

（Yi'an Paeonia ostii Cultivation System）

156. 安徽青阳九华黄精栽培系统

（Qingyang Jiuhua Mountain Polygonatum Cultivation System）

157. 安徽歙县梯地茶园系统

（Shexian Terrace Tea Garden System）

158. 福建长乐番薯种植系统

（Changle Sweet Potato Plantation System）

159. 福建武夷岩茶文化系统

（Wuyi Rock Tea Cultural System）

160. 江西湖口大豆栽培系统

（Hukou Soybean Cultivation System）

161. 山东昌邑山阳大梨栽培系统

（Changyi Shanyang Big Pears Cultivation System）

162. 山东平邑金银花—山楂复合系统

（Pingyi Honeysuckle-Hawthorn Composite System）

163. 山东临清黄河故道古桑树群

（Traditional Mulberry System in Linqing's Ancient Yellow River Course）

164. 河南宁陵黄河故道古梨园

（Traditional Pear System in Ningling's Ancient Yellow River Course）

165. 河南林州太行菊栽培系统

（Linzhou Opisthopappus taihangensis Cultivation System）

166. 湖北秭归柑橘栽培系统

（Zigui Citrus Cultivation System）

167. 湖北京山稻作文化系统

（Jingshan Traditional Rice Culture System）

168. 湖北咸宁古桂花树群

（Xianning Ancient Osmanthus Tree Groups）

169. 湖南洪江山地香稻栽培文化系统

（Hongjiang Mountain Aromatic Rice Cultivation Culture System）

170. 广东增城丝苗米文化系统

（Zengcheng Simiao Rice Culture System）

171. 广东南雄水旱轮作系统

（Nanxiong Paddy–Upland Rotation System）

172. 广东饶平单丛茶文化系统

（Raoping Dancong Tea Culture System）

173. 广西永福罗汉果栽培系统

（Yongfu Siraitia grosvenorii Cultivation System）

174. 广西苍梧六堡茶文化系统

（Cangwu Liubao Tea Culture System）

175. 海南白沙黎族山兰稻作文化系统

（Baisha Li Nationality Mountain Orchid Rice Culture System）

176. 重庆江津花椒栽培系统

（Jiangjin Chinese Prickly Ash Cultivation System）

177. 重庆荣昌猪养殖系统

（Rongchang Pigs Breeding System）

178. 四川北川苔子茶复合栽培系统

（Beichuan Taizi Tea Composite Cultivation System）

179. 四川高坪蚕桑文化系统

（Gaoping Sericulture Culture System）

180. 四川筠连山地茶文化系统

（Junlian Mountain Tea Culture System）

181. 贵州兴仁薏仁米栽培系统

（Xingren Coix lacryma-jobi Cultivation System）

182. 西藏芒康葡萄栽培系统

（Markam Grape Cultivation System）

183. 西藏工布江达藏猪养殖系统

（Gongbo'gyamda Tibetan Pigs Breeding System）

184. 陕西府谷海红果栽培系统

（Fugu Crabapple Fruit Cultivation System）

185. 青海三江源曲麻莱高寒游牧系统

（Sanjiangyuan Qumalai Alpine Cold Nomadic System）

186. 宁夏平原引黄灌溉农业系统（石嘴山市平罗县，吴忠市利通区、青铜峡市，中卫市沙坡头区）

[Ningxia Plain Yellow River Diversion Irrigation Agricultural System（Pingluo County in Shizuishan City，Litong District and Qingtongxia City in Wuzhong City，Shapotou District in Zhongwei City）]

187. 新疆叶城核桃栽培系统

（Yecheng Walnut Cultivation System）

188. 新疆昭苏草原马牧养系统

（Zhaosu Grassland Horse Herding System）

图书在版编目（CIP）数据

江西农业文化遗产保护与发展 / 黄国勤，徐慧芳主编． -- 北京 ：中国农业出版社，2025．8． --ISBN 978-7-109-33705-3

Ⅰ．S

中国国家版本馆CIP数据核字第2025C25E08号

江西农业文化遗产保护与发展
JIANGXI NONGYE WENHUA YICHAN BAOHU YU FAZHAN

中国农业出版社出版

地址：北京市朝阳区麦子店街18号楼

邮编：100125

责任编辑：程　燕

版式设计：小荷博睿　　责任校对：吴丽婷

印刷：中农印务有限公司

版次：2025年8月第1版

印次：2025年8月北京第1次印刷

发行：新华书店北京发行所

开本：700mm×1000mm　1/16

印张：17.5

字数：315千字

定价：150.00元